Aprender Programación Orientada a Objetos con Java

(con ejercicios prácticos y soluciones)

Descarga

código fuente

Luc Gervais

ISBN: 978-2-409-05028-2
Edición original: 978-2-409-04742-8

Ediciones ENI es una marca comercial registrada de Ediciones Software.

Ediciones ENI

P° Ferrocarriles Catalanes, 97-117, 2a pl. of. 18
08940 - Cornellà de Llobregat (Barcelona)

Tel: 934 246 401
Fax: 934 231 576

e-mail: info@ediciones-eni.com
http://www.ediciones-eni.com

Autor: Luc Gervais
Edición española: Angel Mª Sánchez Conejo
Colección **Recursos Informáticos** dirigida por Emilie Villetorte

Prólogo

La programación orientada a objetos (POO) se ha convertido en algo inevitable para la gran mayoría de los desarrolladores. Este libro le presentará los principios fundamentales, ilustrados con ejemplos de código sencillo escritos en Java. Por lo tanto, este libro propone un doble aprendizaje.

Entender los fundamentos de la POO es capital para, con posterioridad, poder beneficiarse completamente de la potencia de los lenguajes como C++, C#, PHP y, por supuesto, Java. En determinadas ocasiones, el aprendizaje de la POO puede parecer difícil, incluso desagradable. Al principio, el desarrollador puede frustrarse al intentar comprender esta nueva forma de organización y su utilidad frente a la programación procedural clásica. Pero de manera muy rápida, se produce el «clic» que invierte la tendencia, cayendo de repente en una euforia creativa. Rápidamente, el desarrollador desea refactorizar sus aplicaciones existentes, explotando estos nuevos conceptos. Después, inicia nuevos desarrollos completamente orientados a objetos, construye una batería de herramientas reutilizables y evolutivas, y así sucesivamente. Finalmente, puede volver a aplicar programación procedural incluso dentro de un mismo proyecto, lo que acaba resultando confuso y frustrante.

Piense de modo orientado a objetos y, a continuación, programe objetos que le permiten diseñar aplicaciones modulares, con gran rendimiento y fiables. Descubrirá que finalmente este enfoque es más sencillo de lo que parece porque está muy próximo a nuestra realidad.

Aprender POO

con Java

He aquí lo que encontrará en este libro.

Después de un **histórico de la POO y del lenguaje Java**, verá los aspectos en los que este tipo de programación se ha hecho imprescindible para desarrollar en entornos gráficos orientados a eventos. Se presentarán las nociones de **objeto**, **clase** y **referencia**, seguidas de los fundamentos de la POO, que son la **encapsulación**, la **herencia**, el **polimorfismo** y la **abstracción**. Se abordarán las diferentes etapas de un desarrollo orientado a objetos con los principios de **modelización UML**, seguidas por una presentación de la plataforma Java, su interés, riqueza y el entorno de desarrollo IntelliJ IDEA de la empresa JetBrains, en Microsoft Windows. Verá cómo Java **reproduce los principios de la POO** con explicaciones sencillas, ejemplos concretos y ejercicios corregidos, que se pueden descargar desde el sitio web ediciones-eni.com. Se presentan los **tipos básicos del desarrollo Java** y sus formas de uso. Los programas de prueba son de tipo consola o gráfico, basados en la utilización de la librería Swing, para ilustrar las comunicaciones entre objetos. Cuando sea pertinente, los ejemplos se explicarán con los lenguajes de POO C++ y C#. También se abordará el tema de la **programación multithread**, que permite la ejecución simultánea de varios flujos de instrucciones, seguido de una introducción a las pruebas unitarias, fundamentales para garantizar la fiabilidad de los objetos.

Una sección dedicada a pensar en Java promete algunas sorpresas. Finalmente, el último capítulo está dedicado a las clases anónimas y expresiones lambda. Sea bienvenido al mundo de la POO y al del lenguaje Java, uno de los más adecuados para la programación multi-entorno.

Los ejemplos y ejercicios de este libro están organizados por capítulos dentro de un archivo ZIP que se puede descargar.

Puede solicitar los archivos complementarios
de este libro escribiendo a **comercial@ediciones-eni.com**

Prólogo

Capítulo 1
Introducción a la POO

Capítulo 2
El diseño orientado a objetos

Capítulo 3
Introducción a la plataforma Java

Capítulo 4
Los tipos en Java

Capítulo 5
Creación de clases

Capítulo 6
Herencia y polimorfismo

Capítulo 7
Comunicación entre objetos

Capítulo 8
El multithreading

Capítulo 9
Las pruebas

Capítulo 10
La reflexión

Capítulo 11
Anonimato y lambda

Capítulo 1
Introducción a la POO

1. Historia de la POO

Lo que se presenta a continuación no pretende ser exhaustivo. Sencillamente repasa los eventos principales que permitieron la democratización de la POO y la creación del lenguaje Java.

Al contrario de lo que se podrá pensar, el concepto de la POO no es reciente. En los años 60, dos brillantes investigadores noruegos, Kristen Nygaard y Ole-Johan Dahl, desarrollaron las bases de la POO creando el lenguaje Simula. Las nociones básicas de la POO como las clases, la herencia, los métodos virtuales, etc., se crearon en este lenguaje, para permitir modelizar de manera fiel procesos industriales complejos. Simula-67 abrió el camino a los lenguajes orientados a objetos como Smalltalk y a continuación, entre otros, a C++, Java y C#, que empezaron a explotar estos conceptos algunos lustros más tarde. Los dos autores de Simula fueron recompensados por sus trabajos al inicio de los años 2000, justo antes de su desaparición...

En 1980, Smalltalk es el primer lenguaje objeto propuesto con un entorno de desarrollo gráfico integrado. Smalltalk fue diseñado por el equipo del estadounidense Alan Kay en el centro de investigación informática de Xerox en California (el famoso *Palo Alto Research Center*). Este lenguaje retoma y amplía los conceptos básicos, principalmente la noción de compilación dinámica de un código «intermedio», portable a entornos heterogéneos en un código máquina destino. Este concepto será retomado por Java con su *Just In Time Compiler* y por C#.

Todavía en 1980, el danés Bjarne Stroustrup desarrolla para AT&T el lenguaje C++ (inicialmente llamado *C with classes*). C++ es una evolución orientada a objetos del lenguaje C, inventado diez años antes por el célebre tándem canado-estadounidense Kernighan y Ritchie para UNIX, 10 años antes. El lenguaje C++ sigue siendo ampliamente utilizado, incluso por quienes lo critican por, considerarlo demasiado complejo y no tan orientado a objetos, debido a su compatibilidad con C.

En los años de 1990, James Gosling desarrolla el lenguaje Oak para Sun Microsystems. Oak será rebautizado como Java en 1995. Este lenguaje se pensó para ser independiente del hardware que ejecuta sus programas «precompilados», para ser robusto y seguro y, sobre todo, más fácil de programar que el C++. En la actualidad, el lenguaje Java se utiliza extensamente tanto en entornos web como en puestos de sobremesa, teléfonos y otras tabletas. Pertenece a Oracle, que adquirió Sun Microsystems en abril de 2009 por más de 7000 millones de dólares. Otra forma, esta vez open source, existe y sigue un desarrollo iniciado por Sun Microsystems en 2006. Las implementaciones del lenguaje son idénticas para estas dos versiones. Oracle ofrece herramientas y soporte técnico de pago, pero es posible utilizar Java ORACLE de forma gratuita desde la versión 11.

En 2001, Microsoft presentó C# (pronunciado *Si Sharp*, siendo *sharp* la traducción inglesa del sostenido musical y C por el *do*), un lenguaje desarrollado por el danés Anders Hejlsberg, que no es otro que el creador del Turbo Pascal y el arquitecto de Delphi. C# es un lenguaje orientado a objetos similar a Java, que permite desarrollar aplicaciones principalmente en entornos Microsoft, como los equipos de escritorio, las aplicaciones basadas en .NET Framework, que en un principio estaban reservadas a los entornos Microsoft, como las estaciones de trabajo, las aplicaciones web, los asistentes o las tabletas. Sin embargo, .NET Core, y posteriormente .NET, reemplazaron a .NET Framework, dando soporte a entornos como Linux, macOS y ejecutándose en la nube. Este libro junto con las avanzadas posibilidades sintácticas de C#, representa una seria competencia para Java.

¿Por qué utilizar la POO?

Los años 70-80 vieron nacer los lenguajes procedurales con una ejecución lineal de sus programas, yendo desde el inicio hasta el final.

Evidentemente reservado para desarrollos pequeños, este tipo de programación evolucionó rápidamente hacia una programación llamada estructurada, donde procedimientos y funciones descomponían el programa en operaciones unitarias.

De forma similar al funcionamiento interno de los ordenadores, la programación estructurada no mezcla fácilmente variables y operaciones. Por lo general, en la parte superior de código (serie de instrucciones utilizada para crear programas) hay una lista consecuente de definiciones de variables, que se utilizarán seguidamente en las diferentes funciones.

Las aplicaciones se hacen cada vez más complejas y los entornos de ejecución evolucionan hacia las interfaces gráficas, por lo que la programación estructurada rápidamente se vuelve difícil de escribir, de mantener y de hacer evolucionar.

Inspirándose en los conceptos propuestos por Simula, se llega a los lenguajes orientados a objetos.

La POO aporta a los desarrolladores medios para afrontar los nuevos retos, que son los suyos, con:

- una organización modular muy próxima a la realidad,
- una creación, puesta a punto y mantenimiento de los componentes más fácil y rápida,
- la reutilización y evolución de los componentes existentes o de terceros,
- una integración fácil para un funcionamiento en entornos gráficos,
- una lógica de codificación compatible con las aplicaciones distribuidas, que distribuyen sus contenidos entre varias máquinas,
- un desacoplamiento de la aplicación, que permite un trabajo en equipo más eficaz y productivo.

2. Histórico del lenguaje Java

Desde las primeras versiones de Windows, el lenguaje C y posteriormente C++ se utilizaron mucho para construir aplicaciones. A pesar de su orientación a objetos y su potencia incontestable, C++ se muestra como un lenguaje complejo de utilizar. El desarrollador debe administrar absolutamente todo, como por ejemplo las asignaciones/liberaciones de memoria y los aspectos relacionados con la gestión de la seguridad. Además, la utilización directa de las aplicaciones en interfaces Windows impacta de manera inmediata en la estabilidad del sistema en caso de funcionamiento incorrecto y errores.

En los años 90, el lenguaje Java ofrecía a los desarrolladores una codificación de sus programas mucho más sencilla y una ejecución aislada en lo que llamamos una máquina virtual. Es suficiente con que un entorno de explotación ofrece una máquina virtual Java para que la aplicación se ejecute sin necesidad de modificar el código. Además, la máquina virtual garantiza una utilización correcta de los recursos reales, particionando la ejecución de las aplicaciones. Respecto a la gestión de memoria, el desarrollador administra únicamente las peticiones de asignación, a medida que evolucionan las necesidades de su programa. Las zonas de memoria se explotan hasta que terminan las operaciones y componente interno conocido como *garbage collector*, es el encargado de detectar las zonas de memoria que ya no se utilizan y administra su liberación.

Durante la explosión de Internet, Java se impulsa en las empresas con el navegador diseñado por Netscape, que integraba esta tecnología. Frente a este éxito, Sun Microsystems decide publicar una plataforma de desarrollo gratuita a finales del año 1995. Esta plataforma, que en la actualidad es propiedad de Oracle, encargado también de su mantenimiento, no para de evolucionar. La versión 22 está disponible desde marzo del año 2024.

Capítulo 2
El diseño orientado a objetos

1. Enfoque procedural y de descomposición funcional

Antes de enumerar los conceptos básicos de la POO, vamos a revisar el enfoque procedural gracias a un ejemplo concreto de organización de código.

En este libro encontraremos habitualmente los términos «código» y «codificación»; no se trata ni de alarmas ni de funciones de cifrado de contraseña. El código o código fuente es el nombre que se da al contenido que el desarrollador entra durante todo el día en su editor de texto favorito, para posteriormente convertirse (o incluso compilarse) en un flujo de instrucciones ejecutables por el ordenador.

La programación procedural es un paradigma de programación, que considera los diferentes actores de un sistema como objetos prácticamente pasivos que un procedimiento central utilizará para una función determinada.

Tomemos como ejemplo la distribución de agua corriente en nuestras casas e intentemos modelizar este principio en una aplicación muy sencilla. El análisis procedural (igual que el análisis orientado a objetos) muestra una lista de objetos como los siguientes:

- el grifo del fregadero;
- el depósito de agua;
- un detector del nivel de agua con un contador en el depósito de agua;
- la bomba de alimentación que lleva el agua al río.

El código del programa «procedural» consistiría en crear un conjunto de variables que represente a los argumentos de cada componente y, a continuación, escribir un bucle de operación de la gestión central, probando los valores leídos y actuando en función del resultado de las pruebas. Observe que por un lado hay variables y, por otro, acciones, mientras que en el centro se encuentra un administrador todopoderoso por el que pasa todo el control del programa.

2. La transición hacia el enfoque orientado a objetos

La POO es un paradigma de programación que considera los diferentes actores de un sistema como objetos activos y relacionados. El enfoque orientado a objetos normalmente se parece mucho a la realidad.

En nuestro ejemplo:

- El usuario abre el grifo.
- El grifo libera la presión y el agua fluye desde el depósito de agua hasta el fregadero.
- Como nuestro usuario no es el único en consumir, el detector/flotador del depósito llega a un nivel que pone en marcha la bomba de alimentación del río.
- El usuario cierra el grifo.
- Alimentado por la bomba, el depósito de agua continúa llenándose hasta que el detector/flotador llegue al nivel suficiente que detendrá la bomba.
- Parada de la bomba.

En este enfoque, puede comprobar que los objetos «interactúan»; no existe operación central que defina dinámicamente el funcionamiento de los objetos. Ha habido un análisis funcional que ha conducido a la creación de los diferentes objetos, su realización y su puesta en relación.

El código del programa «objeto» va a seguir esta realidad, proponiendo tantos objetos como se han descrito con anterioridad, pero definiendo entre estos objetos los métodos de intercambio adecuados, que conducirán al funcionamiento esperado.

Observación

Los conceptos objetos son muy próximos a la realidad.

3. Las características de la POO

3.1 El objeto, la clase y la referencia

3.1.1 El objeto

El objeto es el elemento básico de la POO es la unión de:

- una lista de variables de estados,
- una lista de comportamientos,
- una identificación.

Las variables de estado cambian a lo largo del ciclo de vida del objeto. Tomemos el caso de un reproductor de música digital. Cuando se compra el aparato, los estados de este objeto podrán ser:

- memoria libre = **100 %**;
- tasa de carga de la batería = **correcta**;
- aspecto exterior = **nuevo**.

A medida que se va utilizando, sus estados se modifican. Rápidamente la memoria libre caerá, la tasa de carga de la batería variará y el aspecto exterior va a cambiar en función del cuidado que ponga el usuario durante su utilización.

Los comportamientos del objeto definen lo que se puede hacer con él:

- reproducir la música;
- ir a la pista siguiente;
- ir a la pista anterior;
- subir el sonido;
- etc.

Una parte de los comportamientos del objeto es accesible desde el exterior de este objeto: botón Play, botón Stop... y otra parte solo es accesible internamente: lectura de la tarjeta de memoria, decodificación de la música a partir del archivo. Se habla de «encapsulación» para definir el límite entre los comportamientos accesibles desde el exterior y los comportamientos internos.

La identificación de un objeto es una información, separada de la lista de estados, que permite diferenciar este objeto particular del resto (es decir, de otros objetos que son del mismo tipo). Puede tratarse de un número de referencia, una cadena de caracteres única generada durante la creación del objeto, o incluso la dirección de memoria donde se almacena. En realidad, su forma depende completamente del contexto en el que se utilice.

El objeto programado se puede adjuntar a una entidad real, como para nuestro reproductor digital, pero también se puede adjuntar a una entidad totalmente virtual, como una cuenta de cliente, la entrada de un directorio telefónico, etc. La finalidad del objeto informático es administrar la entidad física o emularla.

Incluso si este no forma parte de su naturaleza básica, el objeto se puede hacer persistente, es decir, que sus estados se pueden guardar en un soporte físico de memoria de información, de manera permanente. A partir de este almacenamiento, el objeto se podrá reconstruir con sus estados cuando el sistema desee. El soporte típico capaz de tal hazaña es la base de datos.

3.1.2 La clase

La clase es el «molde» a partir del que el objeto se va a crear en memoria. La clase describe los estados y los comportamientos comunes de un mismo tipo. Los valores de estos estados estarán contenidos en los objetos de la clase.

Todas las cuentas corrientes de un mismo banco contienen los mismos argumentos (detalles del titular, saldo, etc.) y todas tienen las mismas funciones (disponer de una cantidad a crédito, a débito, recordar la operación bancaria si es necesario, etc.). Estas definiciones deben estar contenidas en una clase y, cada vez que un cliente abre una nueva cuenta, esta clase servirá de modelo durante la creación del nuevo objeto cuenta.

La pantalla de reproductores de música digital ofrece un mismo modelo en diferentes colores, con tamaños de memoria diferentes y modulables, etc. Cada dispositivo de la pantalla es un objeto que ha sido fabricado a partir de la información de una única clase. Durante la construcción, los atributos del aparato se seleccionan en función de criterios estéticos y comerciales decididos por los responsables de producto, teniendo en cuenta las tendencias de compra de los clientes.

Una clase puede contener muchos atributos. Pueden ser de tipo primitivo – enteros, caracteres, etc.–, así como de tipos más complejos. En efecto, una clase puede contener una o varias clases de otros tipos. Hablamos entonces de composición, incluso de «acoplamiento fuerte». En este caso, cuando se elimina la clase principal, ello implica evidentemente la destrucción de las clases que contiene. Por ejemplo, si una clase hostal contiene una lista de habitaciones, la eliminación del hostal implica la destrucción de sus habitaciones.

Una clase puede hacer «referencia» a otra clase; en este caso, el acoplamiento se llama «débil» y los objetos pueden vivir independientemente. Por ejemplo, su PC está relacionado con su impresora. Si su PC queda fuera de servicio, su impresora funcionará con su nuevo ordenador. Se habla en este caso de asociación.

Además de sus atributos, la clase contiene también una serie de «comportamientos», es decir, una serie de métodos con sus firmas y sus implementaciones asociadas. Estos métodos pertenecen a los objetos y se utilizan tal cual.

Declaramos la clase y su contenido en un mismo archivo fuente, gracias a una sintaxis que estudiaremos en detalle. Los desarrolladores C++ apreciarán el hecho de que ya no exista, por un lado, una parte de definiciones del contenido de la clase y, por otro, una parte de implementaciones. En efecto, en Java (como sucede en C#), el archivo de programa (de extensión .java) contiene las definiciones de todos los estados, eventualmente con un valor «de inicio» y las definiciones e implementaciones de todos los comportamientos. Al contrario de lo que sucede con C#, una clase Java de alto nivel (volveremos a esta noción más adelante), se debe definir en un único archivo fuente.

3.1.3 La referencia

Los objetos se construyen a partir de la clase, por medio de un proceso llamado instanciación y, por lo tanto, cualquier objeto es una instancia de una clase. Cada instancia empieza en una ubicación de memoria única. La dirección de esta ubicación de memoria, conocida con el nombre de puntero por los desarrolladores C y C++, se convierte en una referencia para los desarrolladores Java y C#.

Cuando el desarrollador necesita un objeto durante una operación, debe realizar dos acciones:

- declarar y asignar un nombre a una variable del tipo de la clase que se ha de utilizar;
- instanciar el objeto y guardar su referencia en esta variable.

Una vez que se realiza esta instanciación, el programa accederá a las propiedades y métodos del objeto, utilizando la variable que contiene su referencia. Cada instancia es única. Por el contrario, varias variables pueden «apuntar» a una misma instancia. Cuando ninguna variable apunta a una instancia dada, el *garbage collector* guarda esta instancia como instancia para eliminar.

3.2 La encapsulación

La encapsulación consiste en crear una especie de caja negra, que contiene de manera interna un mecanismo protegido y, de manera externa, un conjunto de comandos que van a permitir manipularla. Este juego de comandos se hace de tal manera que será imposible alterar el mecanismo protegido en caso de una utilización incorrecta. La caja negra será tan opaca que resultará imposible para el usuario intervenir directamente sobre sus mecanismos.

Como comprenderá, la caja negra no es otra cosa que un objeto con métodos públicos de «alto nivel», que controlan con rigor los argumentos que se pasan antes de utilizarlos en una operación. Respetando el principio de la encapsulación, se asegurará de que el usuario del objeto nunca podrá acceder «de manera directa» a sus datos sensibles. Gracias a este control, su objeto se utilizará correctamente y por lo tanto de manera más fiable, y su puesta a punto será más fácil. En el mundo Java, los métodos que permiten acceder en modo lectura a los datos son los descriptores de acceso y aquellos que permiten acceder en modo escritura, los mutadores.

Java no tiene equivalencia para las propiedades (*properties*) del lenguaje C#, que permiten conservar el aspecto práctico del acceso directo a los datos del objeto, respetando los principios de la encapsulación.

3.3 La herencia

Otra característica importante de la POO consiste en poder crear una clase partiendo de otra. Esto se llama herencia. Para explicarla, imaginemos que debemos construir un sistema de gestión de los diferentes tipos de empleados de una empresa. Un análisis rápido revela una lista de propiedades comunes a todos los puestos. En efecto, el empleado, ya sea directivo, mando intermedio, director o trabajador normal, siempre tiene un nombre, un apellido y un número de seguridad social. A esto se le llama generalización; consiste en factorizar los elementos comunes de un conjunto de clases en una clase más general llamada superclase en Java y quizás «clase de base» en C# y C++. La clase que hereda de la superclase se llama subclase, clase heredada incluso clase especializada.

Por lo tanto, la herencia va a evitar la redundancia de información entre los diferentes tipos, creando lo que se denomina una jerarquía de clases. Vamos a crear una superclase, llamada `Empleado`, que contiene la información común para todos los tipos de empleado. Seguidamente, crearemos una subclase llamada `Ejecutivo`, que heredará de la superclase `Empleado`. Ejecutivo heredará los miembros de `Empleado` (o de manera más concreta, los miembros que `Empleado` le habrá legado) y añadirá a esta lista de miembros los aspectos específicos del tipo `Ejecutivo`. Diremos que `Ejecutivo` extiende `Empleado` (en el mundo Java) o que `Ejecutivo` hereda de `Empleado` (en los mundos C++ y C#).

Podemos continuar la jerarquía diseñando la clase `Ingeniero`, que hereda de `Ejecutivo`, que a su vez hereda de `Empleado`. Desde un objeto `Ingeniero`, tendremos acceso a los datos de sus dos clases padres.

En C++ es posible heredar de varias clases. Esto puede provocar problemas complicados cuando una clase hereda de varias clases que, a su vez, heredan de una misma clase de base. Para evitar esto, Java, al igual que C#, limita la herencia por nivel a una única clase. Evidentemente, puede haber varias herencias en cascada.

Abordaremos más adelante las interfaces, que no son clases, pero funcionan como contratos que pueden contener código por defecto desde Java 9. Podemos decir, de forma sencilla, que las interfaces especifican los comportamientos que deben implementar los objetos. ., Y veremos que una clase en Java, al igual que en C#, puede implementar tantas interfaces como se desee. Observe que no existe un mecanismo equivalente a las interfaces en C++.

La herencia no se limita a la reutilización de atributos. También afecta a los comportamientos. Un heredado naturalmente puede añadir nuevos comportamientos, relacionados con aspectos específicos. Pero también puede sustituir los comportamientos de la clase de base por los suyos. Imaginemos una clase de base que representa a un `Animal`, con un comportamiento «Expresion». Este comportamiento no tiene ningún sentido si el animal no se especifica, por lo tanto, no devuelve nada. La clase `Perro` hereda de la clase `Animal` y sustituye su comportamiento «Expresion» por un comportamiento adaptado a su tipo en retorno: «guau guau». La clase `Gato` no cumple este mismo principio y sustituye también el comportamiento «Expresion» del `Animal` devolviendo un simpático «miau».

Si la aplicación administra una colección de referencias de tipo `Animal`, que contiene una instancia de la clase `Perro` y una instancia de la clase `Gato`, la llamada al método `Gritar` de sus dos entradas provocarán un «guau guau» y a continuación a un «miau».

C# se distingue de Java porque ofrece más opciones para controlar la sustitución.

3.4 El polimorfismo

Otra punta de lanza de la POO: el polimorfismo. El polimorfismo de los objetos está muy relacionado con la herencia. La raíz etimológica de la palabra lleva a pensar naturalmente que el objeto puede tomar varias formas. Para entender en qué medida esto es posible, volvamos a nuestra clase `Ingeniero`. Hereda de la clase `Ejecutivo` y, por lo tanto, un objeto `Ingeniero` es una especie de `Ejecutivo`. Gracias al polimorfismo, allá donde se espere un objeto `Ejecutivo`, se podrá utilizar un objeto `Ingeniero`. Vayamos más allá y recordemos que el objeto `Ingeniero` hereda de `Ejecutivo`, que a su vez hereda de `Empleado`. Por lo tanto, también se puede decir que un `Ingeniero` es una especie de `Empleado`, lo que significa que allá donde se espere un objeto `Empleado`, como habrá entendido, se podrá utilizar un objeto `Ingeniero`. Consecuencia práctica: por ejemplo, se puede construir una tabla de objetos de tipo `Empleado` que contenga tantas entradas como miembros del personal exista en la empresa. A continuación, se puede instanciar en cada celda de esta tabla los objetos de tipo `Ingeniero`, `Empleado normal`, `Comercial`, etc., previstos, que hereden de `Empleado`. No habrá errores de compilación porque todos los objetos de la tabla serán «tipos de Empleado». Las llamadas a las operaciones se podrán realizar sobre esta colección –como la edición de los recibos de nómina, los cálculos de pensiones, etc.–; se hacen totalmente genéricos porque serán métodos publicados por la superclase `Empleado`. Pero estas operaciones harán referencia «sobre la marcha» a las subclases de `Empleado` que permiten, por ejemplo, un cálculo diferente de las pensiones para los ejecutivos y no ejecutivos.

Observación

En función del objeto que se haya instanciado, la operación de base se sustituye por una operación específica.

Veremos cómo Java ofrece sistemas sencillos y prácticos que permiten saber con seguridad si un objeto de un determinado tipo también forma parte de otra familia (operador *instanceof*) y se puede considerar como tal en una operación gracias a un cast. También veremos cómo la implementación de interfaces y el polimorfismo se pueden relacionar estrechamente para hacer que se entiendan objetos diseñados con varios años de diferencia.

El polimorfismo también puede afectar a los comportamientos de un objeto. En efecto, un comportamiento con el mismo nombre puede aparecer varias veces en un objeto, con la condición de que las firmas (los argumentos esperados) sean diferentes y permitan identificarlas. Es el compilador el encargado de deducir, de manera estática en función del código del programa que llama, el comportamiento que se debe llamar. Imaginemos una clase matemática que ofrece un método `CalculaSuperficie`; este método podrá aparecer tantas veces como tipos de superficies posibles existan (`CalculaSuperficie` de un rectángulo, círculo, triángulo, etc.). En función del número y del tipo de argumento o de los argumentos que se pasan, el compilador elegirá el método `CalculaSuperficie` adecuado.

Observación

Observe que, en caso de un polimorfismo de herencia, la elección de la función que se ha de ejecutar es dinámica.

3.5 La abstracción

La buena práctica en POO consiste en relacionar sus objetos de la manera más abstracta posible para poder reutilizarlos en diferentes contextos sin tener que «cambiar todo». Por ejemplo, una fuente de datos puede provenir de una entrada de teclado, del contenido de un archivo, del flujo recibido de una conexión de red, etc. Si determinados métodos de su clase esperan como argumento una sucesión de datos, será interesante hacer abstracción del tipo de proveedor, considerándole como un flujo «genérico» (*stream*).

Otro ejemplo: Java ofrece diferentes clases para administrar las colecciones de datos. La elección de la clase más adaptada se hará siguiendo diferentes criterios, tales como rapidez de acceso a una ubicación de la colección o la rapidez de inserción de elementos en cualquier lugar de la colección. Estas optimizaciones muestran el código de implementación de cada clase de colección y ofrecen un medio genérico de utilizarlas, que abstrae de esas capas inferiores. El código del programa permanece prácticamente idéntico sea cual sea el tipo de colección utilizada, para responder de la mejor manera posible a su necesidad.

La programación orientada a objetos y su aplicación con el lenguaje Java ofrecen diferentes medios como las interfaces, las clases abstractas, los flujos y los iteradores para realizar lo mejor posible la abstracción de los objetos.

4. El desarrollo orientado a objetos

4.1 Especificaciones del software

La primera etapa de un desarrollo de software consiste en redactar un documento que describa, utilizando un lenguaje comprensible por el cliente que lo ha solicitado y por los desarrolladores, las funcionalidades del producto que se ha de realizar. Este documento es muy importante porque va a definir los límites del programa, formalizando las necesidades, las exigencias y las restricciones. Definirá los diferentes tipos de usuario y sus posibles interacciones en función de sus permisos, en forma de casos de usos. Durante la redacción de este documento, es absolutamente necesario impregnarse de la cultura de la empresa y dialogar con todos los actores implicados. Las especificaciones constituyen el elemento de base de la modelización. Gracias al cuidado particular que se ponga en su realización, se podrá evitar en el futuro cualquier tipo de discrepancias.

4.2 Presentación del ciclo en V

Un desarrollo de software se compone de varias fases que hay que completar con meticulosidad para identificar correctamente una necesidad y no equivocarse respecto a la arquitectura que le corresponde. Existen varios modelos de desarrollo, y el ciclo en V que se presenta aquí procede del dominio industrial. Este concepto es muy utilizado y no es específico de la programación orientada a objetos. Su aplicación literal producirá un resultado correcto, pero puede llegar a ser pesado de implementar.

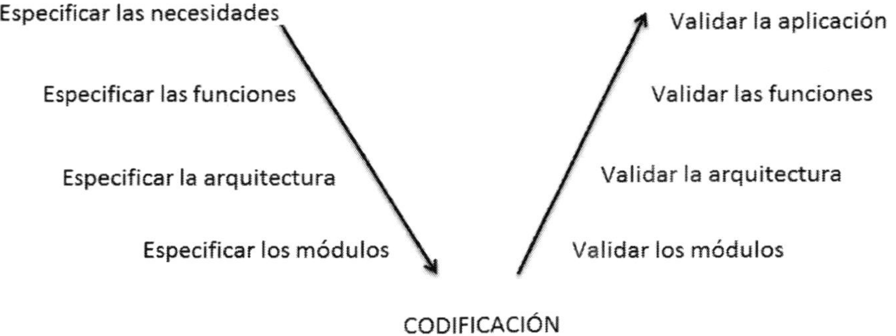

En el ciclo en V, se parte de las necesidades del cliente (rama izquierda en la parte superior de la V) para descender en tres etapas hasta la redacción del programa (base de la V):

- a partir de las necesidades de cliente, especificar las funciones;
- a partir de las funciones, especificar la arquitectura global;
- a partir de la arquitectura global, especificar los módulos detallados.

La base de la V se dedica a la codificación del programa.

A continuación, la subida por la rama derecha se va a hacer en tres etapas, que confirmarán los objetivos de la rama izquierda, a saber:

- validar cada módulo solo por los juegos de pruebas unitarias;
- validar las relaciones y comunicaciones entre módulos, por medio de las pruebas de integración;
- validar las funciones de la aplicación agregando todos estos módulos.

Para terminar, en la parte superior derecha de la V, nos centramos en la cuestión «¿Hemos llegado a satisfacer a nuestro cliente?».

Teóricamente, cada etapa debe ser el objeto de documentos, que deben ser releídos y aceptados por el resto de los desarrolladores del equipo. Pasar a la siguiente etapa solo debe ser posible si el documento –incluidos los planes de pruebas– ha sido totalmente validado.

En función de los modos de organización de las oficinas de diseño, los recursos asignados e incluso de los plazos especificados, el respeto escrupuloso del ciclo en V podría sufrir algunos contratiempos. Conservando el espíritu de que un programa debe responder a las necesidades del cliente y ser muy fiable. El cuidado que se toma en los pasos correctos depende de ello.

A continuación, se muestra un ejemplo que ilustra el ciclo en V con la lista de acciones de cada etapa, voluntariamente no exhaustiva para entender lo principal.

- Especificar las necesidades:

  «Soy restaurador y todos los días debo ofrecer un menú a mis clientes. Por lo tanto, necesito una herramienta sencilla para introducir e imprimir mi lista, inspirándome eventualmente en menús anteriores.»
- Especificar las funciones:
  - introducir un texto en un editor,
  - guardar el texto en un directorio,
  - cargar un texto existente,
  - imprimir un texto.
- Especificar la arquitectura:

  Aplicación gráfica Windows de escritorio que permita leer y escribir en los archivos, un texto introducido por el usuario. La impresión del texto utilizará las interfaces clásicas del sistema operativo.
- Especificar los módulos:
  - una ventana gráfica (también llamada vista) que permita la edición de un texto,
  - una clase de negocio (también llamada modelo), principalmente con un objeto String que contenga el texto,

  - una clase que permita la carga y registro del modelo utilizando las funciones de gestión de archivos del sistema,
  - una clase que permita imprimir el modelo, utilizando las interfaces de impresión de Windows.
- Codificación.
- Validar los módulos:
  - probar el comportamiento del modelo en condiciones normales y no normales,
  - probar la carga del modelo desde una lectura de archivo en condiciones normales y no normales (ejemplo: arrancar la llave USB que contiene el archivo durante su lectura),
  - etc.
- Validar la arquitectura:
  - verificar que el módulo de lectura-escritura de archivos interactúa con el modelo,
  - verificar que el módulo de impresión interactúa con el modelo,
  - verificar que los errores devueltos por los módulos llegan correctamente a la aplicación y se muestran al usuario,
  - etc.
- Validar las funciones:
  - verificar que la aplicación permite al usuario seleccionar un archivo para leer, cuyo contenido se va a copiar en el modelo,
  - verificar que la aplicación permite guardar un modelo, asignándole un nombre,
  - verificar que los errores de la aplicación se muestran de manera comprensible para todos,
  - etc.
- Validar la aplicación:
  - verificar que la aplicación es fácilmente accesible en la interfaz de Windows,
  - verificar que el usuario puede fácilmente crear, recargar, modificar e imprimir menús.

Como regla general, la parte de análisis debe tener en cuenta las necesidades actuales del cliente, pero también se debe anticipar a sus potenciales evoluciones. En el caso de nuestro restaurador, el dato principal es el texto del menú. Por lo tanto, podríamos haber utilizado de manera central un objeto String que, como veremos, es el objeto que encapsula las cadenas de caracteres en Java. Los módulos de la aplicación habrían intercambiado, por supuesto de manera sencilla, las referencias sobre este texto y el objetivo fijado se habría conseguido. Imaginemos que, un tiempo después de la puesta en servicio de esta primera versión, nuestro restaurador vuelve a vernos y nos pide añadir una gestión de colores y de tipos de letra. Por lo tanto, la información central se debería enriquecer y el simple objeto String ya no sería conveniente. Se deberá sustituir por un objeto que contenga el menú y toda su información de formateo. Todos los módulos codificados para intercambiar los String también se deberán retocar para intercambiar este nuevo objeto, lo que sería una pena.

Conclusión: si desde el inicio ha reflexionado sobre la creación de un objeto de negocio, entonces se anticipará a futuras evoluciones. Puede añadir nuevas propiedades sin tener que modificar la manera en la que los módulos se comunican. En efecto, intercambiar un objeto de negocio que contiene una o diez propiedades se codifica de la misma manera: se pasa su referencia (digamos su dirección única en memoria) y no su contenido. A continuación, los módulos utilizarán las propiedades que necesitan, recorriendo el objeto desde su referencia. En un ejemplo sencillo como este, esto puede provocar gracia, pero en un proyecto importante, es otra cosa.

Durante la redacción de los planes de prueba, hay que pensar en la utilización normal, pero especialmente en el peor de los casos. Nunca confíe en los usuarios de sus módulos; compruebe siempre los argumentos transmitidos. Parta desde el principio de que sus objetos se podrán inicializar incorrectamente, utilizarse mal, configurarse mal, cerrarse incorrectamente, etc. Tenga el espíritu que hay detrás de esta cita de Leonardo da Vinci: «Quien no predice lo lamentará».

En la mayoría de los casos, será innecesario escribir aplicaciones dedicadas a probar sus objetos porque, como veremos en el capítulo dedicado a este tema, existen entornos de pruebas que permiten comprobarlos rápidamente.

4.3 Seguir siendo ágil con el modelo en V

Esta sección introduce el método ágil, ampliamente utilizado en el desarrollo orientado a objetos.

Los presupuestos de I+D (Investigación y Desarrollo) no son ilimitados y los suce-sivos retrasos en la planificación pueden dejar fuera lo mejor de los proyectos más prometedores. El inconveniente del modelo en V, como se explicó anteriormente, es que abarca todo el proyecto con una estimación global de su duración. La finalización del desarrollo puede tomar mucho tiempo, y es solo en la entrega final cuando el cliente puede quedar satisfecho o solicitar modificaciones.

Con el enfoque ágil, el proyecto se divide en varios desarrollos pequeños con resultados tangibles. Cada «pequeño» desarrollo se lleva a cabo generalmente a lo largo de una quincena llamada SPRINT. Las secuencias de estos desarrollos se deciden durante un PI PLANNING (PI por *Program Increment*). Al inicio de un SPRINT, se realiza un SPRINT PLANNING durante el cual el equipo definirá el objetivo a alcanzar al final de la quincena. A continuación, se completa el tablero del SPRINT con una lista de tareas extraídas de un conjunto de especificaciones generales llamado BACKLOG. Cada tarea tiene una descripción, orden cronológico, nivel de dificultad y desarrollador asignado. Durante el SPRINT, todos los días hay «reuniones de pie» (*standup meeting*), durante las cuales cada desarrollador dice lo que hizo el día anterior, lo que va a hacer hoy y si encuentra algún punto conflictivo. De esta manera, todos saben lo que están haciendo los demás y se pueden adaptar para desbloquear a un colega o sincronizarse con otro equipo. Una tarea de desarrollo incluye codificación, escritura de pruebas ad hoc, documentación mínima y revisión de código por parte de otro desarrollador (*code review*). Al final del SPRINT, se invita al cliente a una demostración. En ese momento, el cliente puede evaluar el progreso del trabajo y solicitar cambios que resultan mucho más fáciles de implementar que al final, cuando todo esté terminado y comprometerse con el próximo SPRINT. También tiene la opción de cancelar el proyecto.

Esta es una simple introducción al concepto. Encontrará libros y formación sobre estos métodos y sobre el software que los utiliza, como JIRA, BITBUCKET, JENKINS, GitHub, GitLab y ARTIFACTORY. Tengamos en cuenta que la buena gestión del tiempo, la sincronización del equipo y, sobre todo, la satisfacción del cliente, son primordiales. Como desarrollador, el enfoque orientado a objetos le hará ganar en todos los frentes.

Veamos ahora el modelo.

4.4 Modelización y representación UML

La modelización es la fase esencial del desarrollo de una aplicación. Se basa en las especificaciones y consiste en analizar y descomponer un proceso en varios elementos sencillos. Posteriormente, permite «diseñar los contornos» de los componentes que se han de realizar, comprobar si serán evolutivos, robustos, fiables y si sus asociaciones realizarán el objetivo pedido. La modelización oculta los detalles para presentar lo principal. Hablamos de la abstracción.

Entonces, se plantea la cuestión de una representación «normalizada» de la modelización, cuestión a la que el lenguaje unificado de modelado (o UML, del inglés *Unified Modeling Language*) responde completamente.

Volvamos un poco atrás para ver cómo nace este lenguaje de modelización orientado a objetos que es el UML.

La explosión de la programación orientada a objetos y el crecimiento de la complejidad de los programas condujeron a una multiplicación de los métodos orientados a objetos al inicio de los años 90. Entre otros, podemos mencionar estos métodos:

- *Booch'91*, de Grady Booch;
- *Object Modeling Technique* (OMT), de James Rumbaugh, en 1991;
- *Object-Oriented Software Engineering* (OOSE), de Ivar Jacobson, en 1992.

La representación, de manera estándar, del funcionamiento de un sistema, de la arquitectura y de la comunicación de sus objetos rápidamente se convierte en algo necesario para:

- estructurar de manera evolutiva sus componentes;
- aumentar su fiabilidad y la seguridad de su conjunto;
- facilitar su mantenimiento;
- transmitir y asegurar su comprensión por parte de otros equipos;
- reutilizar sus componentes.

En 1997, con un objetivo de unificación, los diferentes métodos pusieron en común sus puntos fuertes, validados por los retornos de experiencia verificados, para dar origen a un modo de representación denominado *Unified Modeling Language* en su versión 1.0.

UML es un **lenguaje de modelización orientado a objetos** no propietario. Se rige por el *Object Management Group* (OMG) y la norma está disponible gratuitamente en http://www.uml.org. UML es un lenguaje gráfico, mientras que Java, C++ o incluso C# son lenguajes textuales.

Los diseñadores de software utilizan UML para representar sus modelos como imágenes gráficas, también llamadas vistas. Estas vistas contienen los diagramas de diferentes tipos que explican, bajo diferentes ángulos, el contenido y el funcionamiento de la aplicación. Algunas veces es necesario tener varias vistas para representar y entender un modelo.

A continuación, se muestran los nueve principales tipos de diagramas UML y sus objetivos:

- **Diagramas de caso de uso**: describen los servicios ofrecidos por el sistema desde el punto de vista del usuario. Estas vistas ponen en escena a los actores, que pueden ser humanos o representar otros sistemas.
- **Diagramas de objetos**: muestran el estado de una aplicación en un instante dado, enumerando las instancias de las clases.
- **Diagramas de secuencias**: muestran las interacciones entre los objetos durante la ejecución del programa. El acento se pone en el orden de estas interacciones en esta representación temporal.

- **Diagramas de clases**: capturan la estructura estática de la organización de las clases.
- **Diagramas de componentes:** se corresponden con las vistas modulares de la aplicación que agrupan las clases que colaboran.
- **Diagramas de despliegue**: modelizan el aspecto del hardware de la aplicación.
- **Diagramas de colaboración**: muestran cómo se organizan los objetos para trabajar en conjunto. El acento se pone en las comunicaciones existentes entre los objetos.
- **Diagramas de estados-transiciones**: representan el comportamiento de un objeto en forma de un autómata de estados.
- **Diagramas de actividades**: representan el flujo de ejecución de un proceso o de una operación.

La mayor parte de los desarrolladores solo utilizan un subconjunto del UML, principalmente los diagramas de casos de uso, los diagramas de clases y los diagramas de secuencias.

Existen muchas herramientas de software libre que permiten crear diagramas UML, como la disponible en este sitio destacado: https://www.draw.io.

4.4.1 Los diagramas de casos de uso

La función de los diagramas de casos de uso es delimitar el perímetro de la aplicación, indicando sus «actores» y los diferentes escenarios posibles que pueden reproducir en el sistema. Un caso de uso representa un servicio funcional de la aplicación descrita en las especificaciones. El caso de uso se acompaña de un texto que lo describe precisamente con sus condiciones de partida, su desarrollo normal y el resultado de su ejecución. Para precisar el caso de uso, se pueden añadir diagramas de secuencias o diagramas de actividades.

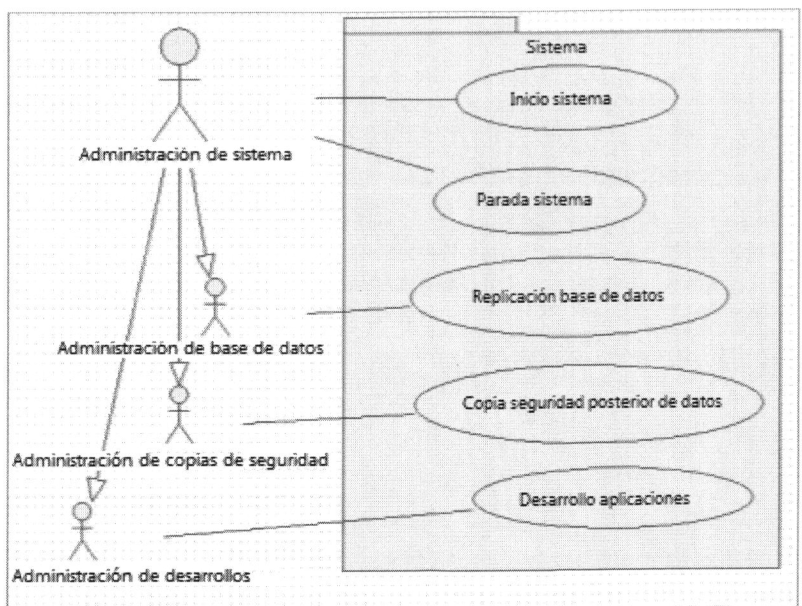

Esta ilustración representa cuatro actores que tienen permisos para realizar determinadas operaciones en un sistema informático. Un actor un poco especial, *Admin system*, hereda de los otros tres y, por lo tanto, tiene permisos para realizar sus operaciones.

4.4.2 Los diagramas de clase

La agrupación de los objetos de un mismo tipo permite factorizar sus atributos y sus comportamientos. La representación gráfica se realiza en un diagrama de clases. En este diagrama es donde se definen los componentes finales de la aplicación, por supuesto sin indicar el número de instancias. Las relaciones entre las clases también se representan para cada tipo de relación, por medio de un signo gráfico diferente. El conocimiento de las diferentes notaciones utilizadas es primordial para una transposición correcta a código Java. Los diagramas de clases no presentan los aspectos dinámicos y temporales.

Una clase se representa por un rectángulo dividido verticalmente en tres partes:

– En la parte **superior**: el nombre de la clase.

– En el **medio**: los atributos de la clase (las variables).

– En la parte **inferior**: los comportamientos de la clase (los métodos).

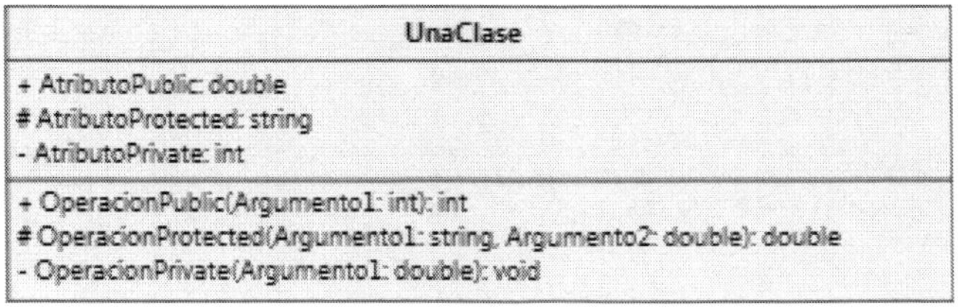

UnaClase

+ AtributoPublic: double
# AtributoProtected: string
- AtributoPrivate: int

+ OperacionPublic(Argumento1: int): int
# OperacionProtected(Argumento1: string, Argumento2: double): double
- OperacionPrivate(Argumento1: double): void

Los miembros de la clase (atributos y comportamientos) se preceden por un signo (+, #, -), que indica su accesibilidad. Esta información permite administrar la encapsulación y la herencia descrita con anterioridad en este capítulo.

El signo + indica que este miembro de la clase es accesible por todos y sin restricción.

El signo # indica que este miembro de la clase es accesible únicamente por sus subclases (clases heredadas).

El signo - indica que este miembro de la clase es privado y, por lo tanto, se utilizará únicamente por la clase para su propio funcionamiento interno. Pequeña finalidad: un objeto puede acceder a los miembros privados de otro objeto si los dos son del mismo tipo.

Después del signo de accesibilidad y del nombre del atributo, aparece un ':', seguido del tipo del atributo. Este tipo puede ser «clásico» (entero, carácter, doble, etc.) o más complejo, como el nombre de otra clase.

En algunos casos, el signo '=' seguido de un valor puede cerrar la definición de un atributo. Se trata del valor que se asigna al atributo durante la instanciación. Veremos que, si no se realiza esta asignación explícita, Java inicializa el atributo con un valor por defecto en el momento de la instanciación del objeto. Por ejemplo, un atributo de tipo entero se inicializa automáticamente con el valor 0.

■Observación

Si respeta la regla de la encapsulación, entonces ningún atributo debería aparecer precedido de un +.

De la misma manera que los atributos, los métodos de la clase también están precedidos por sus tipos de acceso. Después del nombre del método, aparecerá la lista entre paréntesis de los argumentos con nombre y tipo. Puede no haber argumentos. Para terminar, precedido por un ':', aparece el tipo de retorno. Si no se devuelve ningún tipo, entonces se utiliza ***void***.

Observe que esta sintaxis UML que define un comportamiento es diferente de la que utiliza Java cuando define el método asociado.

Ejemplo:

– En UML: `+Addition(a:Int, b:Int):Int`

– En Java: `public int Addition(int a, int b)`

Recordemos que varios métodos pueden tener el mismo nombre. Esta forma de polimorfismo es posible si los argumentos de los métodos con el mismo nombre son diferentes.

Las relaciones entre las clases

Las clases se pueden relacionar de manera más o menor fuerte y los diagramas representan gráficamente esto con diferentes tonos.

Representación de una herencia

Esta especialización se representa en UML por una flecha, con un triángulo cerrado, que va desde la clase derivada (subclase, clase heredada o incluso clase especializada) hasta la clase madre (superclase o clase de base).

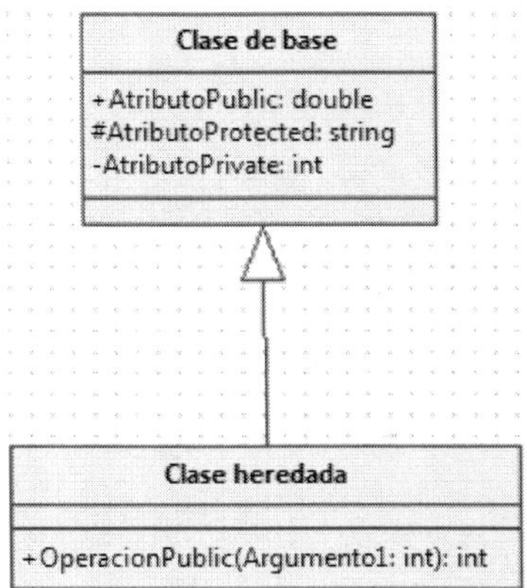

La clase heredada es la prolongación de la clase de base. El inicio de la porción de memoria asignado a una clase heredada apunta a la clase de base; los aspectos específicos de la clase heredada llegan a continuación. Gracias a esta organización de memoria, podemos decir que *como una clase heredada es una especie de clase de base, se puede utilizar en cualquier sitio donde se solicite su clase de base.*

Por lo tanto, la clase heredada puede acceder a los miembros públicos (+) y protegidos (#) de la clase de base.

Representación de una realización

Una clase puede implementar varias interfaces «contrato». Como veremos más adelante, esto consiste en soportar en la clase una lista exhaustiva de métodos descritos en la interfaz. En este caso se habla de realización y el UML lo representa con una línea punteada terminada por una flecha en forma de triángulo cerrado, dirigido hacia la interfaz.

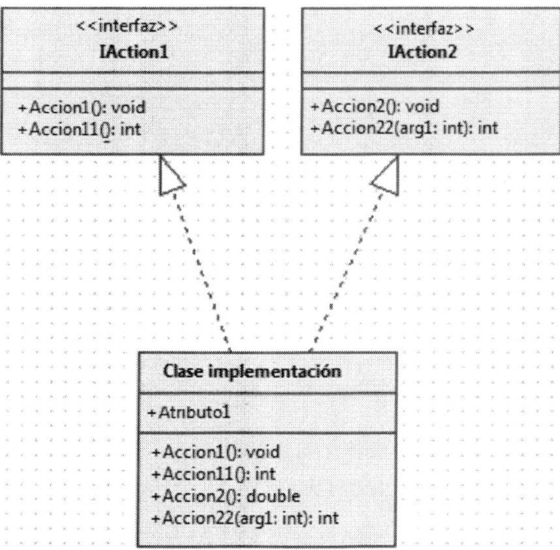

Representación de una relación sencilla (asociación)

Una clase puede contener una referencia a otra clase y, de esta manera, acceder a sus servicios declarados de tipo public. La representación de esta asociación de navegación es una flecha abierta que apunta a la clase contenido. Las líneas del ciclo de vida de las dos clases son independientes.

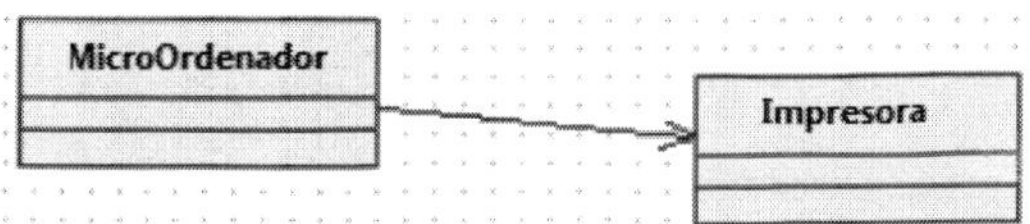

Representación de una relación bidireccional

Dos tipos de clases pueden asociarse durante una determinada operación, aun cuando no exista entre ellas una relación «de parentesco». Sus líneas de ciclos de vida son totalmente independientes. Por ejemplo, una clase `Pedido` puede contener una lista de `Articulos`, pero no es el `Pedido` quien crea los `Articulos`. Si se elimina un `pedido`, los `Articulos` asociados permanecen.

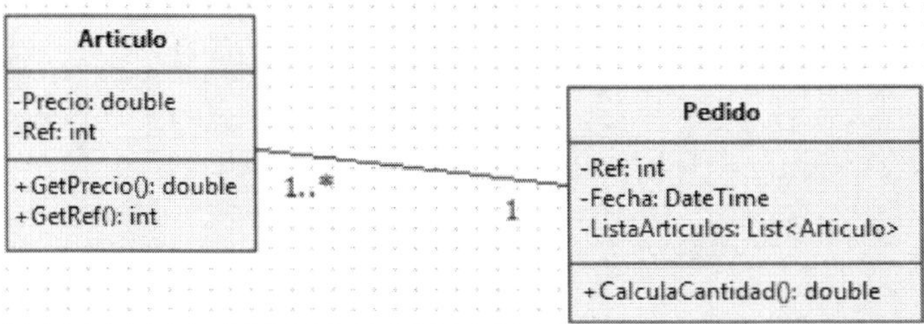

Una restricción de cardinalidad puede precisar los términos de la asociación. En el esquema anterior, se debe leer que un pedido contiene al menos un artículo y un número indefinido de artículos (`1..*`). En el otro sentido, un artículo pertenece a un pedido. Se habla de índice de cardinalidad o multiplicidad.

Representación de una relación de tipo agregación

Una flecha con un rombo une las dos clases. El rombo se encuentra del lado de la clase «contenedor». Si el rombo está vacío, quiere decir que los objetos creados por esta clase permanecerán cuando la clase desaparezca.

Por ejemplo, un fabricante de reproductores digitales tendrá este tipo de relación con sus productos fabricados. Aunque el fabricante desaparezca, los reproductores continuarán funcionado. Se habla de agregación por referencia porque hay varios objetos independientes en memoria y determinados objetos memorizan las referencias del resto.

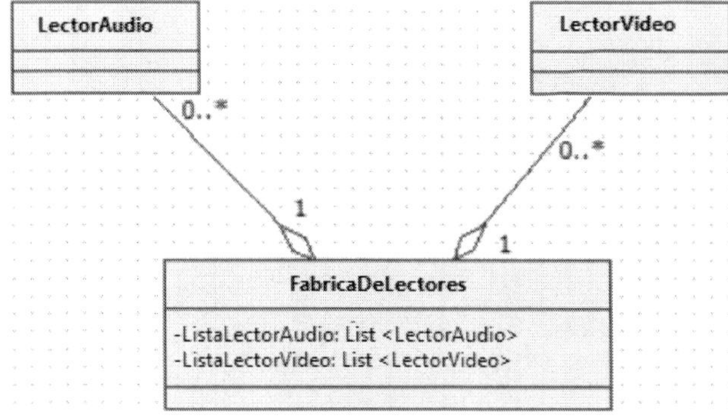

Representación de una relación de tipo composición

Si el rombo está relleno, entonces la relación es muy fuerte. Retomemos el ejemplo del hostal que utilizamos antes. Si el hostal se destruye, entonces sus habitaciones también. Se habla de agregación compuesta o de agregación por valor. Las duraciones del ciclo de vida de ambos son idénticas.

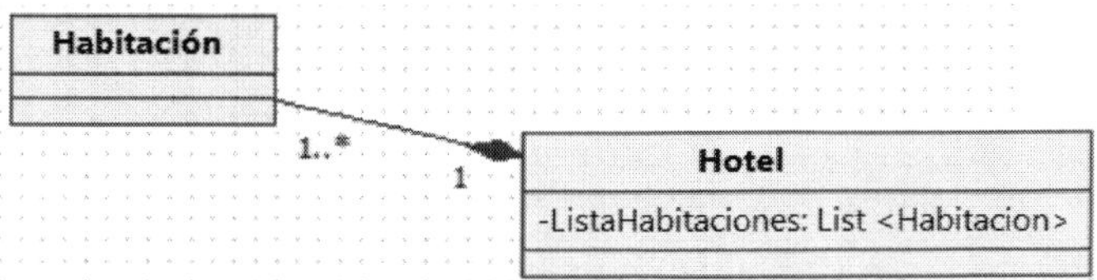

Las dependencias entre clases

Una parte del juego depende de las reglas de este juego. Aquí no hay relación de asociación o de composición; sencillamente una dependencia entre el curso de la partida y las reglas escritas. UML representa esta relación por una línea punteada.

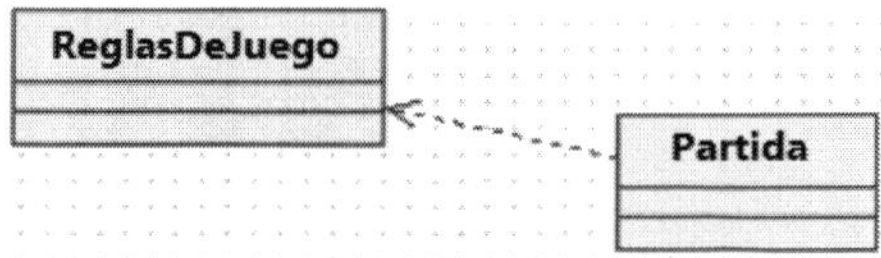

4.4.3 Las enumeraciones

Sucede con bastante frecuencia en programación que se desea limitar los posibles valores que puede contener una variable a un conjunto específico. Por ejemplo, si necesita un tipo de datos que solo almacene un día de la semana y nada más. En ese caso, espera que el compilador genere un error si el código intenta asignarle un valor diferente, como un mes del año.

Esta seguridad es posible gracias a las enumeraciones, que permiten definir una lista de valores posibles. Poco importa cómo el compilador va a codificar estos valores. Lo que cuenta es que prohíbe cualquier otro.

En UML una enumeración se representa como una clase para la que se prefija el nombre, usando <<enumeration>>. A continuación, se utiliza directamente para tipar los atributos de las clases que necesitemos.

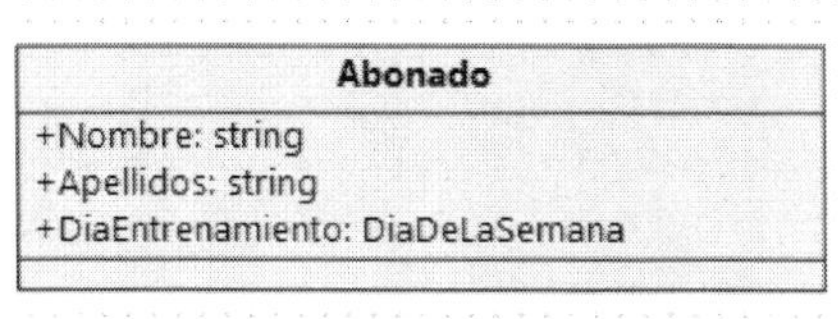

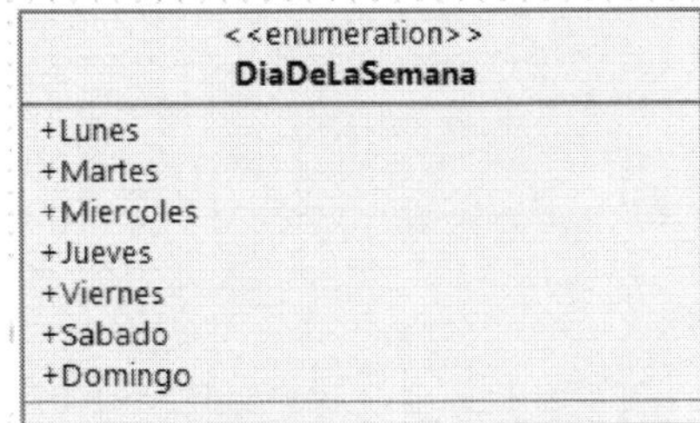

Este diagrama representa una clase `Suscriptor` que contiene varios atributos, entre los que hay un tipo enumerado `DiaDeLaSemana`, que lista una serie de valores para cada día de la semana. Generalmente, los compiladores asignan un juego de valores empezando por 0 y que va en progresión de uno en uno; pero poco importa, porque en el código nunca se hará referencia a estos valores de sustitución (se podría producir un error de compilación). El código simplemente utilizará los elementos de la lista, como muestra la siguiente prueba.

```
if( miCliente.DiaEntrenamiento == DiaDeLaSemana.Lunes)
{
//...
}
```

En casos muy particulares, puede ser interesante «fijar» en el código los valores asociados a las enumeraciones. Por ejemplo, si el programa va a crear bloques de datos para otros dispositivos que se ejecutan en otros entornos, deberá asociar cada entrada de la enumeración con un valor real que sea reconocible de facto para todos y Java lo permite.

4.4.4 Los diagramas de secuencia

El diagrama de secuencias es una representación cronológica de las interacciones entre los objetos durante el desarrollo de un caso de uso. Describe la lista de los objetos que intervienen, sus líneas del ciclo de vida y la cronología de las interacciones.

A continuación se muestra un ejemplo de diagrama de secuencias. Representa el encadenamiento de las interacciones que permiten la apertura de una puerta, después de reconocer la tarjeta de acceso del usuario.

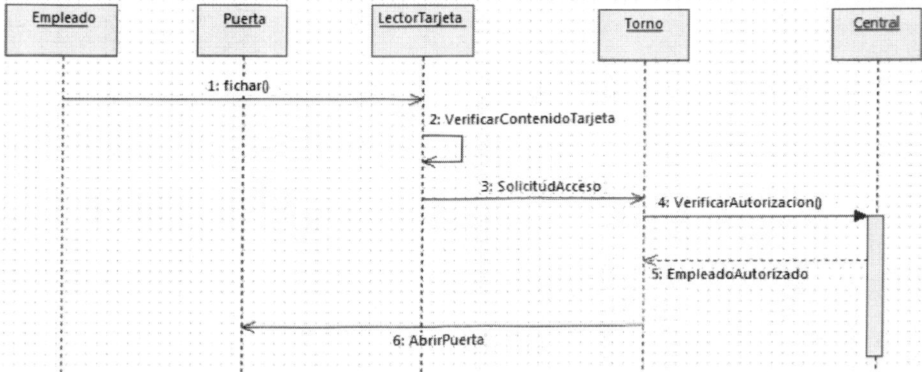

Cada objeto que interviene se simboliza por medio de un rectángulo, que contiene el nombre de un actor o el nombre de una instancia particular, seguida del nombre de la clase asociada. En este rectángulo se añade un trazo vertical discontinuo, que representa la línea del ciclo de vida del objeto. Entre estas líneas del ciclo de vida, se adjuntan flechas horizontales que representan las interacciones, también llamadas mensajes. Cada flecha se numera y se le asigna un nombre. Este nombre generalmente se corresponde con un método, que se implementa en el objeto receptor del mensaje. El secuenciamiento siempre empieza en la parte superior y normalmente a la izquierda.

La interacción entre objetos

En el lenguaje UML, la interacción entre objetos se traduce por medio de mensajes. La mayoría de las veces, estos mensajes son sencillas llamadas a los métodos de las instancias de clase. Es el comportamiento del emisor respecto al retorno el que va a especificar el tipo del mensaje e influir totalmente en la codificación que se debe implementar.

En efecto, se habla de mensaje:

- síncrono cuando el emisor espera la respuesta del receptor y bloquea la ejecución del programa,
- asíncrono cuando la respuesta del receptor va a llegar de manera diferida al emisor. En este caso, la ejecución del programa no se bloquea.

Un objeto también puede enviar mensajes; se habla de interacción interna o de mensaje repetitivo.

La lectura del diagrama de secuencias permite conocer la naturaleza del mensaje intercambiado en un momento dado. La representación gráfica de los mensajes en el diagrama de secuencias es la siguiente:

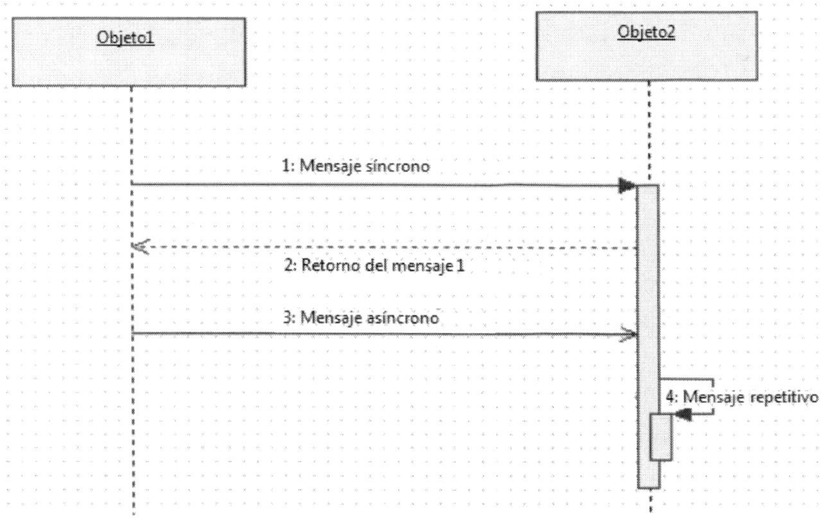

Observe la forma de la flecha que termina en el mensaje:

- flecha cerrada: mensaje síncrono;
- flecha abierta: mensaje asíncrono.

4.5 Codificación, integración y puesta en producción

La redacción del código se debe llevar a cabo respetando los fundamentos de la POO.

Algunos problemas aparecen de manera recurrente en programación. Antes de intentar inventar sus propias soluciones, puede ser muy acertado mirar lo que han hecho otros desarrolladores para resolver problemas parecidos. Los patrones de diseño (*design patterns*) describen las soluciones sencillas y verificadas en POO para resolver estos problemas. Estos *design patterns* no son librerías de código, sino métodos para resolver los problemas; la implementación en un lenguaje dado es responsabilidad del desarrollador. A continuación, en este libro, ofrecemos las implementaciones Java de dos patrones de diseño. Para ir más allá, puede conseguir el catálogo de los *design patterns* «clásicos» W, llamado GoF por las iniciales de *Gang of Four*, término que designa sus cuatro coautores: Erich Gamma, Richard Helm, Ralph Johnson y John Vlissides.

También es muy aconsejable realizar un control de calidad estricto a medida que se vayan construyendo las clases. Los entornos de desarrollo actuales normalmente integran los proyectos, lo que comúnmente se llama «framework de pruebas». El desarrollador utiliza este framework para escribir un juego de pruebas unitarias, comprobando que sus objetos respondan a las especificaciones de diseño, así como que no hayan sufrido regresiones durante las operaciones de mantenimiento o las evoluciones «de último minuto». Estas pruebas se podrán lanzar automáticamente después de la compilación y la propia herramienta de desarrollo formateará los resultados.

Después de estas pruebas unitarias, vienen las pruebas de integración, que permiten comprobar que los módulos se comunican correctamente entre ellos. Estas pruebas también se pueden automatizar en el entorno de desarrollo.

A continuación, la aplicación se puede probar en su conjunto durante el desarrollo de un plan de pruebas concreto. Pero como este conjunto se constituye con módulos ya comprobados por las pruebas unitarias y de integración, los funcionamientos incorrectos residuales deberían ser más del tipo ajuste la corrección que correcciones de errores importantes.

Esta última fase de puesta a punto prefija el ajuste del producto. Esta fase de ajuste es una serie de pruebas sobre un escenario escrito y validado por el cliente y el desarrollador para controlar que el software está conforme a las especificaciones.

5. Ejercicios

5.1 Jerarquía de clases

Enunciado

Diseñe el diagrama de clases UML que resuma las relaciones entre los siguientes objetos:

- Helicóptero
- Submarino
- Moto
- Transporte terrestre
- Camión
- Coche
- Transporte
- Avión
- Scooter
- Paquebot
- Transporte aéreo
- Camión cisterna

- De dos ruedas
- Coche descapotable
- Transporte marítimo
- Avión de combate
- Moto de cross
- Bicicleta
- BTT
- De cuatro ruedas

Corrección

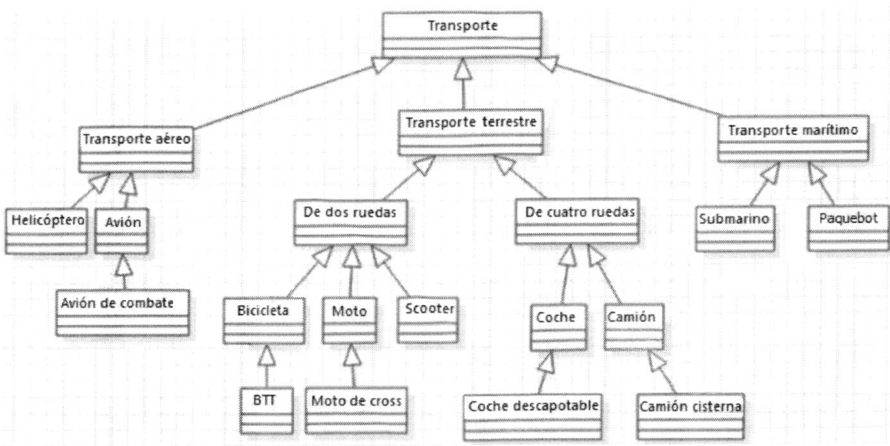

En esta jerarquía de clases aparece una superclase general denominada `Transporte`. A continuación, esta clase de base se va a especializar a medida que se avanza en diferentes niveles. Tenga en mente la relación «es una especie de...», que ayuda a entender las nociones de herencia y polimorfismo. La `BTT` especializa su padre `Bicicleta`, añadiendo las funciones de recorrido todo terreno, pero conservando sus atributos de base: es la herencia. La BTT es «una especie de» bicicleta que, a su vez, es «una especie de» transporte terrestre de dos ruedas que, finalmente, es «una especie de» transporte. En consecuencia, cuando se solicita un objeto `Transporte`, entonces se puede utilizar una `BTT`: es el polimorfismo.

5.2 Relaciones entre objetos

Enunciado

En este proyecto de gestión de librerías, se desarrollan los objetos que representan a los libros y los objetos que representan a los autores. Diseñe su diagrama de clases con los atributos mínimos, así como sus relaciones.

Corrección

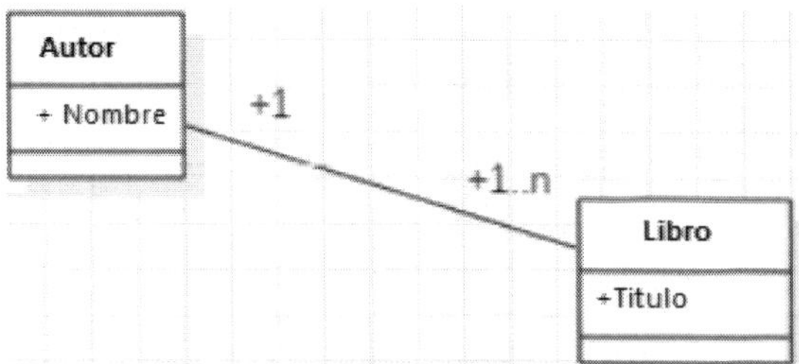

En esta relación bidireccional, un autor ha escrito un número indefinido de libros, pero al menos uno (`1..n`). Un libro está escrito por un autor (`1`).

5.3 Agregación de objetos

Enunciado

Diseñe el tipo de agregación existente entre:

- una pared y su papel pintado,
- una habitación y sus muebles,
- una calle y sus aceras,
- un libro y su encuadernación,
- un libro y sus páginas.

Corrección

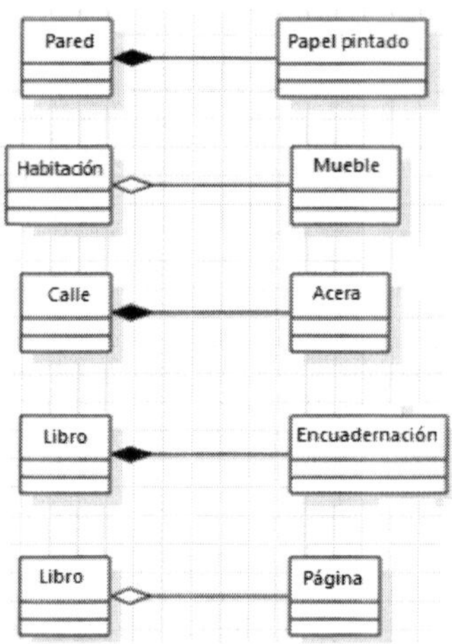

Las paredes se recubren de papel pintado y, por lo tanto, el papel pintado está relacionado (y pegado) a las paredes. Se trata de una relación fuerte porque, si se destruye la pared, entonces el papel pintado se destruirá. El rombo está lleno.

La habitación contiene muebles. La relación entre muebles y habitación es débil porque, si tomamos la precaución de sacar los muebles antes de destruir la habitación, entonces podrán seguir existiendo. El rombo está vacío.

La calle y sus aceras tienen una relación fuerte. Si desaparece la calle, las aceras dejarán de existir. El rombo está lleno.

Libro y encuadernación también están fuertemente relacionados. La encuadernación no sobrevivirá a la destrucción del libro. El rombo está lleno.

Libro y páginas están débilmente relacionados. La página arrancada que contiene el poema encontrará un lugar en una carpeta cuando el libro se destruya: el rombo está vacío.

Así se analiza el ciclo de vida de sus objetos. Según su naturaleza y las funcionalidades de sus aplicaciones, se crearán, colaborarán y, a continuación, desaparecerán. Algunos se destruirán antes que otros. Otros implicarán destrucciones masivas de sus atributos fuertemente relacionados.

5.4 Diagrama de casos de uso

Enunciado

¿Cuáles son los actores principales que intervienen en una compra en Internet?

Represente los casos de uso relacionados con una compra en Internet.

Corrección

Los actores principales son:

- el internauta comprador,
- el banco,
- el vendedor,
- el repartidor.

Recuerde que un actor no es obligatoriamente una persona física.

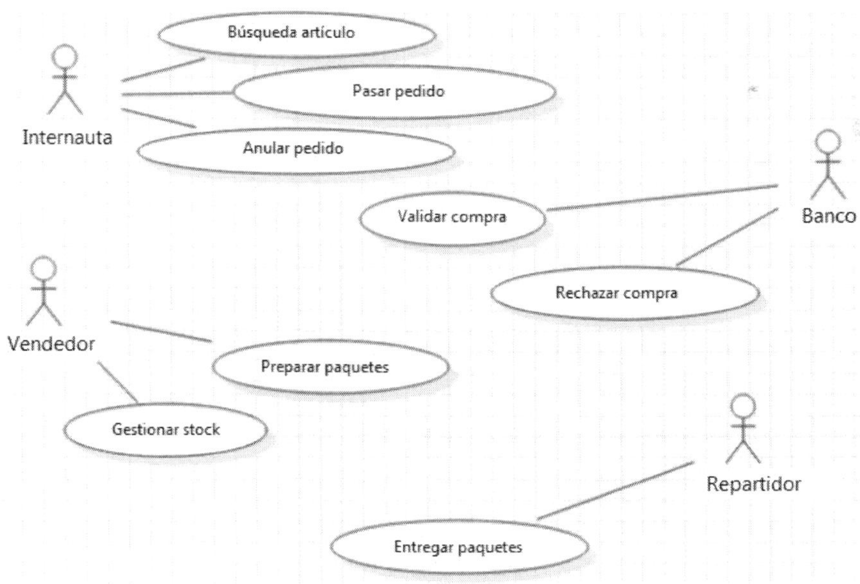

Los *use cases* o casos de uso resumen lo que hacen los actores en el sistema. Deben permanecer muy sencillos y legibles.

5.5 Diagrama de secuencias

Enunciado

Diseñe el diagrama de secuencias correspondiente a la compra en Internet.

Corrección

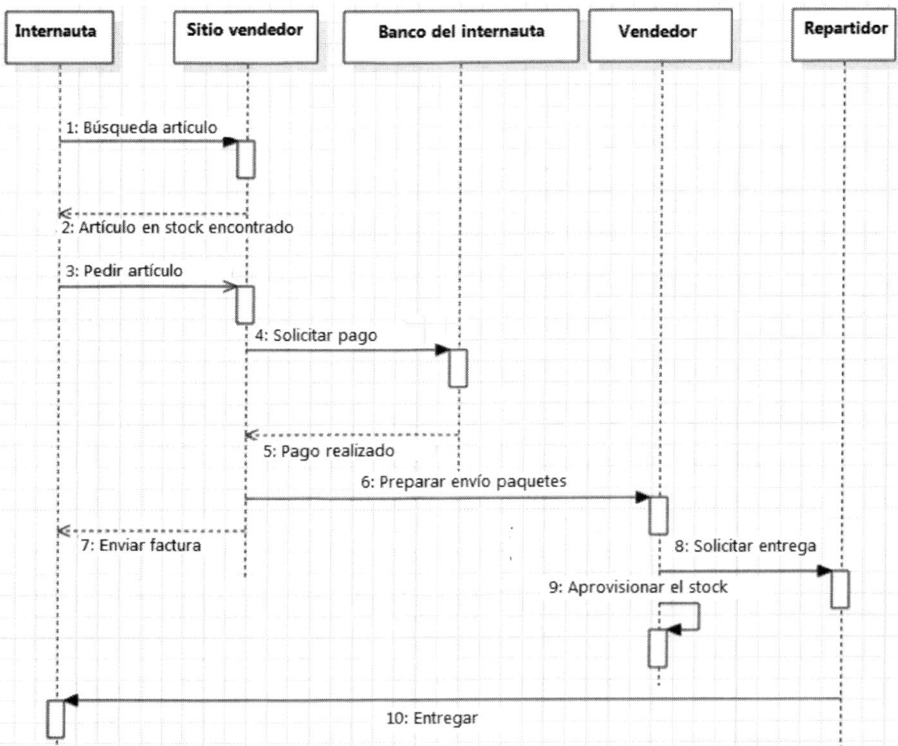

Aquí, se simbolizan los intercambios entre los objetos y la duración de su ciclo de vida. Observe que podíamos haber tenido diferentes variantes de nuestro caso. Este resumen permite entender los encadenamientos de acciones y los retornos. Recordemos que los mensajes con flechas completas implican una respuesta inmediata, mientras que las flechas abiertas significan un retorno diferido. Los mensajes normalmente llaman a los métodos de objeto. Por lo tanto, el retorno síncrono (inmediato) será el retorno del método, mientras que el retorno asíncrono (diferido) utilizará mecanismos de notificación más elaborados, que estudiaremos más adelante.

Capítulo 3
Introducción a la plataforma Java

1. Introducción

En el corazón de los ordenadores, los microprocesadores ejecutan las listas de instrucciones. Estas listas contienen códigos binarios que representan cálculos y acciones que se tienen que hacer sobre los registros, la memoria o incluso los periféricos. Salvo en casos excepcionales, cuando un desarrollador escribe un programa, no construye directamente esta lista de instrucciones también llamada código de bajo nivel o lenguaje ensamblador. Por fortuna para él, utiliza un lenguaje de programación para describir una sucesión de acciones de «alto nivel». Por ejemplo, si el programa necesita abrir el archivo `config.txt`, entonces el desarrollador utilizará la función `fopen(«config.txt»)` de su lenguaje favorito para hacerlo. Después de esta línea, se ocultará toda una lista de instrucciones «de máquina» que el microprocesador ejecutará cuando la aplicación se ejecute. Por lo tanto, los lenguajes de alto nivel simplifican mucho la escritura, pero, al final, siempre son instrucciones de máquina las que se ejecutan.

El programa «fuente» –en nuestro ejemplo el que contiene `fopen(«config.txt»)` – es un archivo de texto que el desarrollador escribe con un editor de texto básico, como Notepad, Notepad++ o incluso el editor integrado en su entorno de desarrollo (IDE), que se presentará más adelante. La máquina no puede ejecutar este archivo de texto. Se debe convertir directa o indirectamente en lenguaje «máquina» para que sea ejecutable.

Esta translación se puede realizar de tres maneras diferentes:

- La compilación directa: el archivo se convierte en un contenido binario directamente ejecutable por el sistema operativo. Es el caso de la mayor parte de los programas escritos en C y C++ (aunque también es posible escribir programas .NET en C++... pero es otra historia).
- La interpretación: un intérprete convierte el archivo «sobre la marcha». Es el caso de los scripts PHP en las páginas web. El navegador de Internet del cliente solicita una página a un servidor web. El servidor web detecta que la página solicitada contiene un script PHP, porque su contenido es dinámico (ejemplo: lista de clientes, pedidos actuales, etc). Entonces la pasa a su analizador, que va a interpretarla y componer dinámicamente la página HTML. Este método es muy práctico en el caso de la Web porque los scripts se escriben en formato texto. En caso de modificaciones, no es necesario recompilar nada. Es suficiente con actualizar el archivo en la arborescencia del servidor y el cambio es efectivo inmediatamente. Por supuesto, el conjunto (decodificación del PHP, su ejecución y recodificación en HTML) puede ser lento.
- La compilación indirecta: es el caso de Java y de C# y es una mezcla de los dos anteriores... En efecto, el archivo fuente se compila en un formato binario intermedio, que se va a ejecutar muy rápidamente por una máquina virtual. ¿Para qué situar esta máquina virtual entre el programa y el sistema operativo? Esta máquina virtual sirve para varias cosas: en primer lugar, va a comprobar que el programa fuente no haga «tonterías» durante su ejecución, escribiendo por ejemplo en la memoria de otras aplicaciones y, de esta manera, lo que puede hacer que el sistema operativo se vuelva inestable. También se va a ocupar de la gestión de la memoria, la seguridad, los permisos, etc. La máquina virtual es la mejor amiga de los sistemas operativos y los desarrolladores. Por un lado, asegura una ejecución de máquina lo más fiable posible y, por otro, genera un código fuente (prácticamente) único para todas las plataformas.

Microsoft Windows ofrece .NET y su máquina virtual. .NET se programa con muchos lenguajes, incluso C# se diseñó para él. Sin embargo, este potente framework que inicialmente estaba muy relacionado con los sistemas operativos de Microsoft (PC, servidores, Web, tabletas, teléfonos) pero ahora es multiplataforma y open source. Este esfuerzo de apertura de Microsoft es relativamente reciente, mientras que, desde el inicio, Java se ha podido ejecutar en la mayor parte de los sistemas operativos que ofrecen una máquina virtual apropiada.

Observación

Por lo tanto, una plataforma Java designa un entorno de ejecución para un sistema operativo en una máquina dada y el entorno de desarrollo asociado.

2. Entorno de ejecución

Las aplicaciones escritas en Java no se comunican nunca directamente con el sistema operativo. Además, el resultado de una compilación Java (archivos con extensión *.class*) no es directamente ejecutable por el sistema operativo. Esta primera compilación, llamada *Byte Code*, contiene las instrucciones para la máquina virtual de Java, que va a «convertir sobre la marcha» el código intermedio en instrucciones compatibles con el entorno real de ejecución. Se habla de *Just In Time Compiler* (o *JIT Compiler*).

Cada entorno real de ejecución (Windows, Linux, macOS...) tiene su propia máquina virtual de Java, pero el *Byte Code* generado después de la compilación del programa fuente es el mismo y relativamente portable entre diferentes máquinas virtuales de Java. El adverbio «relativamente» se añade aquí para precisar que el diseño de un programa «portable» requiere algunas precauciones. Imaginemos que desea realizar un programa que deberá funcionar al mismo tiempo en el PC, la tableta y un teléfono. Es evidente que las características de estos tres dispositivos son totalmente diferentes y, por lo tanto, será necesario que el programa se adapte automáticamente al entorno de ejecución. Por ejemplo, podrá solicitar la resolución del dispositivo de visualización para adaptar su presentación en consecuencia.

Observación

La otra cara de la moneda: el resultado de la compilación se puede descompilar fácilmente, es decir, convertir el Byte Code en líneas de programa fuente Java.

Esto es un problema cuando, por ejemplo, su competencia consigue reconstruir su código fuente a partir del producto «compilado» que usted comercializa... Es posible que el resultado de esta acción sea menos legible, realizando una operación de ofuscación con herramientas especializadas, como ProGuard (open source). Sepa que el problema es el mismo para nuestros colegas que desarrollan en C#...

3. Una librería muy completa

La plataforma Java ofrece una amplia colección de clases sobre las que se basan las aplicaciones. Se habla de API Java. Estas clases simplifican considerablemente la gestión de los objetos habituales (cadenas de caracteres, valores decimales, colecciones, etc.), así como la gestión de archivos, las interfaces gráficas clásicas, los API web, el acceso a las bases de datos, las comunicaciones de red, la seguridad, los diagnósticos, etc. La lista de las clases es muy amplia y, aunque se ofrezcan de manera jerárquica, el problema normalmente es saber identificarlas.

La mayor parte de las veces, estas clases son extensibles. Esto quiere decir que es posible extenderlas para mejorar su comportamiento básico y, a continuación, añadir los aspectos específicos del negocio.

Para organizar estas clases, Java utiliza el concepto de paquetes, que agrupan las clases por objetivos (servicios de la misma naturaleza). Por ejemplo, el paquete `java.io` contiene una «caja de herramientas» para administrar los archivos.

Naturalmente, es posible crear sus propios paquetes. El paquete Java se corresponde con el paquete del UML. El desacoplamiento realizado intenta reducir las dependencias entre los paquetes. Para que un programa pueda utilizar un paquete, este último se debe referenciar en el proyecto y su utilización se debe declarar en la parte superior del archivo fuente implicado mediante la directiva `import`, por ejemplo: `import java.io.*;`.

4. Las herramientas de desarrollo con buen rendimiento

La plataforma Java ofrece un compilador (`javac.exe`), que se puede utilizar directamente en línea de comandos, después de haber introducido el código del programa en un editor de texto. Por supuesto, el procedimiento es posible pero no muy productivo. Evidentemente, el desarrollador persigue la utilización de un entorno de desarrollo totalmente integrado, que le ayude durante la redacción del código, la realización de la interfaz gráfica, la puesta a punto y el despliegue de su aplicación. Este programa se denomina IDE (*Integrated Development Environment*) o Entorno de Desarrollo Integrado. Como mínimo, integra un editor de código fuente, las herramientas que automatizan las compilaciones y un depurador.

Existen varios IDE para Java. Entre ellos hay tres principales: IntelliJ IDEA, de JetBrains; Eclipse, de la fundación Eclipse, y NetBeans, creado por iniciativa de Sun Microsystems y actualmente mantenido y distribuido por Oracle y por Apache Software Foundation para su versión Apache NetBeans. Las demostraciones y ejercicios de este libro se basan en la utilización de IntelliJ IDEA porque es el IDE que nos ha parecido más sencillo para empezar a desarrollar.

5. Descarga e instalación de JDK

- Para desarrollar en Java necesitaremos un «kit de desarrollo» llamado JDK al que volveremos muy pronto. Por ahora, vaya al sitio web de Oracle en https://www.oracle.com/java/technologies/downloads/#jdk22-windows para descargar la versión de JDK 23 con su instalador.

Observación

Esta versión 23 puede que no sea la última cuando lea estas líneas.

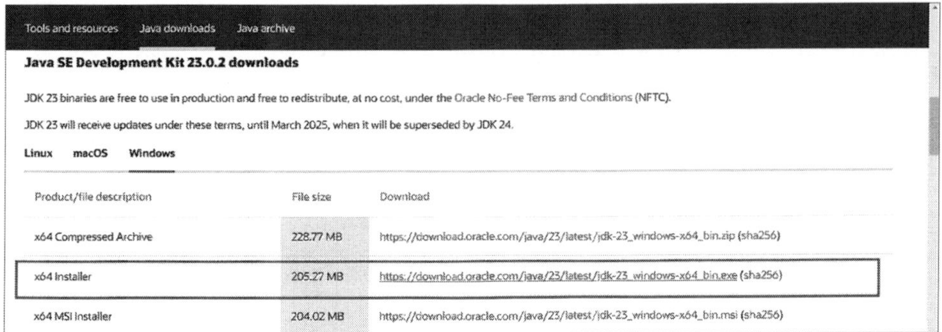

- Ejecute el programa descargado: jdk-23_windows-x64_bin.exe conservando todas las opciones por defeto, propuestas en los diferentes cuadros de diálogo.

6. Descarga e instalación de IntelliJ IDEA

- Vaya ahora al sitio web oficial JETBRAINS (https://www.jetbrains.com/idea/download/?section=windows) para descargar la versión Community Edition de este IDE.

▶Avance por la pantalla hasta mostrar los siguiente:

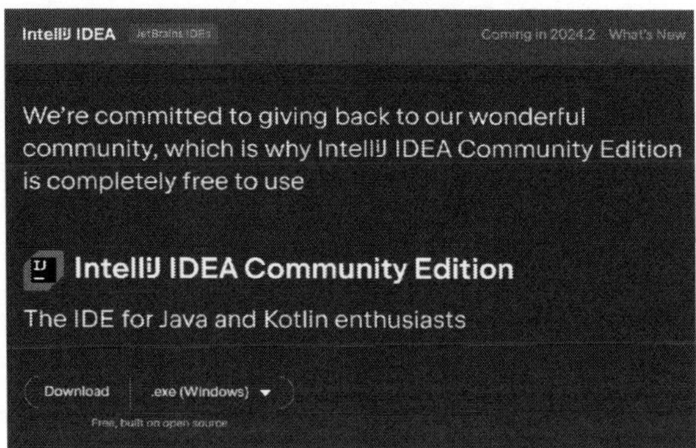

▶Haga clic en el botón **Download**.

▶Cuando haya terminado la descarga, haga doble clic en el archivo descargado (ideaIC-2024.1.3.exe en el momento en el que se escriben estas líneas).

▶Permita a la aplicación que añada modificaciones.

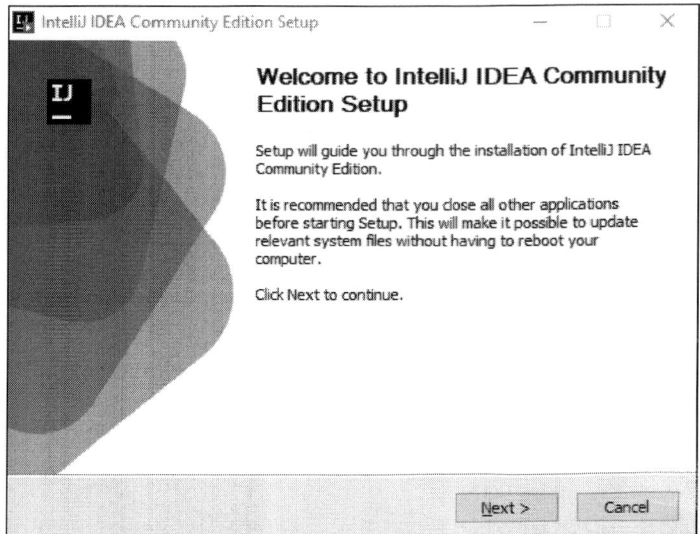

▶Pulse en el botón **Next**.

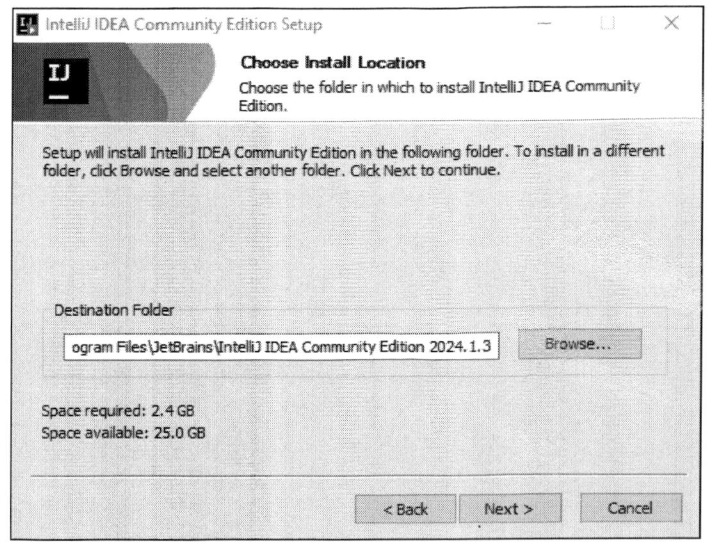

▶Conserve los valores propuestos por defecto y pulse el botón **Next**.

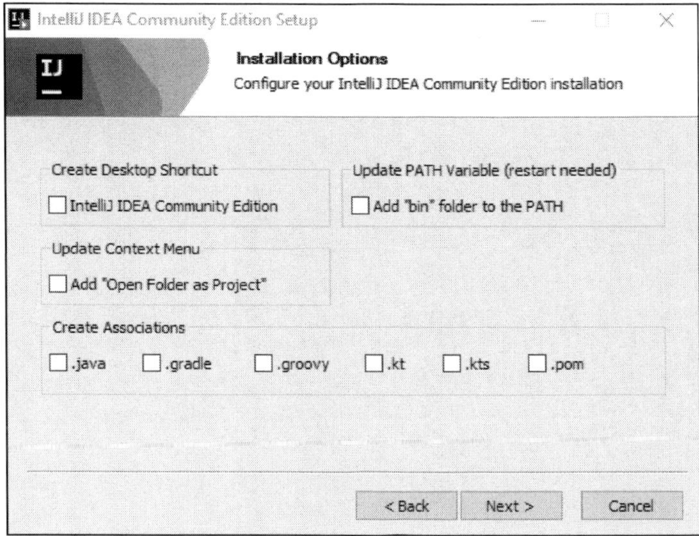

Conserve los valores propuestos por defecto y pulse el botón **Next**.

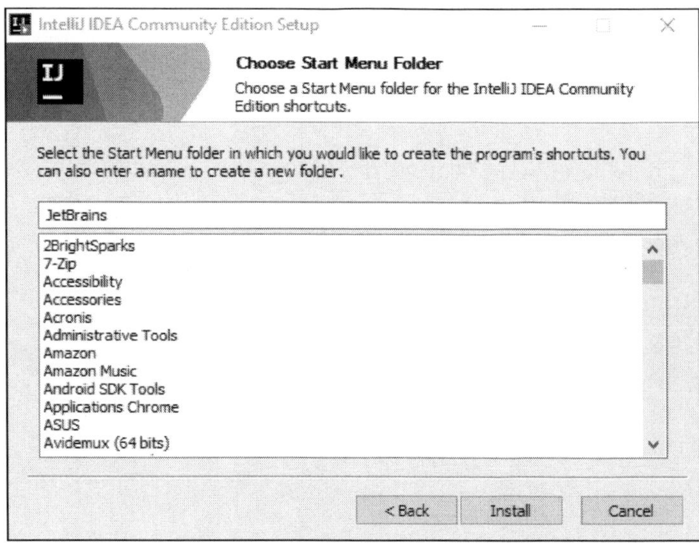

Conserve los valores propuestos por defecto y pulse el botón **Install**.

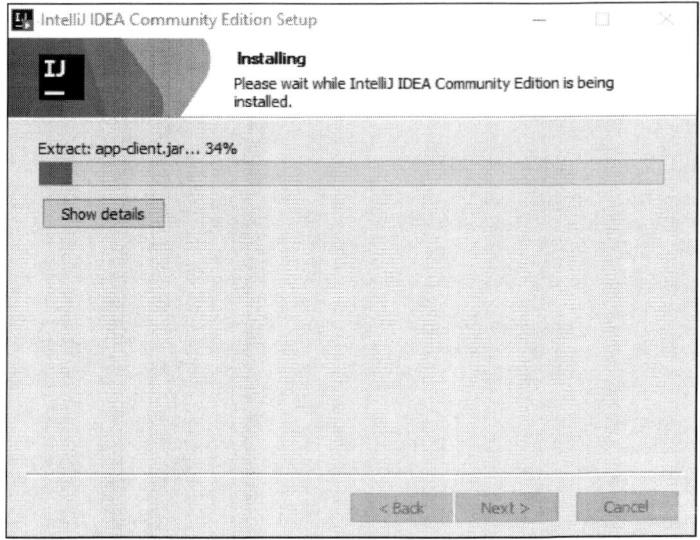

Es posible que, como resultado de la instalación, se le pida reiniciar su ordenador.

Si no, la instalación termina de la siguiente manera:

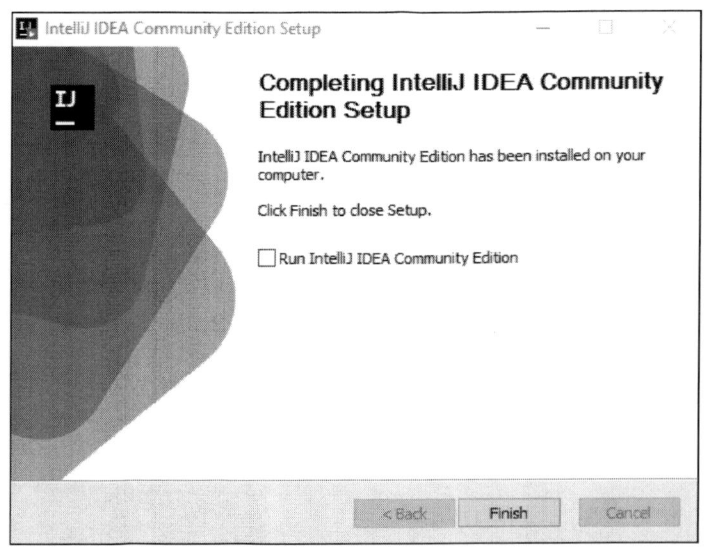

7. El inevitable Hello World

Incluso si el aprendizaje de IntelliJ IDEA se hace al mismo tiempo que la POO con Java, no nos resistimos más a redactar nuestro primer programa: el clásico *Hello world*!

▶ Ejecute IntelliJ IDEA desde el menú **Inicio - JetBrains - IntelliJ IDEA Community Edition 2024.1.3**.

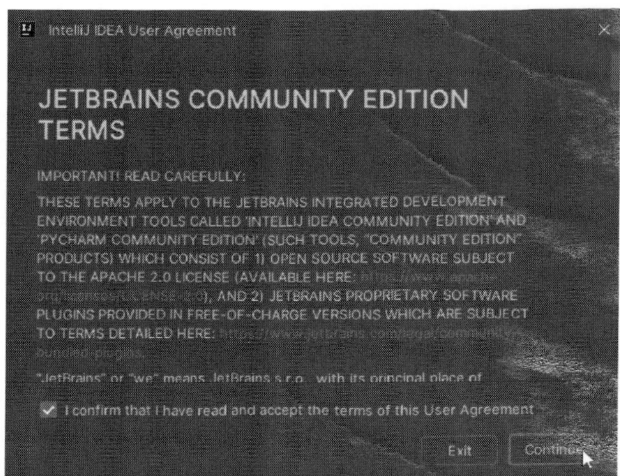

▶ Lea y confirme los términos de uso y después pulse en **Continue**.

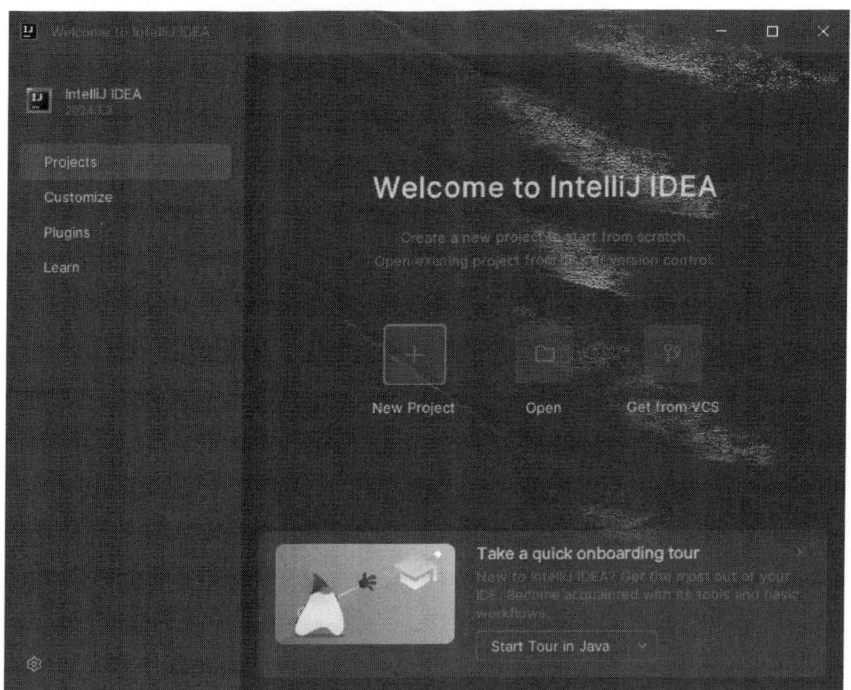

Se carga la pantalla de IntelliJ IDEA

- Haga clic en la opción **New Project**.

Esta acción ejecuta el asistente de creación de aplicaciones, que va a comprobar si están todas las herramientas necesarias y va a preparar el esqueleto de nuestra futura aplicación.

- Llame al proyecto «helloworld«, guarde el directorio (**Location**) por defecto y seleccione la opción **22** en la combo box JDK. Para terminar, haga clic en el botón **Create**.

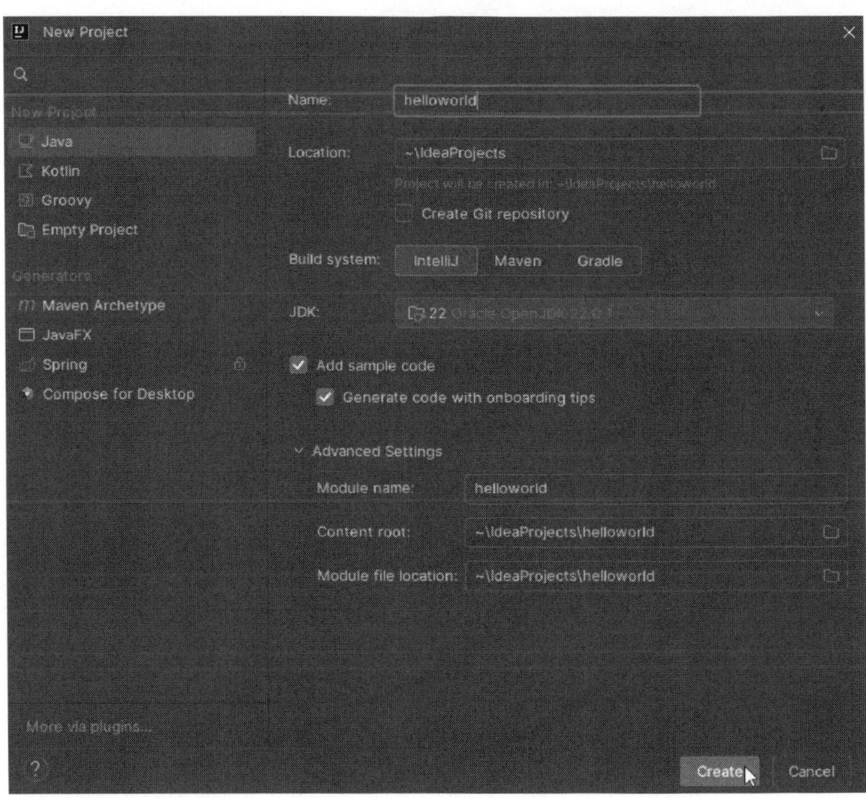

La interfaz de usuario de la herramienta está compuesta por dos partes: a la izquierda el **Explorador de proyectos** y su único proyecto, **helloWorld**:

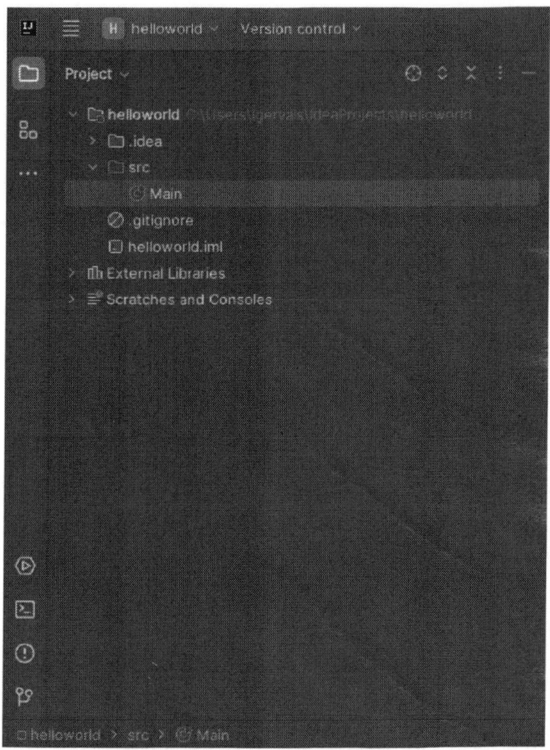

En la parte derecha, el contenido del archivo fuente único de nuestra solución: **Main.java** ya contiene algunas líneas de código creadas automáticamente por el IDE.

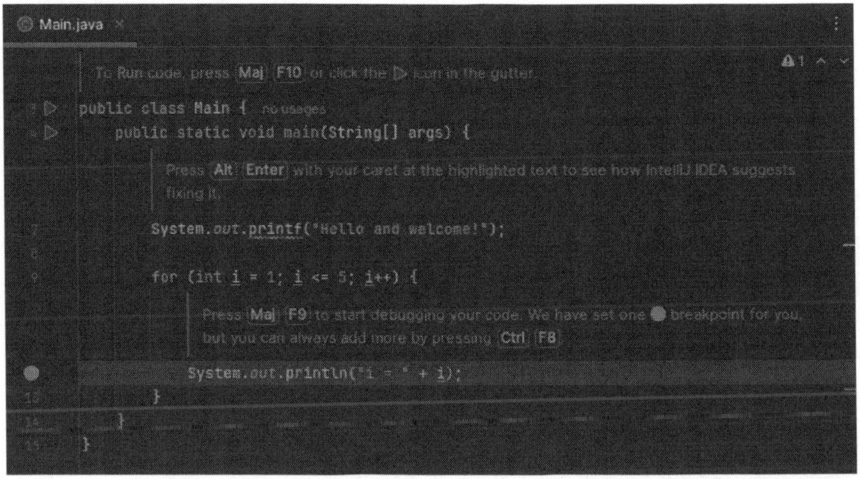

```
Main.java

To Run code, press Maj F10 or click the ▷ icon in the gutter.
public class Main {  no usages
    public static void main(String[] args) {
        Press Alt Enter with your caret at the highlighted text to see how IntelliJ IDEA suggests fixing it.
        System.out.printf("Hello and welcome!");

        for (int i = 1; i <= 5; i++) {
            Press Maj F9 to start debugging your code. We have set one breakpoint for you, but you can always add more by pressing Ctrl F8
            System.out.println("i = " + i);
        }
    }
}
```

Observación

La extensión .java se utiliza para los archivos de texto que contienen el código de la aplicación.

▶ Elimine el contenido de **Main.java** para sustituirlo por:

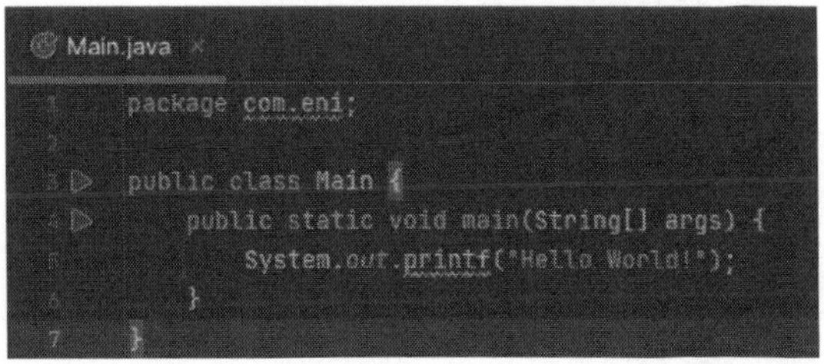

```
Main.java

package com.eni;

public class Main {
    public static void main(String[] args) {
        System.out.printf("Hello World!");
    }
}
```

Sin duda, habrá observado que, durante la redacción de esta línea, se muestra una ayuda contextual. Esta funcionalidad es muy útil y comprobará rápidamente que será su aliada durante las fases de redacción de su código. Capaz de «completar» su escritura, también ofrece una ayuda sobre la utilización del método.

```
Main.java
1  package com.eni;
2
3  public class Main {
4      public static void main(String[] args) {
5          System.out.pr
6      }
7  }
   printf
   printf
   print(char c)
   print(int i)
   print(long l)
   print(float f)
   print(double d)
   print(char[] s)
   print(String s)
   print(Object obj)
   println(char x)
```

▶ Compile y ejecute el programa con [Mayús][F10].

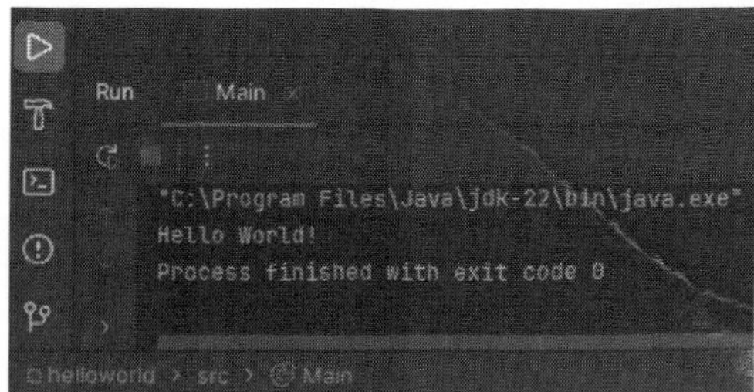

Objetivo alcanzado: se muestra una ventana en la parte inferior de las otras dos, con el famoso «Hello World».

Pero también es posible ejecutar esta primera «superaplicación» desde la consola Windows.

- Abra una consola Windows.

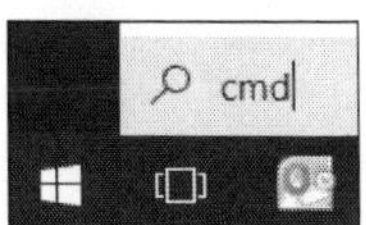

- Vaya al directorio de salida utilizado por este proyecto, que por defecto es C:\Users\<su nombre>\IdeaProjects\helloworld\out\production\helloworld>.

- Ejecute la aplicación validando el comando `java com.eni/Main`.

Observe que los argumentos del ejecutable `java.exe` son sensibles a la diferencia entre las mayúsculas y las minúsculas.

En efecto, la clase `Main` forma parte del package `com.eni`; por lo tanto, para ejecutarlo desde el directorio de las clases compiladas, hay que respetar la diferencia entre las mayúsculas y las minúsculas en el conjunto de los dos nombres.

```
Main.java
1  package com.eni;
2
3  public class Main {
4      public static void main(String[] args) {
5          System.out.printf("Hello world!");
6      }
7  }
```

A continuación, se muestra lo que sucede cuando no se respeta la diferencia entre las mayúsculas y las minúsculas:

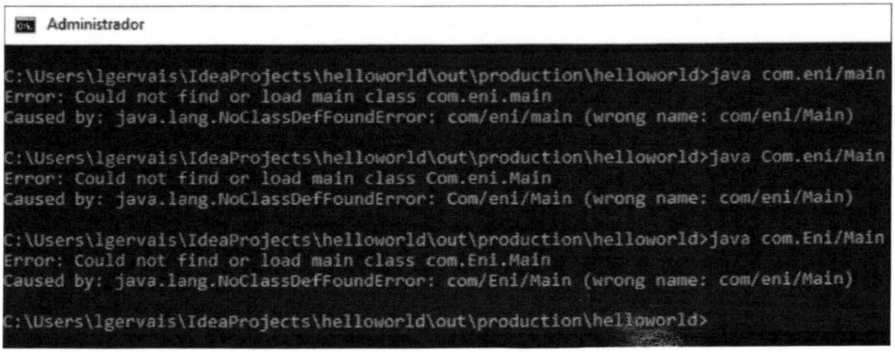

```
Administrador

C:\Users\lgervais\IdeaProjects\helloworld\out\production\helloworld>java com.eni/main
Error: Could not find or load main class com.eni.main
Caused by: java.lang.NoClassDefFoundError: com/eni/main (wrong name: com/eni/Main)

C:\Users\lgervais\IdeaProjects\helloworld\out\production\helloworld>java Com.eni/Main
Error: Could not find or load main class Com.eni.Main
Caused by: java.lang.NoClassDefFoundError: Com/eni/Main (wrong name: com/eni/Main)

C:\Users\lgervais\IdeaProjects\helloworld\out\production\helloworld>java com.Eni/Main
Error: Could not find or load main class com.Eni.Main
Caused by: java.lang.NoClassDefFoundError: com/Eni/Main (wrong name: com/eni/Main)

C:\Users\lgervais\IdeaProjects\helloworld\out\production\helloworld>
```

Observe también que, entre el nombre del paquete y el nombre de la clase, aparece una barra /, que no debe confundirse con la barra inversa \ que se utiliza habitualmente para navegar por los directorios de Windows. El slash permite al intérprete navegar en los paquetes para apuntar a la clase deseada.

Observación

Al contrario de C, C++ y C#, para .NET Framework no se genera ningún archivo .exe. El ejecutable es java.exe, al que se pasa la clase que contiene el punto de entrada del programa.

En adelante, sus aplicaciones van a contener más de una clase y, por lo tanto, más de un archivo .class. Entonces, puede agruparlas en una especie de sobre, que es el archivo .jar.

Para que IntelliJ IDEA construya este .JAR para nosotros:

- Seleccione la opción **Project Structure** del menú **File**.

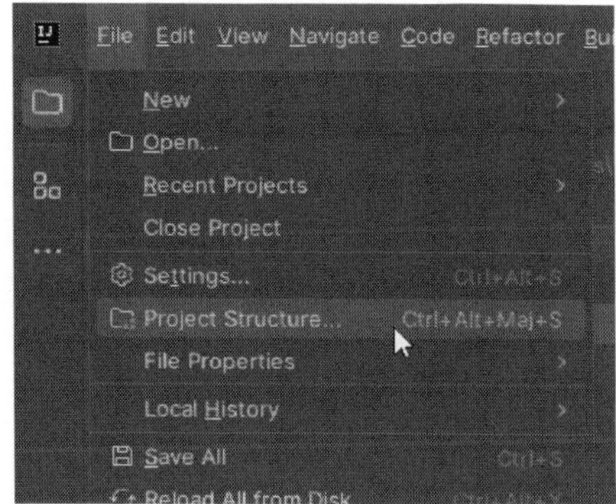

- Seleccione **Artifacts**.
- Haga clic en el botón **+**.
- Seleccione **JAR - From modules with dependencies**.

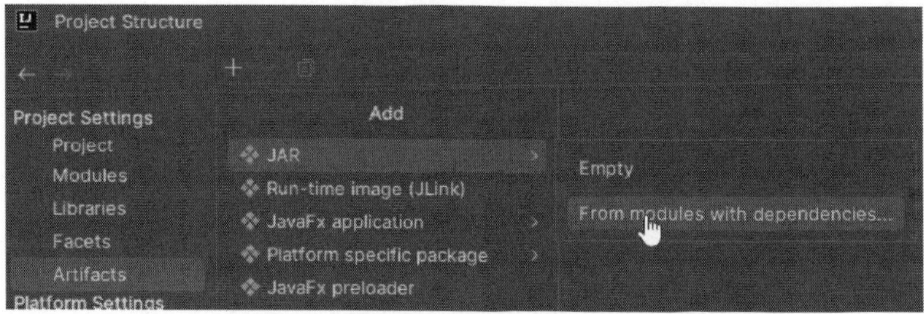

- Pulse el botón **Browse** para seleccionar Main Class.

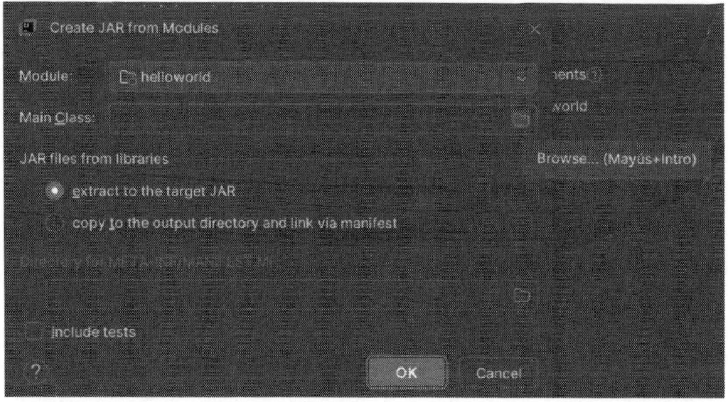

▶Seleccione **`Main of com.eni`** y después haga clic en **OK**.

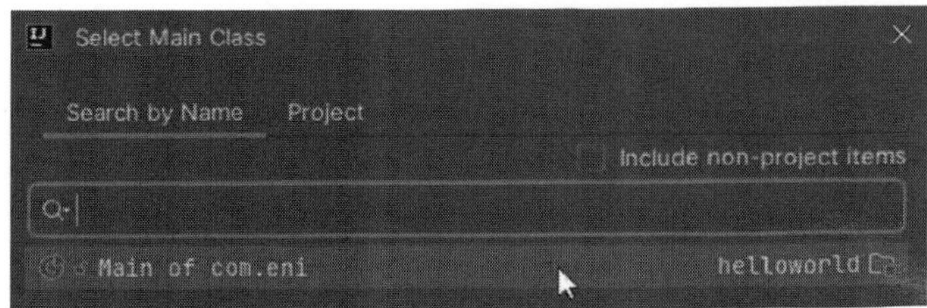

▶Deje las opciones por defecto y haga clic en **OK**.

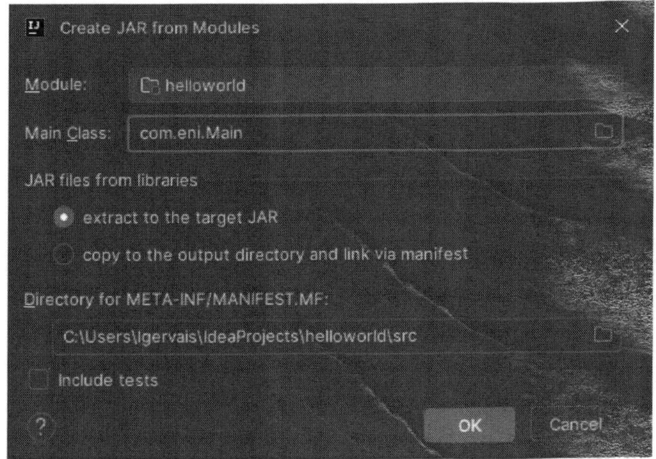

▶Deje las opciones por defecto y pulse en **OK**.

▶Haga clic de nuevo en **OK** para volver a cerrar la pantalla Project Settings.

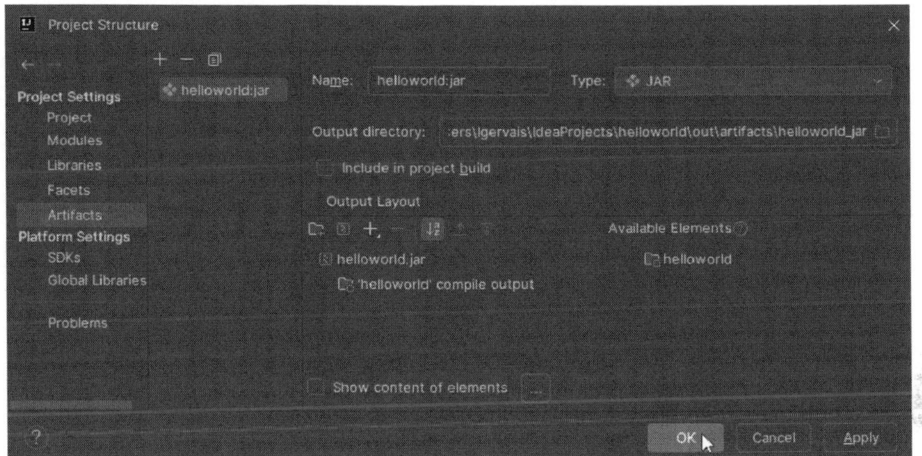

De vuelta a la interfaz principal, seleccione la opción **Build Artifacts** del menú **Build**.

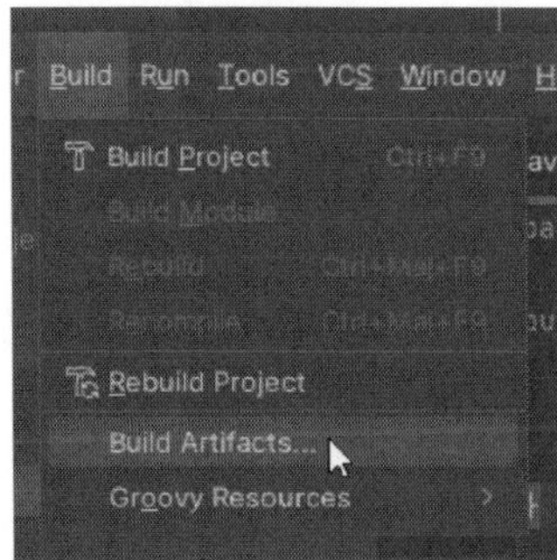

La ejecución del archivo .jar generado en el directorio C:\Users\<su nombre>\IdeaProjects\helloworld\out\artifacts se realiza con el comando:

```
java -jar "helloworld.jar"
```

```
C:\Windows\System32\cmd.exe

C:\Users\lgervais\IdeaProjects\helloworld\out\artifacts\helloworld_jar>java -jar "helloworld.jar"
Hello World!
C:\Users\lgervais\IdeaProjects\helloworld\out\artifacts\helloworld_jar>
```

Observación

Puede recorrer el contenido del .jar sencillamente cambiando su extensión por .zip y cargándolo con un editor de archivos comprimido, como el explorador de archivos de Windows 10.

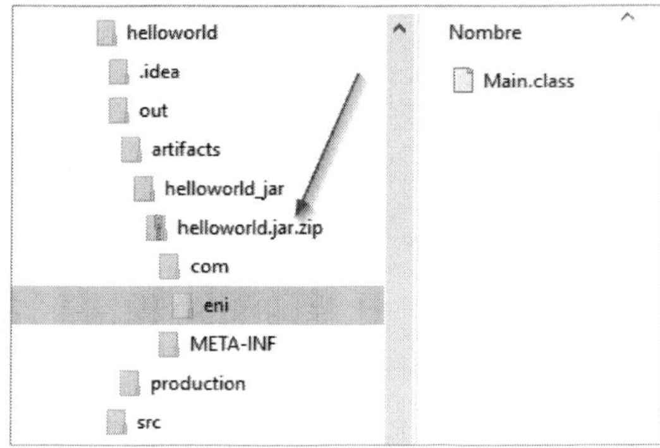

Este primer proyecto sencillo está incluido en el directorio Cap3\helloworld del .zip que acompaña a este libro.

8. Una puntualización sobre los acrónimos

Hagamos una pequeña puntualización sobre los acrónimos más utilizados en el mundo Java.

Hemos utilizado el JDK 22. JDK significa *Java Development Kit* y es un SDK (*Software Development Kit*) espécífico de Java, que incluye herramientas como el compilador, el depurador y también el JRE.

Hemos utilizado, sin saberlo, este JRE, que es el acrónimo de *Java Runtime Environment*. El JRE nos ha permitido mostrar este triunfal «Hello World». En nuestro caso, el JRE venía incluido en el JDK, aunque también puede descargarse e instalarse por separado.

Java es un potente lenguaje de programación que permite crear aplicaciones para diferentes tipos de plataformas de ejecución: las pequeñas máquinas sin mucha potencia, las máquinas de escritorio y, para terminar, las máquinas que actúan como servidores con muchos recursos. A cada uno de estos tipos le corresponde una especificación de lo que debe ofrecer la plataforma Java. Estas especificaciones son, respectivamente, JME (*Java Micro Edition*), JSE (*Java Standard Edition*) y JEE (*Java Enterprise Edition*). Para el desarrollo, utilizamos las implementaciones de estas especificaciones por parte de editores como Oracle. Por ejemplo, el JDK 22 que hemos utilizado se corresponde con la implementación de las especificaciones del JSE por Oracle.

Para terminar, las especificaciones se indican en los JSR. JSR significa *Java Specification Requests*.

Capítulo 4
Los tipos en Java

1. Introducción

Recodemos que todo programa utiliza variables. La variable es un contenedor de memoria donde se almacena información. El programa lee o escribe en sus variables según sus operaciones. La naturaleza de la variable condiciona la información que puede contener. Por ejemplo, una variable de tipo sencillo puede contener una información «booleana» 1 o 0 para sí o no. Una variable más compleja puede definir una persona con varios «atributos», a su vez de tipos diferentes (cadenas de caracteres, fechas, valores digitales, etc.). Con Java (como sucede con C, C++ o C#), una variable se debe declarar con un tipo que conservará durante todo su ciclo de vida en el interior de la aplicación. La variable también debe tener un nombre. El compilador comprueba sus instrucciones en función del tipo de las variables implicadas y devuelve error si intenta hacer operaciones imposibles, como escribir información de una persona en una variable booleana...

En Java, la noción de variable normalmente está muy relacionada con las instancias de objetos, principalmente con sus «campos» o «estados» (atributos en sentido UML). Las variables también se intercambian durante las llamadas a los métodos e incluso se crean temporalmente para las necesidades de estas operaciones.

Hay dos tipos de variables:

– los tipos primitivos,

– los tipos por referencia.

2. Los tipos primitivos

A los tipos primitivos solo les falta la etiqueta *100 % Objeto* para Java. Son «justo» contenedores de tamaños específicos que almacenan los valores «primitivos» y no tienen métodos. Los tipos «primitivos» incluyen los ocho tipos básicos presentes en la siguiente tabla:

Tipo	Tamaño en bits	Gama de valores
boolean	Depende del sistema	true o false
char	16 bits	0 a 65535
byte	8 bits	-128 a 127
short	16 bits	-32768 a 32767
int	32 bits	-2 ^ 31 a 2 ^ 31-1
long	64 bits	-2 ^ 63 a 2 ^ 63-1
float	32 bits	-3.40282347E+38 a 3.40282347E+38
double	64 bits	-1.79769313486231570E+308 a 1.79769313486231570E+308

Más adelante vamos a ver que todos los objetos heredan de la misma clase raíz `java.lang.Object`. Esta herencia implícita puede ser muy práctica porque ofrece al desarrollador un juego de métodos básico común a todas las instancias de objetos. Como es una lástima que los tipos primitivos no tengan esta funcionalidad, Java nos ofrece las clases llamadas `wrappers`, que encapsulan cada tipo primitivo. Estas clases forman parte del paquete `java.lang` y encontrar sus nombres es muy sencillo: la mayor parte de las veces, es suficiente con tomar el tipo primitivo y pasar su primera letra a mayúsculas. De esta manera, se encapsula el tipo primitivo `boolean` en una clase `Boolean`. Sin embargo, el tipo `int` se encapsula por `Integer`.

Vamos a estudiar la utilidad de la herencia de la clase raíz `java.lang.Object` en algunas líneas, pero ya podemos experimentar las dos sintaxis.

A continuación, se muestra una clase que contiene dos campos, de tipo `boolean` y de tipo `Boolean`, respectivamente. Esta clase contiene un método llamado `Prueba` que hace algunas operaciones muy básicas sobre estos dos campos.

```
public class PruebaPrimitivoYWrapper {
    boolean b1;
    Boolean b2;

    void Prueba()
    {
        // b1 es de tipo primitivo boolean
        b1 = true;
        // b2 es una referencia a un objeto de tipo Boolean
        b2 = b1;
        // Además de contener un valor,
        // ofrece métodos.
        System.out.println(b2.toString());
    }
}
```

El objeto `b2` de tipo `Boolean` encapsula el tipo primitivo `boolean`. Puede almacenar el valor `true` (o `false`) y además ofrece métodos como `toString`, que como veremos devuelven una cadena representativa del objeto. En este contexto `System.out.println(b2.toString());` muestra `true` en la consola Java.

Observación

Los wrappers sobre los tipos primitivos no necesitan ser instanciados por el operador `new`*, que veremos más adelante. Los wrappers deben considerarse como tipos similares a los primitivos, pero con algunos métodos adicionales. No son referencias en el sentido que veremos en el capítulo Creación de clases.*

En C# también existe esta noción de tipos primitivos y de clases que las encapsulan. La diferencia con Java es que estas clases wrappers se instancian automáticamente cuando el desarrollador llama a un método; en otras palabras, `b1.toString();` se habría admitido en el código anterior.

Observación

La duración del ciclo de vida de un tipo primitivo está determinada por el bloque en el que se declara (normalmente una llave "padre").

Si una clase contiene diferentes estados almacenados en los tipos primitivos, entonces la duración del ciclo de vida de estos últimos seguirá a la de la clase (definida entre llaves).

Si un método crea un juego de variables de tipo primitivo para realizar su operación, entonces estas variables desaparecerán tan pronto como se salga del método (definido por su paréntesis de cierre). A este efecto, sepa que los argumentos que se pasan a un método son variables locales a este mismo método. Van a desaparecer en el mismo momento que las que se declaran después del paréntesis de apertura.

3. Los tipos por referencia

Al contrario de lo que sucede con los tipos primitivos, los tipos por referencia almacenan las referencias a los datos. Estos datos se escriben en una zona de memoria llamada *heap* (montón). Es accesible desde otras instancias de clase. Su ciclo de vida termina cuando no se necesiten más. Mientras exista al menos una referencia activa en la zona de datos, esta se mantendrá. Tan pronto como no haya más referencias, la zona se considera inútil y se procede a su destrucción automáticamente por un módulo del sistema run time llamado *garbage collector*.

Observación

Un tipo por referencia puede no referenciar a nada (o no todavía). En este caso, permanece como `null`.

Observación

La instanciación de una clase se realiza únicamente con la palabra clave `new`.

Una variable de tipo por referencia caracteriza una instancia de clase; a saber, la dirección donde está el objeto. Como habíamos visto, el objeto mezcla atributos y métodos y, por lo tanto, incluye datos más complejos que aquellos contenidos por los tipos primitivos.

Tendremos la ocasión de volver sobre este tema de las referencias y profundizar echando un vistazo a algunas reglas básicas.

Una variable de tipo por referencia contiene la dirección de un objeto. Mientras el objeto no se asigne explícitamente en su programa, es decir, mientras el sistema operativo no le asigne una porción de memoria, la variable de tipo por referencia contiene `null`.

Durante una operación de asignación como esta que se muestra a continuación, , lo que se duplica son las referencias, no los objetos.

```
// Creación de una variable por referencia llamada pr1
// sobre un objeto de tipo PruebaReferencia
PruebaReferencia pr1; // por el momento pr1 vale null
// Asignación de un objeto y almacenamiento de su dirección
// (por lo tanto, de su referencia) en la variable pr1
pr1 = new PruebaReferencia();

// Creación de una variable por referencia llamada pr2
// sobre un objeto de tipo PruebaReferencia
PruebaReferencia pr2;  // por el momento pr2 vale null
// Copia en pr2 el contenido de pr1, por lo tanto, la dirección del objeto
pr2 = pr1;
```

Al final de este código, hay dos referencias que apuntan a un mismo objeto en memoria.

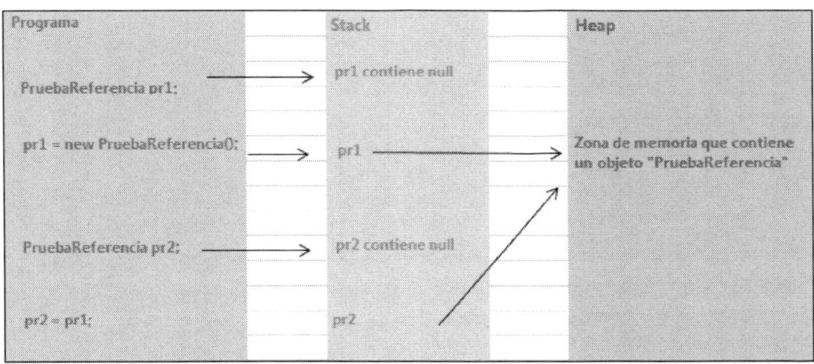

Durante una prueba de igualdad entre dos variables de tipo por referencia, son las direcciones de los objetos lo que se comparan, y no el contenido de los objetos en sí mismos.

Cuando se utiliza una referencia como argumento de una operación (método de un objeto), es la dirección del objeto lo que se pasa, y no el objeto en sí mismo. Por lo tanto, la dirección se comparte entre el programa que realiza la llamada y el método llamado.

Cuando se utiliza una referencia como tipo de retorno de una operación, es lo mismo. Es la dirección del objeto la que se intercambia.

4. Para ayudarnos...

Durante este paseo iniciático en el dominio de la POO, vamos a construir pequeñas aplicaciones de prueba en modo consola.

En lenguaje Java, la palabra clave `assert` permite comprobar si una condición es verdadera durante la ejecución de su código. Utilizando este método, no interfiere en el desarrollo del programa propiamente dicho; comprueba que lo que está previsto en un determinado lugar del código llega correctamente. Si la condición es falsa, se mostrará un mensaje de error para informarle de esto.

Observación

Un assert no es una operación condicional que deriva el flujo hacia uno u otro subprograma. Cuando un `assert` se activa, debería alertarle de un posible error (bug) en su programa.

Sintaxis de utilización de la palabra clave assert

```
assert( <condición> );
```

Ejemplo de utilización de la palabra clave assert

Para comprobar la utilización de la palabra clave `assert`, vamos a retomar el proyecto **helloWorld** y añadirle algunas líneas.

```
    public static void main(String[] args) {
        // El fragmento obligado...
        System.out.println("Hello World");

        // Comprobación de la condición "1 es diferente de 2"
        assert(1 != 2);
        // Como la condición es verdadera,
        // el programa pasa a la siguiente línea


        // Para visualizar el resultado del comando
        // cuando no se comprueba una condición,
        // se "fuerza" un error en la siguiente línea
        assert(1 == 2);


    }
```

Antes de ejecutar la aplicación, vamos a añadir un argumento que se pasa durante la llamada a la máquina virtual, que significa que debe tratar los assert porque, por defecto, la máquina virtual Java no trata la palabra clave `assert`. Para esto, vamos a construir un entorno para la puesta a punto de nuestra aplicación.

Acceda a la opción **Edit Configurations** del menú **Run**.

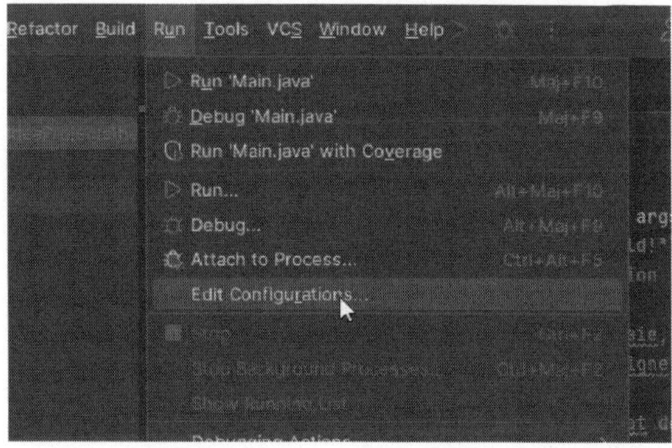

▶ Pulse en **Add new**.

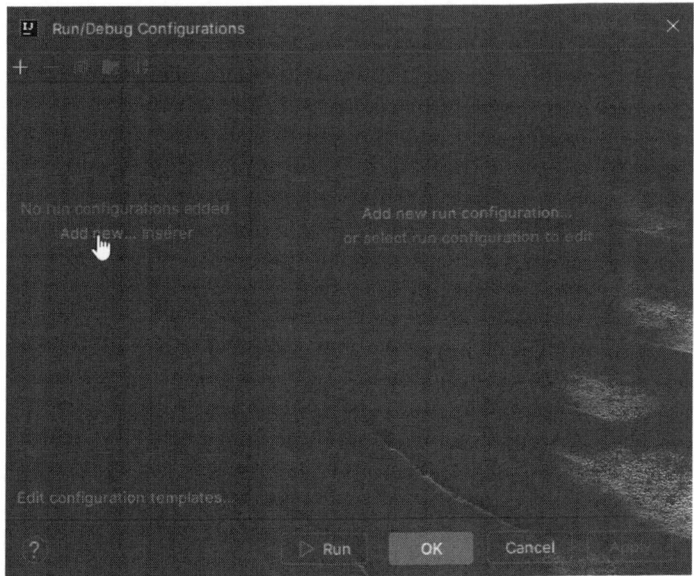

▶ Seleccione **Application**.

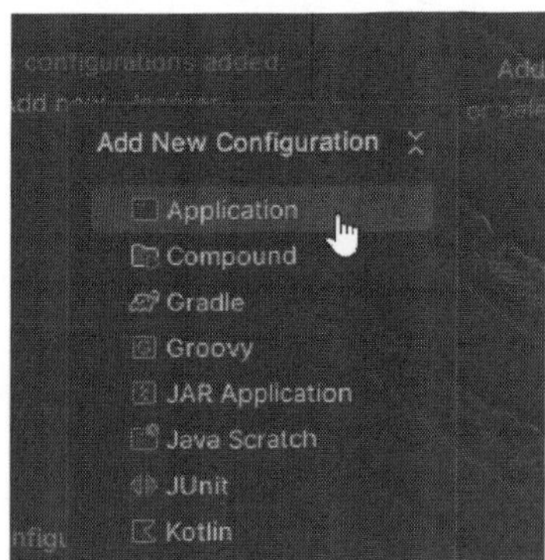

▶ Llame a la configuración "ActiveAssert".

▶ Seleccione **com.eni.Main** como Main Class.

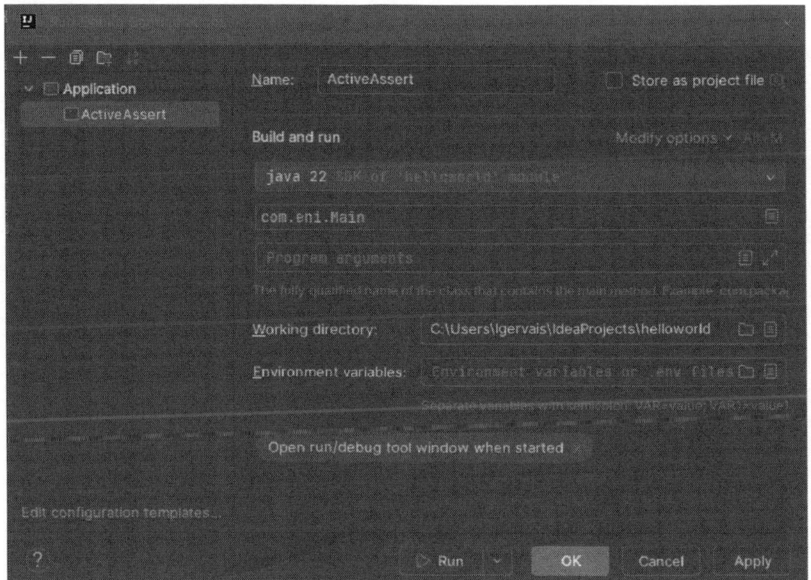

- Pulse en **Modify options**.
- Active la opción **Add VM options**.

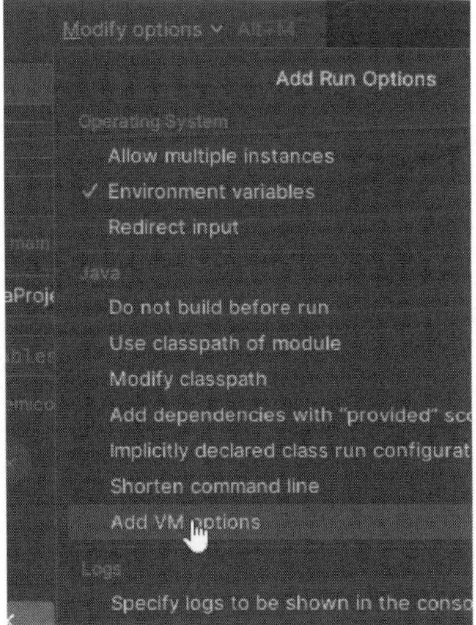

▶ Escriba -ea en la zona de edición **VM options**.

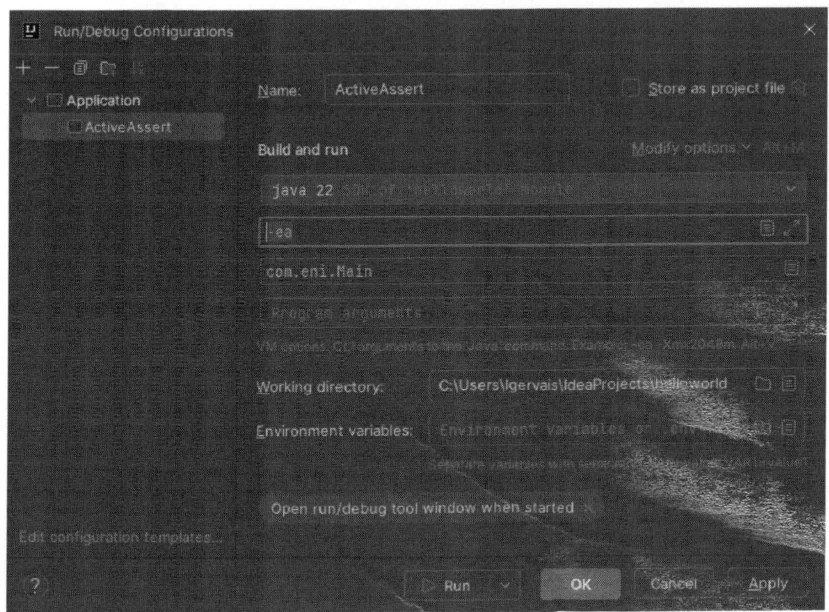

▶ Pulse en **OK** para volver a cerrar el editor de configuración.

▶ Pulse en **ActiveAssert** en la barra de título de la aplicación Y después en el triángulo verde para lanzar la aplicación en su configuración de puesta a punto.

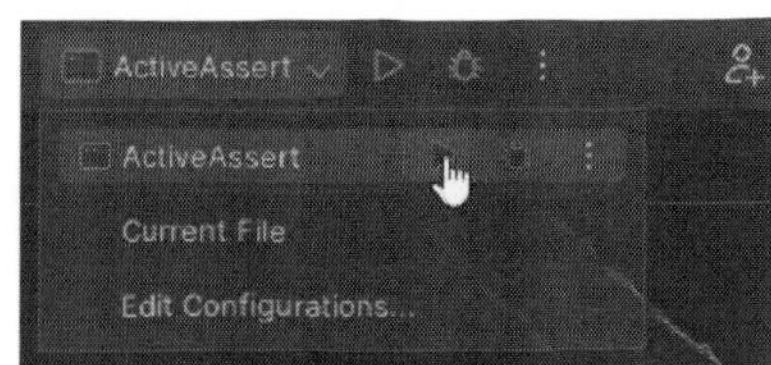

En la ventana **Output**, un mensaje le informa de que en la línea 14 la condición que queríamos comprobar es falsa.

```
Run    ActiveAssert

"C:\Program Files\Java\jdk-22\bin\java.exe" -ea "-javaagent:C:\Program
Hello World!Exception in thread "main" java.lang.AssertionError
    at com.eni.Main.main(Main.java:14)

Process finished with exit code 1
```

```
Client.java    Main.java    TestReference.java

1   package com.eni;
2
3   public class Main {
4
5       public static void main(String[] args) {
6
7           // Demo 1
8           // Valor obligatorio... :-)
9           System.out.println("Hello World");
10
11          // Verificación de la condición "1 es diferente de 2"
12          assert(1 != 2);
13          // Como la condición es verdadera, el programa
14          // pasa a la siguiente línea
15
16          // Para visualizar el resultado del comando
17          // cuando no se cumple una condición,
18          // se "fuerza" un error en la siguiente línea
19          assert(1 == 2);
20
```

En efecto, 1 no es igual a 2. Pensará que era previsible... Sí, pero la condición puede ser mucho más compleja que esto. Imagine que ha diseñado una fracción de programa que solo se debe llamar si el código cliente empieza por 240500 y la cantidad de la transacción es superior a 1000 €. Situando en la entrada de la operación un assert con esta condición, se asegura –al menos durante la puesta a punto– de que su programa se llamará en los límites de la condición y lo que haya previsto se realizará correctamente.

Se valida la operación del assert activando la opción `-ae` (vista anteriormente). Si durante esta fase se llama al assert muy habitualmente, habrá que sustituirlo por un código de protección que inhiba la operación si la condición no es verdadera.

Observación

La utilización de `assert` se recomienda durante la redacción de su código. Se trata de un primer nivel de comprobación. Como se ha explicado anteriormente, un ciclo de desarrollo de aplicación debe integrar las pruebas en diferentes etapas (pruebas unitarias, pruebas de integración, etc.) y no es suficiente con contentarse con sencillas llamadas a `assert`, sino construir auténticos procedimientos de prueba de sus clases con un framework especial, como JUnit.

Para visualizar los mensajes en la ventana **Output**, utilizamos `System.out.printf`. Incluso si las nociones de paquetes, clases y métodos *todavía* no están claras, digamos que utilizamos el método `printf` de la clase `out` que forma parte del paquete `System`. La clase `out` contiene muchos otros métodos que permiten visualizar en la consola directamente datos numéricos, cadenas formateadas, caracteres, etc.

Este proyecto de ejemplo está en el directorio Cap4\demoassert del .zip que acompaña a este libro.

5. La superclase java.lang.Object

La clase `Object` es la clase «raíz» (clase de base) de las clases Java existentes y de las clases que va a crear (la noción de herencia ya se ha abordado un poco en los primeros capítulos). La herencia de `Object` es implícita y, por lo tanto, su declaración es inútil. Todas las clases heredan de sus métodos y la idea es sustituirlas adaptándolas a la lógica de la clase que va a desarrollar. Por ejemplo, en la clase `Object`, existe un método `toString` que devuelve una cadena «que representa al objeto». El hecho de implementar este método en su clase va a «desconectar» el de la clase de base y le va a permitir reenviar una cadena que describa su objeto en la forma que quiera. Por ejemplo, si su aplicación administra una lista de objetos de tipo `Persona`, entonces puede construir en el método `toString` una cadena que retoma los atributos principales de cada instancia, como el nombre, el identificador, etc., y llamará este método durante las fases de puesta a punto para visualizar la información en la ventana **Consola**.

Vemos los métodos de `java.lang.Object` que vamos a poder sustituir o utilizar en nuestras propias clases.

5.1 equals

```
public boolean equals(Object o);
```

El funcionamiento básico de este método (por lo tanto, el comportamiento ejecutado si no lo redefine en su clase) es análogo al del operador ==. Por lo tanto, la prueba más básica es la comparación de las referencias (finalmente las direcciones) de los dos objetos. Para verificarlo, vamos a poner en acción la palabra clave *assert*.

```
// Creación de una variable por referencia llamada pr1
// sobre un objeto de tipo PruebaReferencia
PruebaReferencia pr1; // por el momento pr1 vale null
// Asignación de un objeto y almacenamiento de su dirección
// en la variable pr1
pr1 = new PruebaReferencia();

// Creación de una variable por referencia llamada pr2
// en un objeto de tipo PruebaReferencia
PruebaReferencia pr2;  // por el momento pr2 vale null
// Copia en pr2 el contenido de pr1, por lo tanto
// la dirección del objeto
pr2 = pr1;

assert( pr1 == pr2 );
assert( pr1.equals(pr2));
```

La ejecución del programa no provoca la visualización de errores; por lo tanto, los dos métodos de prueba de igualdad generan el mismo resultado.

Ahora, puede que no desee tener este comportamiento en todos los casos. Tomemos por ejemplo una base de datos que contiene la información de los clientes. Con una consulta SQL, nuestro programa lee la ficha del cliente que tiene como identificador único el número 2080. El resultado de la lectura se almacena como un objeto referenciado `Cliente1`. En otro lugar del programa, queremos saber si el objeto `Cliente1` se ha modificado desde su carga. Para esto, volvemos a leer desde la base de datos la información del identificador 2080 y creamos un segundo objeto `Cliente2` con el resultado de esta lectura.S i a continuación se utiliza el método `java.lang.Object.equals` de base, los dos objetos siempre se ven diferentes porque realmente son dos instancias en memoria y por lo tanto los dos objetos podrían contener los mismos valores de atributos.

Retomando nuestro método `equals`, podríamos probar la igualdad «hecha a medida» realizando una comparación de los atributos.

Observe que el argumento del método `equals` es una referencia a un tipo `Object`. Como todas las clases Java heredan de la clase `Object`, sus instancias se pueden presentar como instancias de `Object` (recuerde el polimorfismo). Esto es conveniente porque podremos declarar en nuestras clases métodos `equals` con, exactamente, la misma firma. Por supuesto, cuando implemente el método `equals` en sus clases, deberá considerar la referencia que se va a comparar como algo más específico que un simple `Object`. Para ello, intentaremos convertir esta referencia de un tipo débil (tipo `Objecto`) a uno más específico (tipo `Client`, por ejemplo). A esto también se le llama casting y, si tiene éxito, entonces la instancia recibida como parámetro tendrá el tipo esperado (el usuario de nuestra clase habrá hecho un buen trabajo) y podremos comparar los atributos de las dos instancias.

A continuación, se muestra el código de una clase `Cliente` que retoma el método `equals`. Volveremos más tarde sobre la sintaxis utilizada.

```
public class Cliente {

   // Volveremos más tarde sobre el rol
   // de este método y su sintaxis
   public Cliente(int numCliente){
       this.numCliente = numCliente;
   }

   // Atributo importante
   int numCliente;
   // ... podemos imaginar otros atributos

   // El comportamiento del método de base
   // se redefine aquí para la clase Cliente
   @Override   // volveremos más tarde sobre esta definición
   public boolean equals(Object obj) {
       // obj ¿es de tipo Cliente?
       if (obj instanceof Cliente ) {
           // Sí. Entonces se crea una referencia temporal
           // esta vez "fuertemente tipada Cliente"
           // Para esto hacemos un cast de obj en Cliente
           Cliente c = (Cliente)obj;
           // Se hace más fácil comparar los dos campos.
```

```
            return numCliente == c.numCliente;
        }
        // En el resto de los casos, la prueba de igualdad es falsa
        return false;
    }
}
```

Observación

El operador `instanceof` *permite saber de manera dinámica si un objeto dado es de un determinado tipo.*

Observación

El operador de `cast (...)` *permite considerar un objeto como de un determinado tipo. Si el tipo no es compatible, entonces se producirá una excepción* `ClassCastException` *y el flujo de instrucciones de interrumpirá (estudiaremos las excepciones más adelante).*

A continuación, se muestra un extracto de código que va a comprobar el funcionamiento de nuestra clase `Cliente`.

```
         // Creación de tres clientes
        Cliente c1 = new Cliente(100);
        Cliente c2 = new Cliente(200);
        Cliente c3 = new Cliente(100);
        // Creación de un Object cualquiera
        // para comprobar el funcionamiento de instanceof
        Object o = new Object();

        // Los numClientes de c1 y c2 son diferentes
        assert(c1.equals(c2) == false);
        // Los numClientes de c1 y c3 son idénticos
        assert(c1.equals(c3) == true);
        // Por el contrario, las instancias son diferentes
        assert(!(c1==c3));  // la ! invierte el resultado
        // de la prueba
        assert(c1!=c3); // notación más sencilla
        // El objeto a comparar 'o' no es de tipo Cliente
        assert(c1.equals(o) == false);
```

El objetivo de este pequeño ejemplo es demostrar el principio básico de la comparación. Aquí se ha reducido a la sencilla prueba del identificador, pero se podría extender a otros atributos e implementar operaciones de comparación más sofisticadas. Por ejemplo, en el marco de la comparación entre cadenas de caracteres, sería pertinente no tener en cuenta la diferencia entre las mayúsculas y las minúsculas.

5.2 hashCode

```
public int hashCode();
```

En POO, es importante que cada instancia pueda tener una sola identificación. El método `hashCode` se puede utilizar para ello y, de esta manera, llamarse durante la construcción de la lista de referencias.

```
Cliente c1 = new Cliente(100);
Cliente c2 = new Cliente(100);

int hashCodeDeC1 = c1.hashCode();
int hashCodeDeC2 = c2.hashCode();

assert(hashCodeDeC1 != hashCodeDeC2);
// hashCodeDeC1 y hashCodeDeC2 son totalmente diferentes
// (ex 873697925 y 1895330936)
// por defecto el método hashCode devuelve
// la referencia en memoria de su objeto
```

Puede redefinir el comportamiento de este método en sus clases.

```
public class Cliente {

   // Volveremos más tarde sobre el rol
   // de este método y su sintaxis
   public Cliente(int numCliente){
       this.numCliente = numCliente;
   }

   // Atributo importante
   int numCliente;
   // ... podemos imaginar otros atributos
```

```
    // El comportamiento del método de base
    // se redefine aquí para la clase Cliente
    @Override   // volveremos más tarde sobre esta definición
    public boolean equals(Object obj) {
        // obj ¿es de tipo Cliente?
        if (obj instanceof Cliente ) {
            // Sí. Entonces se crea una referencia temporal
            // esta vez "fuertemente tipada Cliente"
            // Para esto se hace un cast obj en Cliente
            Cliente c = (Cliente)obj;
            // Se hace más fácil comparar los dos campos.
            return numCliente == c.numCliente;
        }
        // En el resto de los casos, la prueba de igualdad es falsa
        return false;
    }

    @Override
    public int hashCode() {
        // En la instancia Cliente es el atributo numCliente
        // el que especifica el Cliente de manera única
        return numCliente;
    }
}
```

Observación

Si redefine el método `equals()` en sus clases, también hay que redefinir el método `hashCode()`. En efecto, por defecto, cuando dos objetos son iguales, entonces sus códigos hash también lo son (funcionamiento a nivel de la superclase Object). A partir del momento en que las reglas de igualdad se redefinen en una clase heredada, también hay que redefinir el cálculo del código hash, como se ha hecho en el ejemplo anterior.

Este proyecto de ejemplo está en el directorio Cap4\demohashcode del .zip que acompaña a este libro.

5.3 toString

```
public string toString();
```

El método `toString` es muy útil durante las fases de depuración. Este permite devolver, en forma de cadena de caracteres, información resumida sobre la instancia de la clase. Colocará en esta información lo que crea que es más pertinente para trazar un funcionamiento incorrecto.

En el ejemplo de código siguiente, `toString` devuelve el contenido del campo `numCliente`.

```
public class Cliente {

   // Volveremos más tarde sobre el rol
   // de este método y su sintaxis
   public Cliente(int numCliente){
       this.numCliente = numCliente;
   }

   // Atributo importante
   int numCliente;
   // ... podemos imaginar otros atributos

   // El comportamiento del método de base
   // se redefine aquí para la clase Cliente
   @Override   // volveremos más tarde sobre esta definición
   public boolean equals(Object obj) {
       // obj ¿es de tipo Cliente?
       if (obj instanceof Cliente ) {
           // Sí. Entonces se crea una referencia temporal
           // esta vez "fuertemente tipada Cliente"
           // Para esto se hace un cast obj en Cliente
           Cliente c = (Cliente)obj;
           // Se hace más fácil comparar los dos campos.
           return numCliente == c.numCliente;
       }
       // En el resto de los casos, la prueba de igualdad es falsa
       return false;
   }

   @Override
   public int hashCode() {
```

```
        // En la instancia Cliente es el atributo numCliente
        // el que especifica el Cliente de manera única
        return numCliente;
    }

    @Override
    public String toString() {
            return "Inst.Cliente con numCliente = " + numCliente;
    }

}
```

La explotación del resultado de `toString` depende de la estrategia elegida para la puesta a punto de su clase. Es posible verlo en la ventana **Output** de IntelliJ IDEA o incluso guardarlo en un archivo de trazas. Sin embargo, el depurador de IntelliJ IDEA hace una utilización inmediata y muy práctica, que permite ejecutar el programa paso a paso para analizar su comportamiento. Cuando, en este modo, sitúa el cursor del ratón en un objeto asignado, el depurador muestra una miniventana que contiene el resultado de la llamada al método *toString* del objeto subyacente.

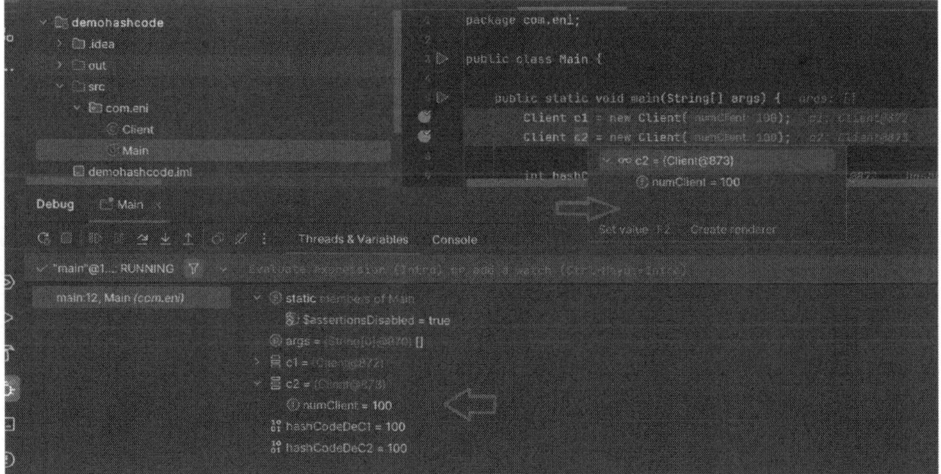

5.4 finalize

El método `finalize` está relacionado con el proceso de destrucción de los objetos. El capítulo Creación de clases contiene una sección que presenta el mecanismo de los destructores en Java. Por el momento quedémonos con que este método se llama por el *garbage collector* cuando un objeto ya no es necesario –por lo tanto, cuando no existen más referencias a él en el programa que lo ha creado– y su «finalización» no se ha realizado todavía.

En Java, el método `finalize` aparece de la siguiente forma:

```
protected void finalize()
{
  // Código de 'limpieza'
}
```

Observación

En Java, los finalize de las clases heredadas deben llamar explícitamente al finalize de sus clases de base.

Volveremos sobre el proceso de destrucción de los objetos un poco más tarde.

5.5 getClass, .class y el operador instanceof

El polimorfismo es una herramienta potente que permite tratar de forma uniforme (animal doméstico) a elementos que pertenecen a una misma familia (perro, gato, pez rojo). Dicho esto, puede ser útil conocer el tipo «nativo» de una instancia de subclase.

En el ejemplo que sigue, una clase `MantenimientoVehiculos` ofrece un método `Mantenimiento` que recibe como argumento un objeto de tipo `Vehiculo`. Por lo tanto, va a poder utilizarlo con cualquier clase que herede de la clase `Vehiculo`, como `VehiculoAMotor` y `VehiculoAPedales` e incluso `Moto`. En contraposición, antes o después el método necesitará saber el tipo real para seleccionar la operación de mantenimiento adaptada.

La clase `Object` nos ofrece el método `getClass`, que se utiliza en un objeto (por tanto, en una instancia en memoria) y la propiedad `.class`, que se utiliza directamente en un nombre de clase. Es posible identificar con precisión el tipo de un objeto utilizando ambas herramientas, como se muestra a continuación:

```
if( miObjeto.getClass() == VehiculoAPedales.class ) {
   // La instancia miObjeto es una instancia
   // de la clase VehiculoAPedales
```

Como ya hemos visto, el operador `instanceof` también es muy práctico porque permite saber si un objeto es una instancia de una clase particular. Si, como en el extracto de código que sigue, la clase `Moto` extiende la clase `VehiculoAMotor`, que a su vez extiende la clase `Vehiculo`, entonces un objeto `Moto` será `"instanceof"` de `VehiculoAMotor`, pero también `"instanceof"` de `Vehiculo`, Por lo tanto, no podemos saber cuál es su clase concreta.

Volveremos a la sintaxis de la herencia más adelante. Sepa por el momento que para esta declaración se utiliza la palabra clave `extends`.

```
public class Vehiculo {

}
```

```
public class VehiculoAMotor extends Vehiculo {

}
```

```
public class Moto extends VehiculoAMotor {

}
```

```
public class VehiculoAPedales extends Vehiculo {

}
```

```
public class MantenimientoVehiculos {

   public void Mantenimiento(Vehiculo v) {

       // El objeto v ¿va a ser creado como una moto?
       if( v.getClass() == Moto.class ) {

           // Sí... por lo tanto, no se ha creado
           // como VehiculoAMotor
           assert(v.getClass() != VehiculoAMotor.class);

           // pero sigue siendo
           // una instancia de VehiculoAMotor
           assert( v instanceof VehiculoAMotor );

           // como una instancia de Vehiculo
           assert( v instanceof Vehiculo );

           // y evidentemente una instancia de Moto
           assert( v instanceof Moto );
       }
   }
}
```

5.6 clone

Aquí se trata de crear una instancia «destino» del mismo tipo que el objeto fuente, de volver a copiar el contenido del objeto fuente, campo a campo. Al final de esta operación, dos objetos (el original y su clon) residirán en la memoria, cada uno con una referencia independiente. La clonación de un objeto no se debe confundir con la copia de su referencia, que termina con dos referencias separadas que apuntan al mismo objeto.

Al final de la operación de clonado:

– *Objeto destino != Objeto fuente*

  Es normal porque realmente habrá dos objetos en memoria y por lo tanto, existirán dos referencias distintas. Es aconsejable que no exista ninguna relación entre ambas instancias después del clonado.

- *Tipo Objeto destino == Tipo Objeto origen*

  El objeto creado será del mismo tipo que el objeto fuente. Si clona una instancia de objeto de tipo `Cliente`, esperará tener una segunda instancia del objeto de tipo `Cliente`, que contendrá los valores de la primera.

- *Objeto destino.equals(Objeto origen) será verdadero*

  Condición muy aconsejable, pero no siempre realizable. Los campos de los dos objetos deberían tener valores idénticos. Si los campos de la clase son de tipos primitivos (o de tipos por referencia inmutables, que veremos pronto), será posible clonarlos sin problema y sus valores serán realmente idénticos. Si por el contrario la clase se desea clonar contiene referencias a otras clases, el proceso se complica. Tenemos en cuenta que no es necesaria ninguna asociación más entre las dos instancias después del clonado y es muy complicado duplicar los objetos referenciados en el original. Excepto un caso muy particular, los campos por referencia del clon se deberán poner a `null`.

Observación

No todos los objetos son clonables.

Como habrá entendido, este mecanismo no es sencillo y no siempre se puede ofrecer a los usuarios de sus clases. Es la razón por la que el método `Object.clone` es de tipo `protected` y, por lo tanto, no se puede llamar directamente por el usuario de la clase.

```
protected Object clone ()
```

En efecto, `Object.clone` solo puede ser llamado desde una subclase. Este heredado ofrecerá un nuevo método clone, esta vez de tipo `public`, que se debe utilizar para obtener su clonado.

La creación del objeto clone y la copia de los campos de tipos primitivos (o las referencias inmutables) se realizan por `Object.clone` con la condición de que el heredado declare conocer las consecuencias. Vamos a adelantar algunos conceptos de los siguientes capítulos, hablando de interfaz. En efecto, para que `Object.clone` funcione correctamente, el heredado deberá implementar la interfaz `Cloneable`. De lo contrario, como veremos más adelante, se lanzará una excepción de tipo `CloneNotSupportedException`.

El siguiente código muestra este tipo de implementaciones para una clase `Cliente`.

```
// Volveremos más tarde sobre la utilización
// y la declaración de las interfaces
class Cliente implements Cloneable {


   public Cliente(int numCliente){
       this.numCliente = numCliente;
   }

   // Método de clonado de tipo public
   // que devuelve una referencia de tipo Object
   @Override
   public Object clone(){

      // El heredado solicita a su superclase
      // clonarlo, es decir, crear
      // un objeto del mismo tipo y volver a copiar
      // todos los campos primitivos
      try {    // Volveremos sobre esta sintaxis
          Cliente clonDelCliente = (Cliente)super.clone();
          return clonDelCliente;
      }
      // La operación de clonado se desarrolla incorrectamente
      // y se produce una excepción
      catch (CloneNotSupportedException ex) {
          return null;
      }
  }

   // Atributo de tipo primitivo (entero)
   int numCliente;
}
```

Para terminar, a continuación se muestra un extracto de código que solicita un clonado de la clase `Cliente`:

```
        // Creación de una instancia cliente
        // con un número de 123
        Cliente _c5 = new Cliente(123);
        // Creación de una segunda instancia
        // fabricada a partir de la primera
        Cliente _c6 = (Cliente)_c5.clone();
```

```
        // Comprobamos que las dos referencias
        // son diferentes
        assert(_c5 != _c6);
        // Comprobamos que las dos referencias
        // tienen el mismo tipo
        assert(_c5.getClass() == _c6.getClass());
        // Comprobamos que los valores de los campos
        // de las dos instancias son idénticas
        assert(_c5.equals(_c6) == true);
```

Observe que el método `clone` de la clase `Cliente` devuelve un objeto de tipo `Object` y que el usuario debe «transtipar» este retorno como tipo `Cliente`, es decir, limitar a que el compilador lo considere como un tipo `Cliente`.

Por lo tanto, el método protegido `Object.clone` fabrica un segundo objeto sobre el modelo del primero.

Para los miembros de tipo primitivo de la clase que se ha de clonar, el método duplica los contenidos realizando una copia muy precisa (bit a bit). El miembro clonado tiene el mismo valor que el miembro original y, a continuación, los dos miembros no tienen ninguna relación. Cualquier modificación de un miembro de tipo primitivo del lado del clon no tiene ninguna incidencia sobre el original, como muestra el siguiente extracto de código:

```
         // Aquí el Cliente _c6 es un clon del cliente _c5
        // Por lo tanto, tiene el mismo número de cliente
        assert( _c6.numCliente == 123);
        // Cargamos este número cliente en el clon
        _c6.numCliente = 456;
        // Comprobamos la modificación
        assert( _c6.numCliente == 456);
        // Comprobamos que no hay incidencias
        // en el original
        assert( _c5.numCliente == 123);
```

Para los miembros de tipo por referencia, los contenidos también van a duplicarse, pero finalmente todos harán referencia a los mismos objetos.

Observación

Los objetos referenciados no se clonan en la operación, justificando así el calificativo de clonado «parcial».

Por defecto toda modificación realizada sobre un miembro de tipo por referencia del objeto clonado tendrá una incidencia sobre el original.

Para ilustrar este principio, retomemos nuestra clase `Cliente` y añadamos un miembro por referencia sobre una clase de tipo `Empresa`.

```
class Empresa {
   public String nombre;
   // ... continuación del código
}

class Cliente implements Cloneable {
   // Atributo de tipo por referencia
   public Empresa empresa = new Empresa();

   public Cliente(int numCliente){
       this.numCliente = numCliente;
   }

   // Método de clonado de tipo public
   // que devuelve una referencia de tipo Object
   @Override
   public Object clone(){

      // El heredado solicita a su superclase
      // clonar, es decir, crear
      // un objeto del mismo tipo y volver a copiar
      // todos los campos primitivos
      try {    // Volveremos sobre esta sintaxis
          Cliente clonDelCliente = (Cliente)super.clone();
          return clonDelCliente;
      }
      // La operación de clonado se ha desarrollado
      // incorrectamente y se produce una excepción
      catch (CloneNotSupportedException ex) {
          return null;
      }
  }

   // Atributo de tipo primitivo (entero)
   int numCliente;
}
```

Ahora realicemos una modificación a partir del miembro `empresa` de la instancia clonada para comprobar su repercusión en la instancia original:

```
// Creación de un cliente número 789
// que hace referencia a una empresa llamada Original
Cliente _c7 = new Cliente(789);
_c7.empresa.nombre = "Original";

// Creación de un segundo cliente
// obtenido a partir del primero
Cliente _c8 = (Cliente)_c7.clone();

// Comprobamos que el atributo de tipo por referencia
// apunta al mismo objeto
assert( _c7.empresa == _c8.empresa );
assert( _c8.empresa.nombre.equals("Original") );

// Modificamos el objeto empresa del clon
_c8.empresa.nombre = "Clon";
// como es el mismo que el original
// la modificación se repercute.
assert( _c7.empresa.nombre.equals("Clon") );
```

5.7 notify, notifyAll y wait

Estos tres métodos se presentarán en el capítulo El multithreading de este libro porque se utilizan mucho para sincronizar los threads.

6. La clase java.lang.String

Existe una clase muy «integrada» en la gramática Java: la class `String` (que forma parte del paquete `java.lang`).

Esta clase encapsula una colección de caracteres `Unicode`, encapsulados a su vez por el tipo `java.lang.Character`. `String` es de tipo por referencia (por lo tanto, asignado en el *heap*), pero por razones de comodidad el uso del operador `new` para instanciarlo no es el método más utilizado. En efecto, es suficiente con asignar una cadena durante la declaración de un objeto `String` para instanciarlo.

```
String s = "Viva la programación JAVA:)";
```

Observación

La cadena literal se puede construir como resultado.

```
String hello = "Hola, estamos en el "
          + Calendar.getInstance().get(Calendar.DAY_OF_YEAR)
          + "° día del año";

System.out.print(hello);
```

A continuación, se muestra la salida por la consola correspondiente para un 14 de enero:

```
Hola, estamos en el 14° día del año
```

Observación

Durante la declaración de la cadena literal, el carácter \ (antislash) se toma por defecto como secuencia de escape.

Por ejemplo, *\r\n* significa «retorno de carro» y «nueva línea»; por lo tanto, concretamente un salto de línea en la visualización de la cadena.

En consecuencia, si la cadena literal contiene \ «reales» a visualizar, deben aparecer repetidos.

Ejemplo

```
    String miArchivo = "C:\\temp\\miArchivo.txt\r\n";
```

Además de este modo de instanciación tan clásico, la clase `String` ofrece varios constructores de uso mucho más específico.

Observación

Una instancia de String puede contener 2 GB de caracteres.

El valor de un objeto `String` es la cadena de caracteres que contiene. Esta cadena no se puede modificar. Incluso si la clase ofrece métodos que permiten realizar modificaciones en el contenido, hay que entender que la máquina virtual va a volver a crear una nueva entidad sobre el *heap* porque el contenido original es inmutable.

El siguiente código demuestra este comportamiento:

```
class StringVerificador{

   public void Prueba() {
       String s1 = "Hola";
       String s2 = Modificar(s1, "Hello World");
       System.out.println("S1=" + s1);
       System.out.println("S2=" + s2);

   }

   String Modificar(String aModificar, String nuevoContenido) {
       aModificar = nuevoContenido;
       return aModificar;
   }

}
```

La clase `StringVerificador` ofrece un método llamado `Prueba`, que instancia un objeto `String s1` con el valor «`Hola`» y a continuación lo transforma en «`Hello World`».

Esta modificación se realiza en el método `Modificar`, que recibe una referencia a `s1` como primer argumento y el nuevo valor como segundo argumento.

El tipo `String` es un tipo por referencia, por lo que cabría esperar que cualquier modificación afecte al objeto original. Sin embargo, al ser inmutable, esto no ocurre. De hecho, no lo es. Siendo inmutable el valor inicial, la máquina virtual crea una nueva cadena y, por lo tanto, una nueva referencia. Si la modificación se hubiera hecho directamente en el método `Prueba`, entonces `s1` hubiera contenido «`Hello World`» y el cambio de referencia hubiera sido transparente. Dado que la modificación se realiza en un método, se crea una nueva cadena basada en `s1` durante la llamada y esta es la «copia» que la máquina virtual va a modificar, asignándole el nuevo valor. Para confirmar la modificación, el método `Modificar` devuelve el nuevo valor que el método `Prueba` almancena en la variable `s2`. Consecuencia: el original no se ha modificado, como prueba la visualización en la ventana **Output** de IntelliJ IDEA.

```
S1=Hola
S2=Hello World
```

Observación

Si se debe crear una cadena de caracteres dinámicamente, entonces hay que dar prioridad a la utilización de la clase `StringBuilder` respecto a la clase `String`.

Ejemplo de código que se debe evitar

```
Scanner in = new Scanner(System.in);
String HaIndicado = "Su nombre: ";
System.out.println("Indique su nombre");
HaIndicado += in.nextLine();
HaIndicado += "\r\nSu apellido: ";
System.out.println("Indique su apellido");
HaIndicado += in.nextLine();
HaIndicado += "\r\nSu edad: ";
System.out.println("Indique su edad");
HaIndicado += in.nextLine();

System.out.println(HaIndicado);
```

Se debe sustituir por

```
Scanner in = new Scanner(System.in);
StringBuilder HaIndicado
    = new StringBuilder("Su nombre: ");
System.out.println("Indique su nombre");
HaIndicado.append(in.nextLine());
HaIndicado.append("\r\nSu apellido: ");
System.out.println("Indique su apellido");
HaIndicado.append(in.nextLine());
HaIndicado.append("\r\nSu edad: ");
System.out.println("Indique su edad");
HaIndicado.append(in.nextLine());

String resultado = HaIndicado.toString();
System.out.println(resultado);
```

Este proyecto de ejemplo se encuentra en el directorio Cap4\demostring del .zip que acompaña este libro.

7. Ejercicio

7.1 Enunciado

Cree una aplicación de tipo `Consola`, que servirá de soporte para las siguientes preguntas.

- Cree una variable de tipo `int` llamada `i`, cuyo valor sea `10`.
- Cree una variable de tipo `java.lang.Integer` llamada `j`, cuyo valor sea el contenido de `i`.
- Cree una variable de tipo `java.lang.Integer` llamada `k`, cuyo valor sea el contenido de `i`.
- Muestre `i`, `j` y `k`.
- Añada 1 a `i`.
- Muestre `i`, `j` y `k`.
- Verifique con un `assert` que `Integer` es de tipo `Object`.
- Muestre los *hashcode* de `j` y de `k`.

7.2 Corrección

- Seleccione el menú **File** y, a continuación, la opción **New Project...**.
- Llame a su proyecto **LabTypesJava**, elija un directorio de trabajo que termine por un subdirectorio llamado **LabTypesJava** y a continuación, indique **com.eni** como **Base package**.

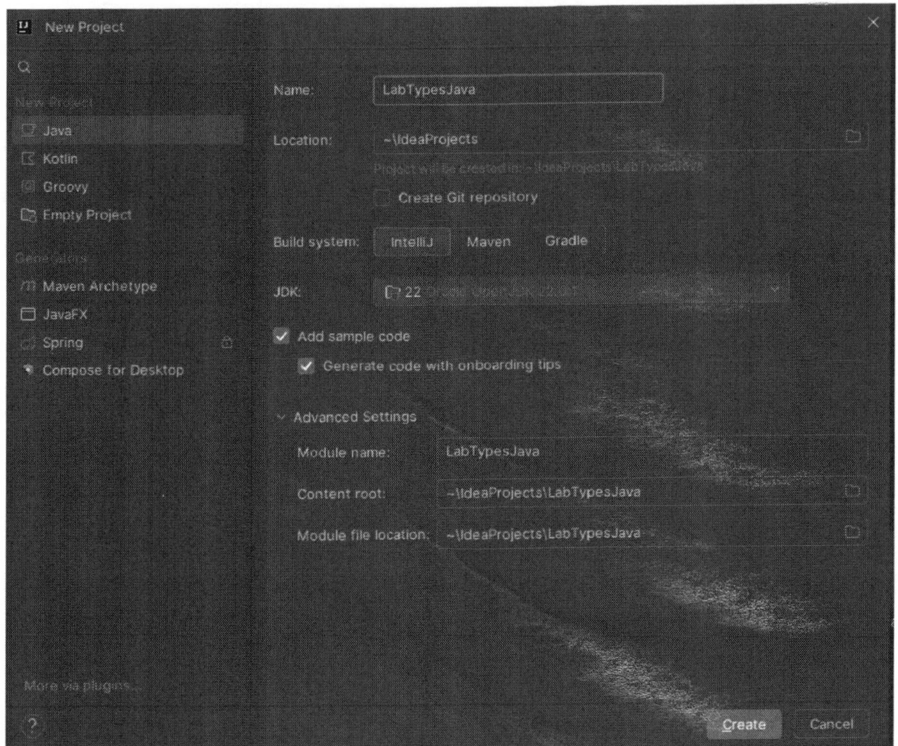

▶ Haga clic en **Create**.

El contenido del archivo fuente generado por el asistente contiene un método `main` que es el punto de entrada del programa en el que vamos a desarrollar nuestro código.

El método `main` puede recibir información que se pasa en línea de comandos por la consola. Estos argumentos se copian en una tabla de `String` llamada `args`.

A continuación se muestra el código comentado de este primer ejercicio:

```
package com.eni;

public class Main {

    public static void main(String[] args) {
        // Crear una variable de tipo int llamada i
        // y poner su valor a 10
        int i=10;

        // Crear una variable de tipo java.lang.Integer
        // llamada j y poner su valor a i
        java.lang.Integer j=i;

        // Crear una variable de tipo java.lang.Integer
        // llamada k cuyo valor sea el contenido de i
        java.lang.Integer k=i;

        // Mostrar i, j y k
        System.out.println(i);
        System.out.println(j);
        System.out.println(k);

        // Añada 1 a i
        i++;

        // Mostrar i, j y k
        System.out.println(i);
        System.out.println(j);
        System.out.println(k);

        // Solo ha cambiado i, lo que prueba que el wrapper
        // no es una referencia porque en este caso
        // j y k hubiera seguido el cambio.

        // Verificar con un assert que Integer
        // es de tipo Object
        assert(j instanceof Object);

        // Mostrar el hashcode de j y de k
        System.out.println(j.hashCode());
        System.out.println(k.hashCode());
```

```
            // Los hashcode mostrados son los mismos
            // que confirman que los wrappers no son
            // referencias
        }

    }
```

Este ejercicio se encuentra en el directorio Cap4\LabTiposJava del .zip que acompaña a este libro.

- Compile y a continuación ejecute la aplicación con [Mayús][F9] y [Mayús][F10].

A continuación se muestra la salida por la consola:

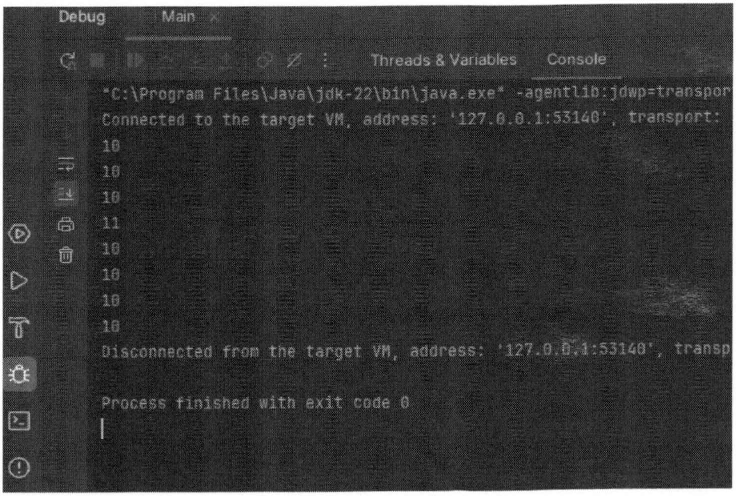

```
Debug    Main ×
Threads & Variables    Console
"C:\Program Files\Java\jdk-22\bin\java.exe" -agentlib:jdwp=transpor
Connected to the target VM, address: '127.0.0.1:53140', transport:
10
10
10
11
10
10
10
10
Disconnected from the target VM, address: '127.0.0.1:53140', transp

Process finished with exit code 0
```

Capítulo 5
Creación de clases

1. Introducción

Recordemos que una clase es un modelo que el sistema utiliza para instanciar el objeto correspondiente en memoria. Son estos modelos los que el desarrollador declara en lo que comúnmente se llama archivos fuentes (archivos con extensión .java) de su proyecto. Esto es lo que acabamos de hacer en el ejercicio `LabTypesJava` con la clase `Main`.

2. Paquetes

Las clases Java se agrupan por finalidades en conjuntos llamados paquetes, que a su vez se organizan de forma jerárquica. Cuando escribe el código fuente y desea utilizar una clase de un paquete dado, debe indicar su «ruta completa» en cada llamada o, de manera más concisa, declarar su importación en el encabezado del archivo fuente. Las clases «estándares» del paquete `java.lang`, no siguen esta regla; son directamente accesibles.

Las clases que va a desarrollar deberán pertenecer obligatoriamente a paquetes que, por lo tanto, tendrá que crear. La organización de estos conjuntos de clases y de sus jerarquías le permite controlar el «ámbito» de los paquetes, las clases y los métodos.

Hay convenciones de nomenclatura para los paquetes (como también existen para las clases, los métodos, etc.). Estas pueden variar de una empresa a otra. Generalmente, el paquete empieza por el nombre de un tipo de dominio (com, edu, gov, mil, net, org), seguido por un punto (.), seguido por el nombre de la empresa, seguido por un punto (.). A continuación, puede tener un nombre de proyecto o de un módulo utilizable en varios proyectos, etc.

Ejemplo de nombre de paquete

com.eni.facturacion.exportConta

Observación

Elija nombres de paquetes que reflejen la función de la familia de clases que agrupan.

Generalmente, el análisis UML llevado a cabo anteriormente le ayudará a la hora de seleccionar los nombres. Este nombre debe empezar por una letra o por un guion bajo (_). A continuación puede contener letras (minúsculas por convención), cifras y guiones bajos. Evite por completo utilizar los caracteres acentuados.

Vamos a crear un proyecto con un paquete que contiene las clases.

- Ejecute *IntelliJ IDEA*.
- Cree un nuevo proyecto llamado **MiPrimeraClase** conservando las opciones propuestas por defecto.
- En la zona **Project**, selecciones la carpeta **src** que corresponde a los archivos de código.
- Muestre el menú contextual con un clic derecho y después seleccione **New - Package**.

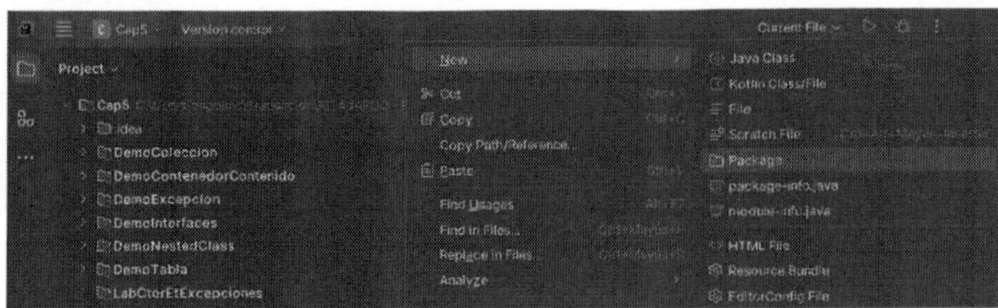

▶Escriba «com.eni» como nombre del paquete y valide.

Un paquete vacío se añade a nuestro proyecto.

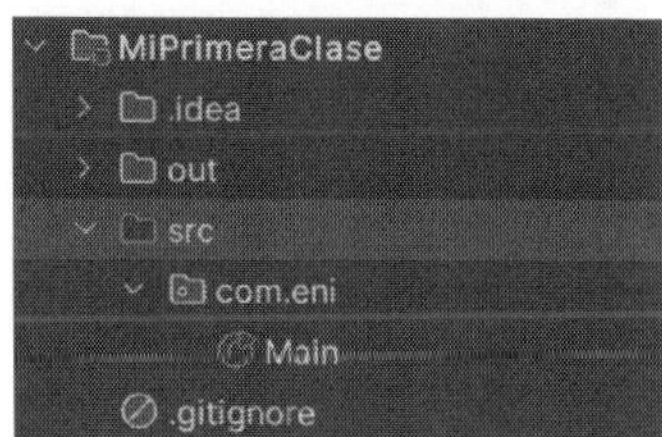

Por supuesto, es posible modificar el nombre de un paquete posteriormente.

Vamos a cambiar el nombre del paquete com.eni por `com.miempresa`. Para esto, se va a utilizar una función IntelliJ IDEA de «*refactoring*».

▶Acceda al menú contextual del paquete mediante un clic con el botón derecho del ratón en su entrada.

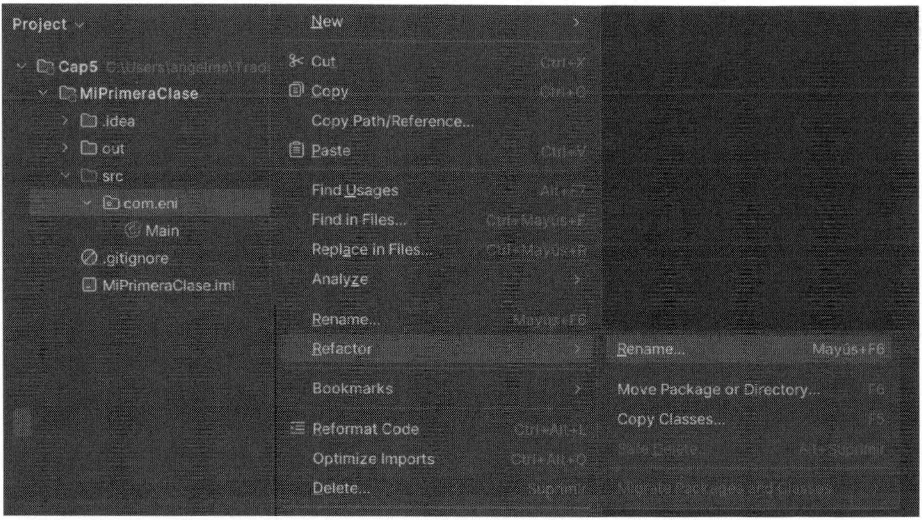

▶Seleccione **Refactor - Rename...** y a continuación indique el nuevo nombre del paquete.

▶Haga clic en el botón **Refactor** y compruebe el resultado:

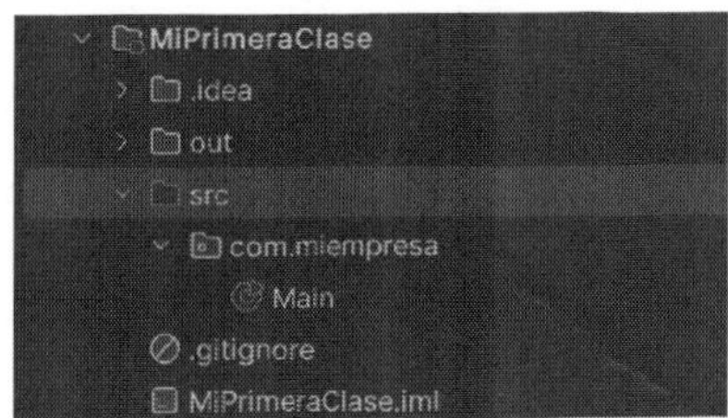

Observación

La función de refactorización es muy potente, ya que modifica todas las clases contenidas en el paquete renombrado y también todas las clases que utilizan los servicios de ese paquete. La refactorización también se puede usar en los nombres de clases, métodos y variables. Por lo tanto, cambiar los nombres no es una tarea tediosa y no debe dudar en hacerlo para mejorar la legibilidad del código

La palabra clave package

Sintaxis de declaración

```
Package <nombreDelPaquete>;
```

La declaración del paquete se realiza al inicio del archivo fuente de una clase para indicar su pertenencia al mismo. Esta declaración se hace con la palabra clave `package`, seguida por el nombre que quiera darle, terminado por un punto y coma. El código adjunto a este paquete (declaración de las importaciones de otros paquetes y definición de una clase) llega a continuación.

Observación

Naturalmente, un mismo paquete se puede definir en varios archivos fuente. Por el contrario –y al contrario de lo que sucede en C#– una clase de tipo `public` *solo se puede definir en un único archivo fuente.*

La directiva import

En las clases de sus paquetes, utilice los tipos que se encuentran en otros paquetes. Por ejemplo, puede utilizar el tipo `File` y beneficiarse de sus servicios para la gestión de archivos.

El tipo `File` que se encuentra en el paquete `java.io`, lo puede utilizar declarando su ruta completa:

```
package com.masociete;

public class MaPremiereClasse {

    public static void main(String[] args) {
        java.io.File f = new java.io.File("c:\\hiberfil.sys");
        System.out.println(f.exists());
    }

}
```

Si utiliza varias veces los servicios de la clase `File` y no quiere repetir `java.io.File` en cada llamada, puede definir la directiva `import java.io.*;` en el encabezado del archivo fuente y después de la declaración del paquete.

```
Package com.miempresa;
import java.io.*;

public class MiPrimeraClase {

    public static void main(String[] args) {
        File f = new File("c:\\hiberfil.sys");
        System.out.println(f.exists());
    }

}
```

Al final, el encabezado clásico de un archivo de código Java contiene una serie de líneas que empiezan por la directiva `import`. Estas líneas indican al compilador la lista de los paquetes que podrá recorrer para ir a buscar las clases utilizadas en este archivo fuente.

Una directiva `import` solo es válida si el ensamblado que contiene el paquete asociado ha sido referenciado en el proyecto. Recordemos que un ensamblado puede contener los tipos definidos de varios espacios de nombres.

Si conoce el nombre de la clase que va a utilizar, IntelliJ IDEA le puede ayudar durante la escritura de la directiva de importación.

Por ejemplo, si el tipo `Random` que se observa en el archivo fuente no tiene directiva `import`, entonces IntelliJ IDEA propone una lista con todos los tipos conocidos que comienzan por `Random`.

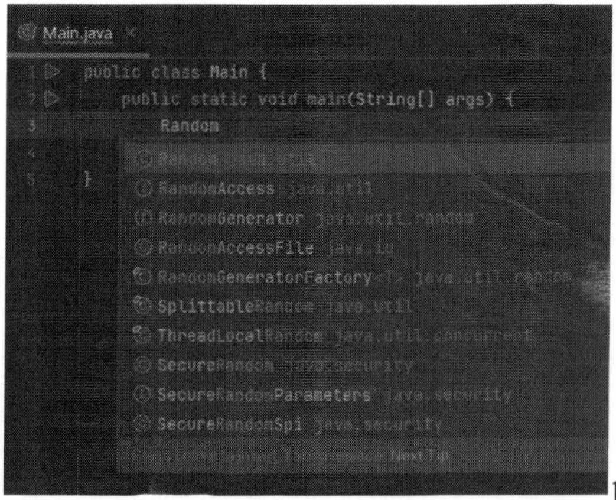

- Seleccione la primera entrada de esta lista.
- IntelliJ IDEA inserta automáticamente la directiva de importación en el encabezado del archivo.

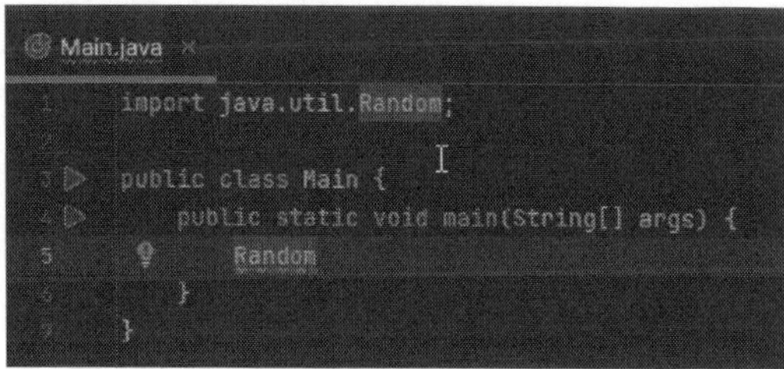

Como hay una línea de código incompleta, los módulos impactados por el error se subrayan con líneas onduladas en rojo.

- Asigne un nombre de variable e instancie sin rellenar el tipo.
- Justo después de la entrada del `new`, pulse [Ctrl][Espacio] para pedir al IDE que encuentre la continuación adecuada.

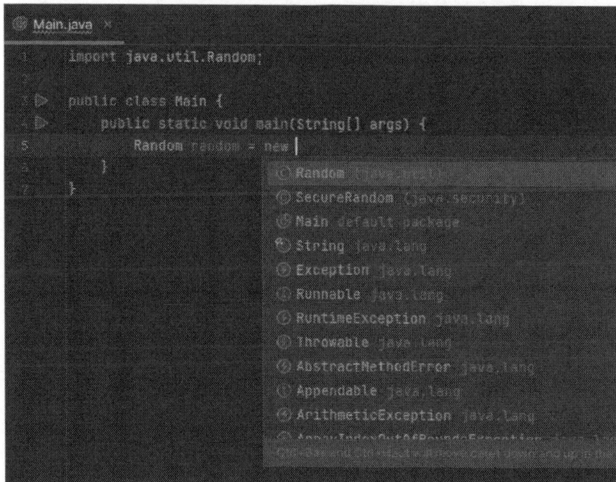

- Complete la línea.

```
package com.masociete;

import java.util.Random;

public class Main {
    public static void main(String[] args) {

        Random random = new Random();
```

Los errores han desaparecido.

Es muy frecuente tener encabezados que contienen directivas `import` que son inútiles, como consecuencia de las modificaciones del código. En este caso, IntelliJ IDEA los muestra en gris.

```
Project                      com\miempresa\Main.java    TpColecciones\...\Main.java
  MiPrimeraClase             /.../
    .idea                    package com.miempresa;
    out
    src                      import java.util.Random;
      com.miempresa          import java.util.Collection;
        Main                 import java.util.Scanner;
    .gitignore
    MiPrimeraClase.iml       public class Main {
                                 public static void main(String[] args) {
                                     Random random = new Random();
                                 }
                             }
```

Puede borrarlos manualmente o pedir al IDE hacerlo por usted para situar el cursor en una de las líneas grises. Esto va a mostrar un menú contextual que contiene una opción de optimización de las importaciones. Pulse en **Remove unused imports** para que desaparezca las líneas inútiles.

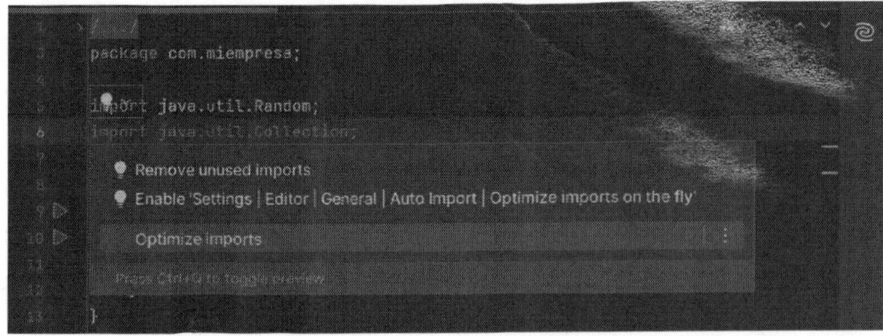

Tenga en cuenta que esta pequeña limpieza la puede realizar automáticamente el IDE, marcando la opción **Optimize imports on the fly** en el menú **Settings**.

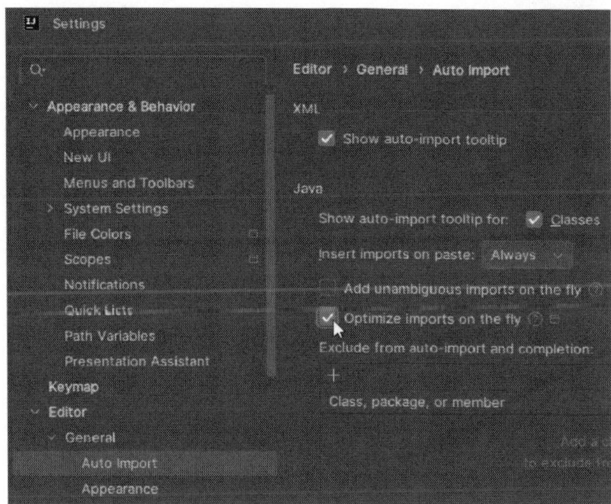

3. Declaración de una clase

Ya hemos «abordado» un poco la teoría, así que agreguemos una clase a nuestro paquete.

- Seleccione el paquete **com.miempresa**.
- Muestre el menú contextual del botón secundario del ratón y, a continuación, seleccione **New - Java Class**.

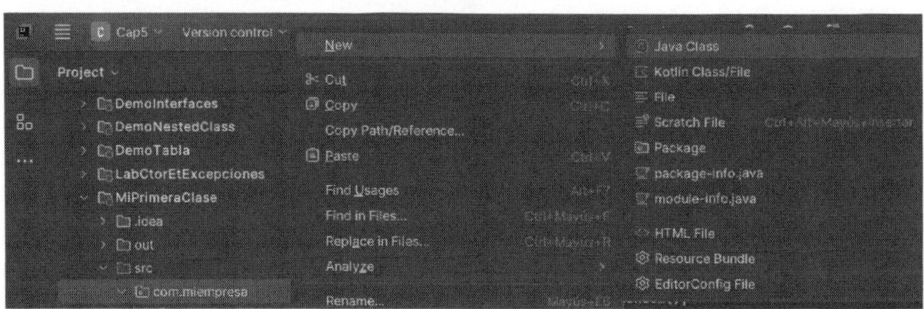

◘Asigne el nombre «MiPrimeraClase» y valide.

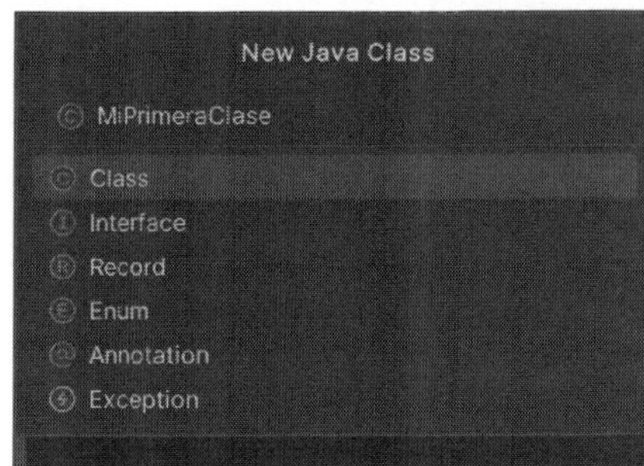

Se ha creado la columna vertebral de la clase.

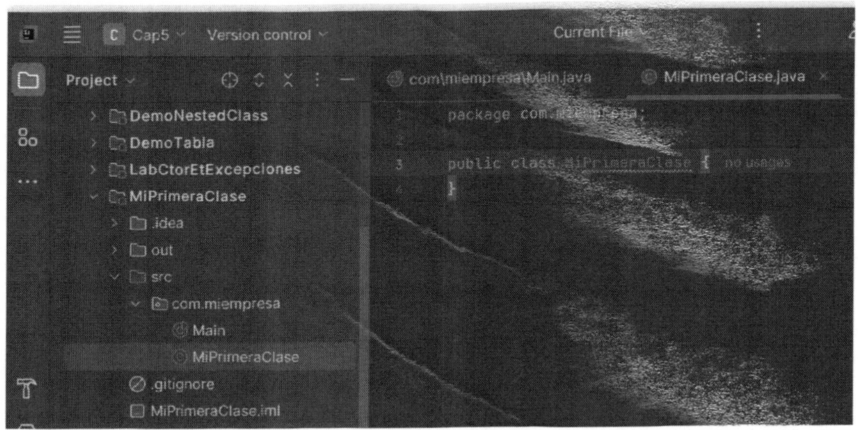

Obsérvese la declaración de su paquete de pertenencia en la primera línea.

Observación

No es posible declarar más de una clase de tipo public en el mismo archivo fuente, salvo si se «anidan» o si las clases son «privadas» del archivo fuente que las contiene.

Si intenta declarar dos clases de tipo public en un mismo archivo fuente, IntelliJ IDEA reacciona como se muestra a continuación:

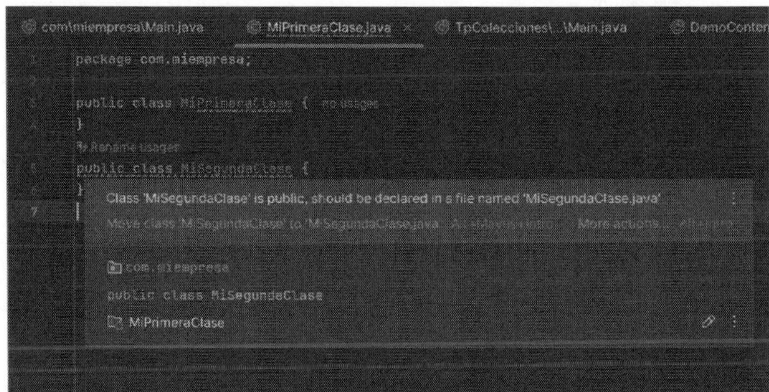

Una clase se declara con la palabra clave `class`, seguida del nombre que se le haya asignado. Como para el paquete, este nombre debe empezar por una letra o por un guion bajo (_). A continuación, puede contener letras, cifras y guiones bajos. Evite utilizar caracteres acentuados y opte por una convención de nomenclatura de tipo Pascal Case. Por ejemplo, si escribe una clase que emula un reproductor digital, el nombre en formato «PascalCase» será `ReproductorDigital`. Las primeras letras de las palabras relacionadas están en mayúsculas.

La posible declaración de herencia se indica a continuación. Se explicará en detalle más adelante. En efecto, si la clase «extiende» una clase existente, entonces la palabra clave `extends` precede al nombre de la superclase.

Si la clase «implementa» una o varias interfaces, entonces la palabra clave `implements` precede a la lista de las interfaces soportadas por la clase.

Los miembros de la clase (los atributos y los métodos) se definen a continuación entre paréntesis.

Sintaxis de declaración

```
visibilidad class NombreClase  [[extends ClaseMadre]
[implements Lista interfaces de base]]
{
   // cuerpo de la clase
}
```

Ejemplo

```
package com.miempresa;

public class ClaseQueHereda extends SuClaseMadre implements
Interface1, Interface2 {
   // Cuerpo de la clase
}
```

El atributo de visibilidad de una clase definida en un paquete puede ser de tipo:

- `public`: la clase será utilizable por todos.
- `<ninguna definición>`: la clase será accesible por las clases del paquete en el que se encuentra.

El resto de los atributos (`private`, `protected`) solo tienen sentido para las clases anidadas. Una clase anidada (o `nested class`) es una clase definida en otra.

Precedida por el atributo `private`, la clase anidada solo se podrá utilizar en su clase «contenedora».

Precedida por el atributo `protected`, la clase anidada solo se podrá utilizar por las clases heredadas de su clase host.

Más adelante en la sección Las clases anidadas retomaremos las clases anidadas.

3.1 Accesibilidad de los miembros

El nivel de accesibilidad de los miembros de una clase (atributos y métodos) se define por un «modificador de acceso» que precede la declaración de cada miembro.

Este modificador de acceso puede ser:

- `public` para un acceso sin restricción.
- `protected` para un acceso limitado a la clase, sus heredados y a todos los objetos del paquete que alberga.
- `<ninguna definición>` para un acceso limitado a la clase y a todos los objetos del paquete que lo alberga.

– `private` para un acceso limitado a un tipo de la clase.

3.2 Atributos

Los atributos (en otros términos, las variables) de la clase se deben declarar en el interior de los paréntesis de la clase.

En tanto que lenguaje objeto, en Java, al igual que en C#, es imposible encontrar una variable definida fuera de una declaración de clase. Es una de las diferencias significativas con C++, que, para ser compatible con C, ha tenido que continuar soportando una zona de definiciones «globales».

El respeto a la encapsulación de la POO debe conducir al desarrollador a limitar el nivel de accesibilidad de los atributos de sus clases.

Observación

La buena práctica consiste en poner todos los atributos de sus clases en acceso de tipo privado y, a continuación, decidir caso por caso su visibilidad y su método de acceso. Tan pronto como un puerto de entrada se hace público, se debe proteger contra cualquier uso indebido que se pueda hacer de él. En resumen: nunca confíe; compruebe siempre los datos que se le proporcionan y cómo se utilizan sus objetos.

Los ejemplos de este libro no respetan escrupulosamente esta regla, para evitar sobrecargar los archivos fuentes y mostrar lo esencial.

Un atributo se define por su visibilidad, su tipo (entero, cadena, referencia a otro objeto, etc.) y por un nombre. Si es preciso, el atributo se puede asignar directamente en su definición (diferencia agradable respecto a C++). El carácter ';' termina la definición.

El nombre del atributo sigue las mismas restricciones que las del nombre de la clase o del paquete. La notación `PascalCase` siempre es acertada, pero la primera letra del atributo generalmente está en minúscula. Por tanto, más bien hablamos de notación `CamelCase`.

Sintaxis de declaración

```
visibilidad tipo nombreAtributo [=valor o referencia ];
```

Ejemplo

```
package com.miempresa;

public class MiPrimeraClase {

    protected int porcentajeDescuento = 20;
    private String nombreProducto;
}
```

Generalmente, no se modificará el valor de un atributo durante todo el ciclo de vida de la clase que lo contiene. Sin embargo, como vamos a descubrir en la sección Descriptores de acceso (getter y setter) de este capítulo, es posible hacer inmutable el contenido con la palabra clave `final`.

Atributos constantes

Es muy frecuente que un programa necesite datos constantes introducidos durante la declaración de la clase. Por ejemplo, el nombre que asigna a su programa se podrá utilizar en varios lugares y esto en modo solo lectura. Sería una pena tener que «duplicar» este nombre cada vez que se utiliza porque el día que tenga que cambiarlo será necesario hacer la modificación por todos lados.

C y C++ ofrecen una sintaxis basada en la utilización de la palabra clave `#define`.

Ejemplo

```
#define TASA_DESCUENTO 20
```

El compilador sustituye a continuación todas las ocurrencias de `TASA_DESCUENTO` por 20.

El problema de esta solución es que `TASA_DESCUENTO` es débilmente tipado. Sospechamos que se trata de un tipo numérico, pero ¿se trata de un entero con signo, un entero sin signo, un `long`, un `float` o incluso un `double`?

Con Java, el problema se resuelve porque se debe definir el tipo del dato constante, que se prefijará con la palabra clave `final` para prohibir cualquier modificación posterior.

Sintaxis de declaración

```
visibilidad final tipo nombreAtributo =valor;
```

Ejemplo

```
package com.miempresa;

class MiPrimeraClase
{
  private final String nombreProducto = "Aplicación Java";
}
```

Observación

*Cualquier intento de modificación de un atributo constante **fuera del constructor de la clase** (que veremos enseguida) se salda con un error de compilación.*

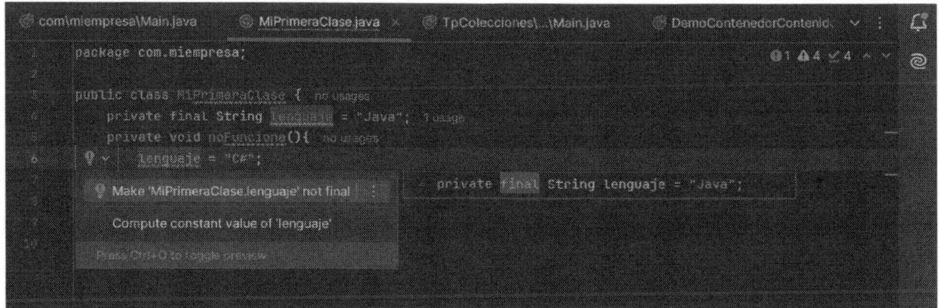

Existe incluso otro medio de definir un dato constante. Una variable con un atributo constante recibe su valor de manera estática durante la escritura de la clase o de manera dinámica con el constructor de la clase que lo alberga. A continuación, no se puede modificar más. Esto es ideal para configurar información conocida solo en tiempo de ejecución como, por ejemplo, una dirección IP (por ejemplo, 192.168.1.10).

3.3 Descriptores de acceso (getter y setter)

Los usuarios no deben acceder directamente a los atributos de clase, ya que podrían causar fallos de funcionamiento si se les asignan. Es por ello que deben ser de tipo `private` o `protected` y estar rodeados por una capa protectora que conecte con el exterior. En modo escritura, va a comprobar que los valores recibidos son compatibles con los soportados. Aquí se habla de pruebas «de negocio» y no de pruebas relacionadas con el tipo del atributo, que se comprueban automáticamente por el compilador. Por ejemplo, si un código cliente contenido en un atributo de tipo entero debe obligatoriamente ser superior a 1000 en nuestra aplicación, entonces se deberá implementar una prueba de negocio antes de asignar realmente el valor del código cliente. Si no existe esta prueba de negocio y el programa que llama pasa 999 como código de cliente, entonces el compilador no provocará ningún error porque 999 es un entero. En modo lectura, también vamos a prohibir el acceso directo al atributo que igualmente se podría convertir en intrusivo. Por lo tanto, se va a ofrecer un par de métodos como atributos que hay que proteger, que permitan leer para el primero y escribir para el segundo.

Observación

En el mundo Java, a esto se le llama descriptores de acceso, con una especificación «getter» para la lectura y «setter» e incluso «mutador» para la escritura.

Ejemplo:

```
package com.miempresa;

public class MiPrimeraClase {

   // El valor de este atributo debe ser superior
   // o igual a 0 e inferior a 100
   private int porcentajeDescuento;

   // Este método devuelve el valor actual de la entrega
   public int getPorcentajeDescuento() {
       return porcentajeDescuento;
   }

   // Este método permite modificar el valor de la entrega
   // si el nuevo valor está dentro del límite autorizado.
```

```
    // Este "setter" devuelve true si el valor se guarda
    // o false si el nuevo valor está fuera del límite
    public boolean setPorcentajeDescuento(int porcentajeDescuento) {

        boolean bRet = false;
        //Verifica si el argumento que se pasa
        //está en los límites aceptables
        if (porcentajeDescuento >= 0 && porcentajeDescuento < 100)
        {
          this.porcentajeDescuento = porcentajeDescuento;
          bRet = true;
        }
        return bRet;
    }
}
```

Del lado del usuario de la clase, la redacción del código es un poco larga, pero los nombres de los métodos tienen el mérito de ser muy claros.

Desde el punto de vista del desarrollador de la clase, la redacción de los descriptores de acceso también es un poco larga, pero afortunadamente IntelliJ IDEA nos puede ayudar durante la escritura, gracias a su módulo de inserción de código.

Compruébelo usted mismo:

- Declare un atributo de acceso `private` y de tipo `int` llamado `porcentajeDescuento` en su clase con un atributo.
- Coloque el cursor en la línea de definición para encender una pequeña bombilla amarilla justo encima de ella.
- Pulse en la pequeña bombilla.

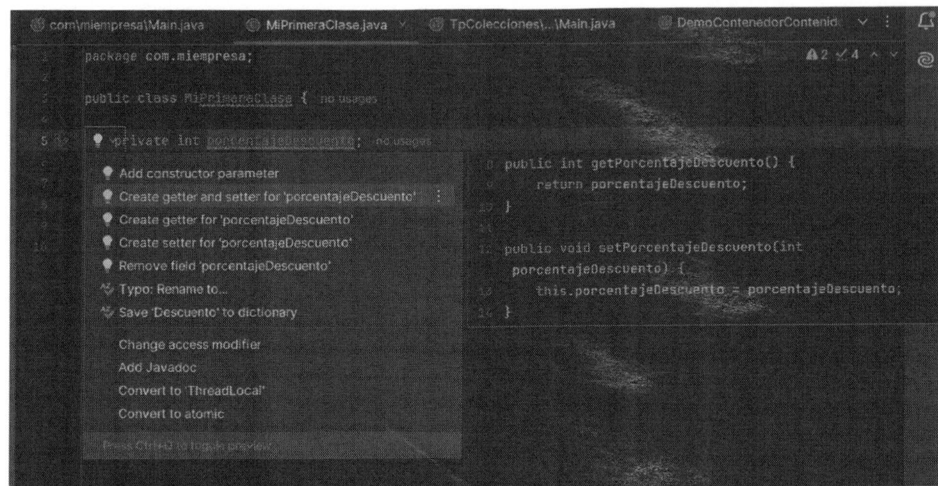

▶ Entonces IntelliJ IDEA nos ofrece varias acciones, entre las que se encuentra la creación de getters y setters. Observe que, en función de su elección, el usuario de su clase accederá al atributo tanto en modo solo lectura como solo escritura o en modo lectura y escritura.

▶ Seleccione la opción **Create getter and setter for 'porcentajeDescuento'**.

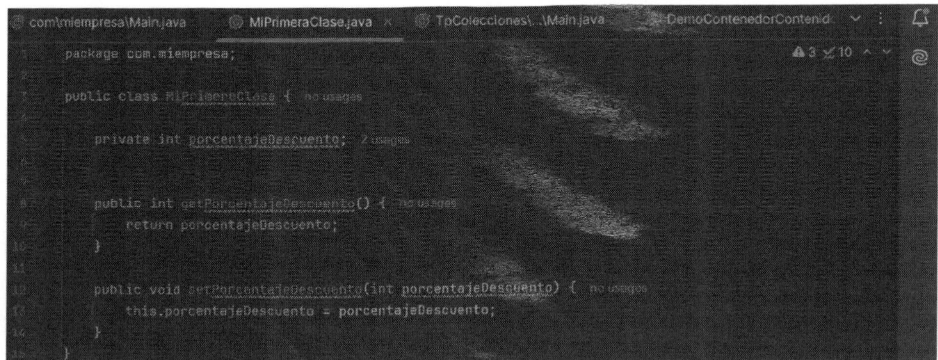

▶ IntelliJ IDEA genera los dos métodos que permiten encapsular el atributo *porcentajeDescuento*. Actualmente, no existe ningún control de negocio sobre los valores del atributo; tiene que desarrollarlo usted.

Atributos en modo solo lectura

La sección Atributos ha presentado la palabra clave `final`, que permite ubicar un atributo en modo solo lectura. Si la regla de encapsulación se respeta, esto afectará al «comportamiento interno» de la clase.

Para un control externo de los datos, puede ser oportuno tener determinados atributos accesibles en modo solo lectura. Para esto, es suficiente con no definir el método `setxxx` o hacerlo `private` como se muestra a continuación:

```
package com.miempresa;

public class MiPrimeraClase {
   private int porcentajeDescuento;

   public int getPorcentajeDescuento() {
       return porcentajeDescuento;
   }

   private void setPorcentajeDescuento(int porcentajeDescuento) {
       this.porcentajeDescuento = porcentajeDescuento;
   }
}
```

En este código, el usuario de la clase solo podrá leer el atributo `porcentajeDescuento` gracias al método `getPorcentajeDescuento`. Cualquier intento de modificación del atributo por un usuario externo a la clase provocará un error de compilación. En contraposición, el atributo sigue siendo modificable por procesamientos en la clase en sí misma.

Los atributos de tipo «static»

Los atributos que acabamos de presentar se añaden a la instancia de la clase que los ha definido. Para que puedan vivir, hay que instanciar la clase que creará en memoria sus propios atributos. Naturalmente, cada instancia podrá tener sus propios valores por atributo.

Existe otra forma de asociación: la que vincula el atributo al tipo de la clase y no a sus instancias. Para entender el interés de esta relación imaginemos un sistema de numeración `Cliente` sencillo: el primer `Cliente` tendrá el `identificador 1`, el segundo el `identificador 2`, etc.

Para generar esta progresión, la mayor parte del tiempo necesitará un contador de instancias `Client` creadas (la mayor parte del tiempo, porque, si utiliza los servicios de una base de datos, entonces podrá soportar esta numeración única, pero eso es otra historia). O declara este contador en un objeto de gestión de las instancias de clase `Cliente`, que se creará en primer lugar y, a continuación, se llama a cada nuevo cliente; o declara este contador como «miembro de tipo `static` del tipo `Cliente`». En este último caso –y es este caso el que nos interesa– el contador se añade al tipo `Cliente` y no a una instancia `Cliente`. Por lo tanto, se comparte entre todas las instancias.

Sabemos que el constructor de la clase es un método llamado para inicializar los atributos de la clase. En cada creación de una nueva instancia `Cliente`, este constructor podrá leer el valor del contador de tipo `static`, incrementarlo y a continuación copiar su contenido en su atributo `identificador`.

A continuación, se muestra el código asociado a este tipo de utilización:

```
package com.miempresa;

public class Cliente {

   // contadorClientes es un entero estático:
   // por lo tanto, se añade al tipo Cliente
   // y es accesible por todas las instancias
   // de la clase Cliente. Por defecto se ajusta a 1,
   // lo que quiere decir que el primer cliente
   // tendrá el identificador 1
   private static int contadorClientes = 1;

   // identificadorCliente es un entero dinámico:
   // por lo tanto, se añade a una instancia de Cliente
   private int identificadorCliente;

   // Un "getter" público permite a los usuarios
   // de la clase leer el atributo identificadorCliente
   public int getIdentificadorCliente() {
       return identificadorCliente;
   }
   // Un "setter" private permite al objeto Cliente
   // actualizar su atributo identificadorCliente
   // durante su instanciación (ver constructor)
   private void setIdentificadorCliente(int identificadorCliente) {
       this.identificadorCliente = identificadorCliente;
   }
```

```
    // El constructor copia el contenido estático de contadorClientes
    // y a continuación lo incrementa (añade 1)
    public Cliente()    {
        // contadorClientes ha sido prefijado por Cliente.
        // para recordar que este atributo
        // se añade a un tipo y no a una instancia
        // (en el caso de una instancia, se utilizará this.
        // que veremos un poco más adelante)
        setIdentificadorCliente(Cliente.contadorClientes);
        Cliente.contadorClientes++;
    }
}
```

Observe que `contadorClientes` se define a `1` en la clase `Cliente`. Esta asignación se realiza únicamente durante la primera instanciación de la clase `Cliente`. La sección Constructores de este capítulo ofrece otro método que permite inicializar los atributos de tipo `static`, para que puedan recibir valores evaluados durante la ejecución, y no definidos durante la compilación.

Observe también que, cuando se accede a un dato `static`, es deseable prefijar el atributo por su tipo de pertenencia, apuntado como `Cliente.contadorClientes` en nuestro ejemplo. Durante la relectura del código, el desarrollador sabe inmediatamente que la variable es de tipo `static`. En el caso de un atributo añadido a una instancia, también se podría utilizar la notación `this` señalada que estudiaremos pronto.

3.4 Constructores

3.4.1 Etapas de la construcción de un objeto

Cuando un desarrollador quiere crear una instancia de su clase `Cliente`, utiliza la palabra clave `new`, seguida por el tipo `Cliente`.

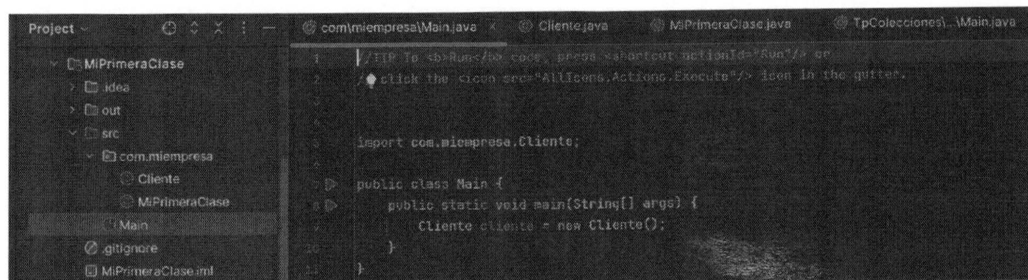

Observación

En nuestro ejemplo, las clases `Main` y `Cliente` no están en el mismo paquete. Para evitar tener que llamar a la ruta completa de acceso a Cliente, se declara la directiva import al inicio del código. Sin ella hubiera sido necesario definirlo de manera literal, antes de cada utilización de este tipo (ejemplo: com.miempresa.Cliente).

¿Qué sucede durante esta ejecución?

Concretamente, la máquina virtual Java:

- Solicita al sistema operativo un «fragmento» de memoria del tamaño de un objeto `Cliente`.
- Ejecuta el constructor de cada atributo definido en la clase, lo que provoca una inicialización por defecto (ejemplo: los valores numéricos están todos a 0 y las referencias se posicionan a nulo (no asignadas)).
- Busca si ha redefinido un «constructor» para esta clase `Cliente` y, si es el caso, lo ejecuta.
- Devuelve al programa que llama una referencia al objeto asignado nuevamente.

La segunda etapa, la instalación de los valores por defecto, es una buena mejora de C++, que se contenta con reportar el bloque «en bruto» asignado por el sistema operativo. Si el desarrollador olvida inicializar los atributos de su clase C++, entonces tendrá determinadas sorpresas durante la ejecución. Con Java, como con C#, esta fase de inicialización sistemática hace la implementación de un constructor sea prácticamente opcional, salvo si, por supuesto, se requiere una operación específica, como la asignación de un identificador para el cliente.

Sintaxis de declaración de un constructor

```
visibilidad NombreDeLaClase([argumentos]) {
    // Implementación
}
```

La sintaxis de un constructor empieza por la definición de su visibilidad, que puede ser:

- `public` para autorizar a todo el mundo a crear este tipo de objetos.
- `protected` para un acceso limitado a la clase, sus heredados y a todos los objetos del paquete que lo alberga.
- `<ninguna declaración>` para un acceso limitado a todos los objetos del paquete que lo aloja.
- `private` para prohibir la instanciación de este tipo. Desarrollaremos más adelante el interés de esta configuración, que puede parecer extraña a simple vista.

Al contrario de lo que sucede con un método «clásico», un constructor no define ningún tipo de retorno; por lo tanto, el nombre de la clase está inmediatamente después de la definición de su visibilidad, seguido por un paréntesis abierto y otro cerrado. A continuación, la operación del constructor se codifica entre paréntesis.

```
class Cliente {
   public Cliente (){
       //...
   }
}
```

3.4.2 Sobrecarga de constructores

Un constructor se puede sobrecargar, es decir, ofrecerse en varias versiones con argumentos diferentes. El compilador elegirá en función del código de llamada. Si no se encuentra ningún constructor, se producirá un error de compilación.

Si un constructor debe recibir argumentos, entonces se declararán entre paréntesis.

```
    class Cliente {
        public Cliente () {
            //...
        }
        public Cliente (String nombre, Boolean activo){
            //...
        }
}
```

Observación

Al contrario de lo que sucede con otros lenguajes orientados a objetos como C++ y C#, un constructor no puede ofrecer valores por defecto para sus argumentos.

Observación

Escribir un constructor sin argumentos no es una obligación. La mayor parte de las veces, los atributos se pueden inicializar directamente durante su declaración con valores adecuados y Java proporcionará un constructor por defecto, que será utilizado por todos los usuarios de su clase.

3.4.3 Encadenamiento de constructores

Un constructor puede llamar a otro constructor de la misma clase (y/o un constructor de una clase de base). De esta manera, es fácil encadenar una serie de operaciones para evitar cualquier redundancia de código.

Ejemplo que necesita este mecanismo de encadenamiento.

- Un primer constructor sin argumentos permite instanciar el objeto `Cliente` y generar su identificador único.
- Un segundo constructor permite instanciar el objeto `Cliente` y recuperar su nombre y su estado de cliente activo.

Problema: hay que hacer que la llamada del segundo constructor también genere un identificador.

Gracias a la secuencia `this()`, que debe figurar como primera instrucción en el cuerpo del constructor con argumentos, es posible llamar al constructor sin argumentos que genera el identificador.

```
package com.miempresa;

public class Cliente {

   private static int contadorClientes = 1;

   private int identificadorCliente;

   public int getIdentificadorCliente() {
       return identificadorCliente;
   }
   private void setIdentificadorCliente(int identificadorCliente) {
       this.identificadorCliente = identificadorCliente;
   }

   public Cliente()    {
       setIdentificadorCliente(Cliente.contadorClientes);
       Cliente.contadorClientes++;
   }

   String nombre;
   public String getNombre() {
       return nombre;
   }
   public void setNombre(String nombre) {
       this.nombre = nombre;
   }

   Boolean activo;
   public Boolean isActivo() {
       return activo;
   }
   public void setActivo(Boolean activo) {
       this.activo = activo;
   }

   // Constructor con argumentos
   public Cliente (String nombre, Boolean activo) {
```

```
        // Como siempre buscamos evitar
        // la redundancia de código, se va a encadenar
        // con el constructor "sin argumentos"
        // que va a asignar el identificador
        this();
        // Aquí la palabra clave this. se utiliza para
        // eliminar la ambigüedad entre la variable "nombre"
        // que se pasa como argumento y el atributo "nombre"
        // de la clase
        this.nombre = nombre;
        this.activo = activo;
    }

}
```

Este principio se puede extender a otro encadenamiento que acepte argumentos.

En el siguiente ejemplo, se ofrece un tercer constructor de cuatro argumentos. Su operación de llamada al segundo constructor tiene dos argumentos y él mismo llama al constructor sin argumentos.

```
     public Cliente (String nombre, String apellido
            , String empresa, Boolean activo) {
        // Encadenamiento sobre el constructor que tiene
        // el nombre y el estado activo
        // y que él mismo llama al constructor
        // sin argumentos
        this(nombre, activo);
        this.apellido = apellido;
        this.empresa = empresa;
    }
    private String apellido;
    public String getApellido() {
        return apellido;
    }
    public void setApellido(String apellido) {
        this.apellido = apellido;
    }

    private String empresa;
    public String getEmpresa() {
        return empresa;
    }
    public void setEmpresa(String empresa) {
        this.empresa = empresa;
    }
```

Desde el punto de vista del usuario de la clase `Cliente`, la instanciación es muy sencilla:

```
package com.miempresa;

public class MiPrograma {

    public static void main(String[] args) {

        // Inicio de las operaciones
        Cliente c = new Cliente("Antonio", "Lara", "Lara S.L.",
true);
        // ...continuación de las operaciones
    }
}
```

Observación

Dos constructores no pueden tener los mismos tipos de argumentos porque el compilador no los podría diferenciar. Ejemplo: el constructor `Cliente(String nombre)` *no puede coexistir con el constructor* `Cliente(String empresa)` *porque esperan exactamente el mismo tipo en sus «prototipos».*

3.4.4 El inicializador static

Es posible definir una serie de operaciones añadidas a un tipo (y no a una instancia) que se ejecuten todas juntas durante la primera instanciación de uno de sus objetos. Concretamente, si retomamos el ejemplo anterior de nuestra clase `Cliente`, podríamos querer que el atributo `contadorClientes` no empiece por 1, sino por el valor que tuviera durante la última utilización del programa. Para esto podemos usar el inicializador `static`.

```
public class Cliente {
 static {
    // Tratamientos
 }
 // continuación de la clase Cliente
}
```

Las operaciones realizadas entre los paréntesis que siguen a la palabra clave `static` solo podrán inicializar datos de tipo static de la clase, pero con valores evaluados o calculados durante la ejecución (frente a valores fijados durante la compilación).

El siguiente extracto de código muestra la inicialización del contador de clientes en 2000, usando el inicializador `static`.

```
package com.miempresa;

public class Cliente {

    private static int contadorClientes;
    static
    {
        // Las operaciones aquí se lanzarán
        // una única vez durante la vida del programa
        // Solo pueden afectar a los atributos
        // y métodos de tipo static
        contadorClientes = LeeNombreDeClientes();
    }

    public static int LeeNombreDeClientes()
    {
        // Imaginemos aquí una lectura
        // en la base de datos
        return 2000;
    }
}
```

3.4.5 El inicializador dinámico

Es posible definir una serie de operaciones ejecutadas durante la instanciación de un objeto. Esta sintaxis puede reemplazar eficazmente al constructor sin argumentos de nuestra clase `Cliente` porque siempre se llamará. Ventaja: si redefinimos un constructor con argumentos, no hay necesidad de encadenamiento hacia el código del inicializador dinámico.

De hecho, las operaciones del inicializador dinámico están entre dos llaves, más habitualmente justo después de la llave abierta de la definición de la clase `Cliente`.

```
public class Cliente {
 {
     // Tratamientos
 inicializador dinámico
}
 // continuación de la clase Cliente
}
```

Entonces, el código de nuestra clase `Cliente` se convierte en:

```
package com.miempresa;

public class Cliente {

    private static int contadorClientes;
    // Inicializador static **********************
    static
    {
        // Las operaciones aquí se lanzarán
        // una única vez durante la vida del programa
        // Solo pueden afectar a los atributos
        // y métodos de tipo static
        contadorClientes = LeeNombreDeClientes();
    }

    public static int LeeNombreDeClientes()
    {
        // Imaginemos aquí una lectura
        // en la base de datos
        return 2000;
    }

    // Inicializador dinámico **********************
    {
        // Las operaciones aquí se lanzarán
        // durante cada instanciación del objeto
        // sea cual sea el constuctor al que se llame
        setIdentificadorCliente(Cliente.contadorClientes);
        Cliente.contadorClientes++;
    }

    // Constructor con argumentos
    public Cliente (String nombre, Boolean activo) {
        this.nombre = nombre;
        this.activo = activo;
    }
```

```
    public Cliente (String nombre, String apellido
            , String empresa, Boolean activo) {
        // Encadenamiento sobre el constructor
        // que toma el nombre y el estado activo
        this(nombre, activo);
        this.apellido = apellido;
        this.empresa = empresa;
    }

    //...
}
```

3.4.6 Los constructores de tipo private

¿Para qué puede servir una clase cuyo constructor es privado?

Cuando el constructor es privado y por lo tanto no accesible por el usuario de la clase, sirve para prohibir su instanciación directa con un `new`.

Pero ¿con qué objetivo?

Porque esta clase quiere administrar ella misma su instanciación en la aplicación para, por ejemplo, poder estar solo una única vez en memoria.

Observación

Este método es un patrón de diseño (design pattern), más conocido con el nombre de singleton.

El acceso a esta clase de instanciación tan particular se realiza por medio de un método de tipo `static`, generalmente llamado `getinstance` y que se encarga de instanciar el objeto durante su primera llamada.

Ejemplo de clase de tipo singleton

```
package com.miempresa;

// La clase "singleton"
public class ClaseParaInstanciaUnica {
   // El constructor es privado para prohibir
   // un new ClaseParaInstanciaUnica() externa
   private ClaseParaInstanciaUnica() {
   }
   // Atributo privado que contiene una referencia
   // a un objeto de tipo... ClaseParaInstanciaUnica
   private static ClaseParaInstanciaUnica
                       instanciaUnica = null;

   // Método de tipo public static
   // encargado de crear "de una vez por todas"
   // una instancia de ClaseParaInstanciaUnica
   public static ClaseParaInstanciaUnica getInstance()
   {
     if (ClaseParaInstanciaUnica.instanciaUnica == null)
     {
       ClaseParaInstanciaUnica.instanciaUnica
             = new ClaseParaInstanciaUnica();
     }
     return instanciaUnica;
   }
   // Atributo instanciado de tipo String
   public String miCadena="";
   public String getMiCadena() {
       return miCadena;
   }
   public void setMiCadena(String miCadena) {
       this.miCadena = miCadena;
   }

   // Método que actúa sobre la propiedad instanciada
   public void AccionSobreInstanciaUnica(String aAgregar)
   {
     this.miCadena += aAgregar;
   }

   // Método que muestra el contenido de la propiedad instanciada
   @Override
   public String toString() {
       return "ClaseParaInstanciaUnica{" + "miCadena=" +
miCadena + '}';
   }
}
```

Ejemplo de utilización de esta clase singleton

```
package com.miempresa;

public class MiPrograma {

   public static void main(String[] args) {


   // La primera llamada a ClaseParaInstanciaUnica.getInstance()
   // va automáticamente a crear la instancia
   ClaseParaInstanciaUnica claseParaInstanciaUnica
     = ClaseParaInstanciaUnica.getInstance();
   claseParaInstanciaUnica.AccionSobreInstanciaUnica("Hello ");

   // Las siguientes llamadas solo devuelven
   // la referencia única del objeto ClaseParaInstanciaUnica
   ClaseParaInstanciaUnica claseParaInstanciaUnica2
     = ClaseParaInstanciaUnica.getInstance();
   claseParaInstanciaUnica2.AccionSobreInstanciaUnica("World");

   // getInstance()también se puede utilizar
   // directamente en una línea de código
   System.out.println(
     ClaseParaInstanciaUnica.getInstance().toString());

   }
}
```

Salida por la consola correspondiente

```
ClaseParaInstanciaUnica{miCadena=Hello World}
```

El caso de uso clásico de un singleton es la clase central de log, que es muy útil para desarrollar un programa que contiene varias instancias. Cada método que necesite guardar información de la puesta a punto, usará el método `getInstance` de esa clase para agruparla en un solo archivo.

3.4.7 El «builder pattern»

Si la clase contiene un número importante de atributos para inicializar, la lista de constructores sobrecargados corre el riesgo de ser larga de escribir, provocando finalmente una flexibilidad de utilización reducida.

Existe otra forma de constructor que se puede invocar en lenguaje Java: el `builder pattern`.

El `builder pattern` consiste en utilizar una clase de fábrica, que va a crear una instancia de la clase final, con los atributos adecuados. El usuario de la clase de fábrica podrá pasar los argumentos en el orden que quiera y, si omite algunos, entonces se podrán utilizar sus valores predeterminados.

Veamos todo esto con nuestra clase `Cliente` y su `ClienteBuilder` asociada:

```
package demobuilderpattern;

// Una clase Cliente
class Cliente{

   // Una lista de atributos privados
   private Boolean clienteActivo;
   private int numero;
   private String nombre;
   private String apellido;
   private String empresa;

   // Es necesario un constructor que permite
   // rellenar TODOS los atributos
   public Cliente(   Boolean clienteActivo,
                    int numero, String nombre,
                    String apellido, String empresa){
       this.clienteActivo = clienteActivo;
       this.numero = numero;
       this.nombre = nombre;
       this.apellido = apellido;
       this.empresa = empresa;
   }
}

// Una clase "de fábrica" de objetos cliente
```

```
class ClienteBuilder {

    // Una lista de atributos privados
    // de mismos tipos que en Cliente
    // con valores por defecto
    private Boolean isClienteActivo = true;
    private int suNumero = -1;
    private String suNombre;
    private String suApellido;
    private String suEmpresa;


    // Un juego de métodos que tiene
    // los mismos nombres que los atributos
    // de Cliente para más legibilidad
    public ClienteBuilder clienteActivo(Boolean isClienteActivo) {
        this.isClienteActivo = isClienteActivo;
        return this;
    }
    public ClienteBuilder numero(int suNumero) {
        this.suNumero = suNumero;
        return this;
    }
    public ClienteBuilder nombre(String suNombre) {
        this.suNombre = suNombre;
        return this;
    }
    public ClienteBuilder apellido(String suApellido) {
        this.suApellido = suApellido;
        return this;
    }
    public ClienteBuilder empresa(String suEmpresa) {
        this.suEmpresa = suEmpresa;
        return this;
    }

    // Para terminar un método global de construcción
    // de un objeto Cliente con todos los argumentos
    public Cliente buildCliente() {
        return new Cliente(  isClienteActivo,
                             suNumero, suNombre,
                             suApellido, suEmpresa);
    }
}
```

```
public class DemoBuilderPattern {

   public static void main(String[] args) {
       // Utilización del ClienteBuilder
       // para crear un cliente
       Cliente miCliente
               = new ClienteBuilder()
                       .clienteActivo(Boolean.TRUE)
                       .numero(456)
                       .nombre("Andrés")
                       .apellido("Lara")
                       .empresa("ENI")
                       .buildCliente();
   }
}
```

La sintaxis final desde el punto de vista del usuario para crear una instancia de una clase cliente es realmente sencilla y amigable. Observe que vale cualquier orden de llamada de los métodos de configuración de los atributos. En contraposición, es necesario que la llamada a `buildClient` termine la secuencia. Como se ha indicado antes, observe también que `ClientBuilder` contiene valores por defecto para cada atributo del cliente. Esto quiere decir que, si el usuario no indica otra cosa, estos serán los valores que se utilizarán. Veremos un poco más lejos la utilidad de la palabra clave `this`.

El modo de instanciación de objetos por el uso del `builder Pattern` ofrece al lenguaje Java una funcionalidad similar a la de los inicializadores de objetos de C# y a los constructores con argumentos por defecto de C++.

3.5 Destructores

El destructor es el método de la clase que llama la máquina virtual Java, justo antes de la desasignación del objeto. También se habla de «finalización» del objeto y el código se aloja en un método opcional llamado `finalize`.

En C++, el desarrollador destruye él mismo los objetos que él ha asignado (es decir, asignados por un *new*) cuando ya no los necesita llamando al método `delete`. Controla en qué momento se llama al destructor y está muy bien siempre que no se olvide llamarlo.

Tanto en Java como en C#, es el *garbage collector* el que administra este trabajo y por lo tanto, el desarrollador ya no es responsable de esta tarea, lo que significa que pierde el control del momento de la destrucción.

Observación

Regla de oro: no piense nunca en los destructores para ubicar operaciones que dependan de la lógica de ejecución de su programa.

Si un código de «limpieza» se debe ejecutar sistemática y rápidamente al final de la utilización de una instancia, es muy aconsejable exponerlo en un método de tipo public comúnmente llamado `close` o `dispose` o incluso `cancel`.

Si el usuario de la clase es concienzudo y va a llamar a este método `close` al final de la utilización, entonces la limpieza de su objeto se ejecutará en el momento correcto.

Sin embargo, debe prever el caso en el que el usuario olvide llamar a su método `close`. Entonces tiene dos soluciones:

- no hacer nada... Esto puede provocar fugas de memoria y el desarrollador entenderá, después de la investigación, que ha olvidado llamar a su método `close`,
- implementar un código de limpieza si puede en el método `finalize`. Cuando la máquina virtual Java haya entendido que el objeto ya no se utiliza más y por lo tanto nadie lo referencia, llamará a su método `finalize` antes de la desasignación definitiva del objeto. Atención, el sencillo hecho de declarar un método `finalize` va a ralentizar la destrucción del objeto porque la operación se va a realizar en un flujo con prioridad débil (más adelante abordaremos la noción de thread y, por lo tanto, de flujo de ejecución).

Observación

Destructores y métodos close son opcionales. Se deben implementar si el objeto ha utilizado recursos de sistema (como un acceso a la base de datos) o si se ha realizado la actualización de atributos de tipo static.

Un `finalize` es único en una clase; es de tipo `protected`, no recibe ningún argumento y no devuelve nada.

Sintaxis de un finalize

```
protected void finalize(){
    //...
};
```

Si su clase se hereda de otra clase (por lo tanto, extiende otra clase) y ha implementado un `finalize`, entonces debe pensar en «encadenarlo» al `finalize` de la clase madre llamando a `super.finalize();` (volveremos más adelante sobre la sintaxis de comunicación entre la clase heredada y la clase madre).

Desde el punto de vista del usuario de una clase que debe realizar operaciones específicas al final de la explotación, la mejor sintaxis es la del `try-finally`, que estudiaremos en la sección dedicada a las excepciones. En pocas palabras, esta sintaxis es perfecta si la duración del ciclo de vida del objeto en cuestión se limita a un método. Entonces, el desarrollador instancia el objeto, a continuación en un bloque `try` pide la ejecución de una operación de este objeto y después, en el bloque `finally`, llama a su método de limpieza (`close` por ejemplo). El contenido del bloque `finally` siempre se ejecuta, incluso si la operación dentro del `try` es incorrecta. Por lo tanto, es el lugar ideal para llamar a un código de limpieza.

Para ilustrar esta sección, a continuación se muestra el código de una clase que implementa los métodos `Close` y `finalize`.

```
Package democlosefinalize;

class MiClase {
// Contador static (por lo tanto, común a todas las instancias)
   private static int numeroInstancias = 0;

   // Su descriptor de acceso
   public static int getNombreInstancias() {
       return MiClase.numeroInstancias;
   }

   // El constructor de instancia
   public MiClase(){
```

```
        // Incrementa el contador estático
        MiClase.numeroInstancias++;
        // Si es la primera instancia
        // entonces la lógica de negocio de esta clase
        // quiere que se abra un archivo.
        if( MiClase.getNombreInstancias() == 1) {
            AperturaArchivo();
        }
        // else
        // Si por el contrario no es la primera instancia,
        // entonces el archivo ya está abierto
        // y por lo tanto todas las instancias (entre ellas esta)
        // lo podrá utilizar
    }

    public void MiTrabajo(){
        // Aquí se utiliza la instancia de la clase
        // para hacer las operaciones que van a
        // utilizar el archivo común a todos
        //...
    }

    // El desarrollador atento llamará
    // al método Close() cuando haya terminado
    // de utilizar la instancia de la clase
    public void Close(){
        // Empieza a decrementar el contador de instancia
        MiClase.numeroInstancias--;
        if( MiClase.getNombreInstancias() == 0 ){
            // Si este contador llega a cero
            // entonces el archivo se debe cerrar.
            CierreArchivo();
        }
    }

    // Si, por el contrario, el desarrollador ha olvidado llamar
    // el método Close, entonces de todas formas vamos a
    // volver a cerrar el archivo durante el finalize.
    // Atención: no sabemos CUÁNDO este método
    // se llamará por el garbage collector
    @Override
    protected void finalize() throws Throwable {

        // Si el desarrollador ha olvidado llamar al método
```

```
        // Close entonces el archivo permanece abierto.
        if( MiClase.isArchivoAbierto() ){
            CierreArchivo();
        }

        // Llamada del finalize del padre
        // En nuestro caso el de Object...
        // que no hace gran cosa.
        super.finalize();
    }


    // Atributo que memoriza la apertura o no del archivo
    private static boolean archivoAbierto = false;

    // Su descriptor de acceso
    public static boolean isArchivoAbierto() {
        return MiClase.archivoAbierto;
    }

    // Inicio de las operaciones: apertura
    private void AperturaArchivo() {
        //...
        MiClase.archivoAbierto = true;
    }

    // Fin de las operaciones: cierre
    private void CierreArchivo() {
        //...
        MiClase.archivoAbierto = false;
    }

}
```

Utilización correcta de *MiClase*:

```
public class DemoCloseFinalize {

    public static void main(String[] args) {

        // Instanciación de un objeto MiClase
        MiClase miClase = new MiClase();
        // Aquí miClase ha abierto el archivo
```

```
        try{
            // Explotación miClase
            miClase.MiTrabajo();
        }
        finally{
            // Sea cual sea el resultado de MiTrabajo
            // se llamará esta porción de código
            // y por lo tanto nos beneficiamos de la llamada
            // al método de "limpieza"
            miClase.Close();
        }
    }
}
```

3.6 La palabra clave this y sus virtudes

Ya hemos utilizado el `this` varias veces y es momento de indicar un poco más su sentido.

En Java (como en C# y C++), se ofrece la palabra clave `this` para referenciar **la instancia de la clase actual** en un método o un constructor.

Atención, tanto en Java como en C#, `this` se utiliza con un puntero para acceder a los miembros (`this.identificador = 523`). En C++ se utiliza con una flecha (`this->m_identificador = 523;`) porque es un puntero.

IntelliJ IDEA nos ayuda en la redacción de nuestro código; el sencillo hecho de indicar `this` en un método de la clase invoca al asistente que ofrece todos los miembros asociados a la instancia.

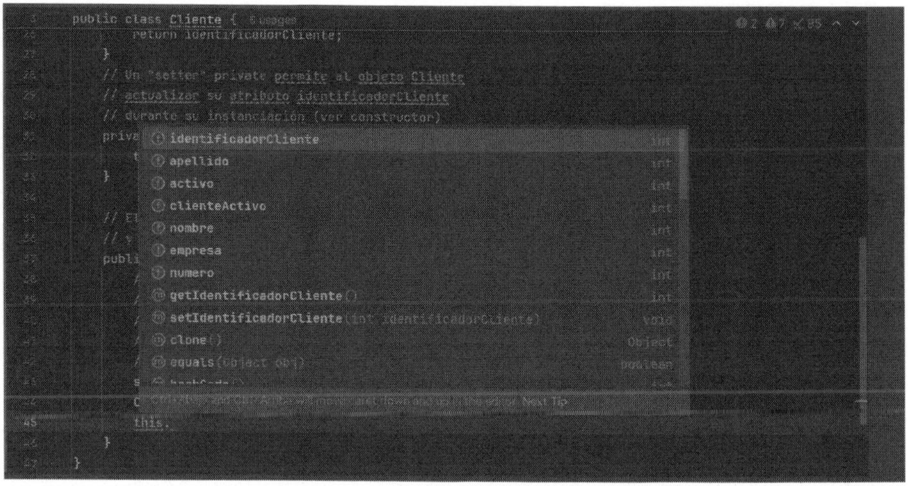

La utilización del `this` normalmente es opcional y algunas veces puede complicar la lectura del código.

```
public String getNombre()
{
    return this.nombre;
    // equivale a:
    return nombre;
}
```

A pesar de todo, si una clase contiene miembros de tipo `static` –por lo tanto, miembros asociados al tipo de la clase y no a su instancia– entonces la utilización del `this` puede permitir una mejor comprensión del código.

En el siguiente extracto se ve muy claramente que el miembro asociado a la instancia de la clase `Cliente` es `identificadorCliente` y que el miembro asociado al tipo `Cliente` es `contadorClientes`.

```
public Cliente()
{
    this.identificadorCliente = Cliente.contadorClientes;
    Cliente.contadorClientes++;
}
```

La utilización de `this.` puede evitar ambigüedades cuando los nombres de las variables y de los atributos son idénticos.

En el siguiente extracto de código, se han seleccionado nombres comunes para los atributos y los argumentos asociados del constructor. La utilización de `this` permite evitar la ambigüedad entre argumentos del constructor y atributos de la clase.

```
private String direccion;
private String codigoPostal;
private String ciudad;
private String pais;

public Cliente(String nombre, boolean activo, String direccion,
               String codigoPostal, String ciudad, String pais)
{
    this.direccion = direccion;
    this.codidoPostal = codigoPostal;
    this.ciudad = ciudad;
    this.pais = pais;
}
```

Hemos visto más atrás que `this` también permite encadenar constructores del mismo nivel y evitar la duplicación de código. El siguiente extracto de código muestra este uso para realizar el encadenamiento entre tres constructores.

```
public  Cliente () {
     // Las operaciones aquí se lanzarán
     // en cada instanciación de objeto
     setIdentificadorCliente(Cliente.contadorClientes);
     Cliente.contadorClientes++;
 }

 // Constructor con argumentos
 public Cliente (String nombre, Boolean activo) {
     this(); //llama al constructor sin argumentos
     this.nombre = nombre;
     this.activo = activo;

 }

 public Cliente (String nombre, String apellido
         , String empresa, Boolean activo) {
     // Encadenamiento en el constructor
     // que tiene el nombre y el estado activo
     // y que, él mismo, llama al constructor
     // sin argumentos
     this(nombre, activo);
```

```
        this.apellido = apellido;
        this.empresa = empresa;
    }
```

Durante el siguiente uso de la clase `Cliente`:

```
Cliente c1 =
new Cliente("Antonio", "Lara", "Lara S.L.", true);
```

El encadenamiento hace que sea el código de `Cliente()` el que se ejecute en primer lugar, después, el de `Cliente(String nombre, bool activo)` y para terminar `Cliente(String nombre, String apellido, String empresa, Boolean activo)`.

3.7 Métodos

Ya lo hemos implementado alguna vez y, por lo tanto, adivinamos que los métodos contienen las operaciones y comportamientos de una clase. Se trata de las porciones de programas ejecutados por el propio objeto de manera interna o desde otros objetos con los permisos necesarios. Cualquier método, incluido `main`, que es el punto de entrada de la aplicación, forma parte de una clase.

3.7.1 Declaración

Sintaxis de un método

```
[Atributo visibilidad][Modificador]<tipo de retorno><Nombre>([tipo
param], [tipo param2],...)<throws excepción1, excepción2>{
   <Código>;
   < Código >;
   //...
}
```

Los atributos de visibilidad

Como sucede con el resto de los miembros de la clase, los métodos generalmente están precedidos por un atributo de visibilidad:

- `public` para permitir a todo el mundo utilizar el método.
- `protected` para un acceso limitado a la clase, sus heredados y a todos los objetos del paquete que aloja.

– `private` para que el método se utilice únicamente de manera interna por el objeto o por una segunda instancia de un objeto del mismo tipo.

Observación

Si no se ha definido ningún atributo, entonces el método será accesible para todos los objetos del paquete que lo contienen.

Los modificadores opcionales

Después del atributo de visibilidad, se puede definir un modificador.

El modificador `static` declara el método como adjunto a un tipo y no a un objeto. Ya hemos abordado esta noción para los atributos y es el mismo principio para los métodos. Generalmente, el desarrollador reúne en un juego de métodos de tipo `static` las operaciones que no justifican la instanciación de un objeto, sino que se recogen en una clase «temática». En pocas palabras, se van a crear métodos de tipo `static` tan pronto como no haya ninguna información para memorizar entre dos llamadas. Por ejemplo, una clase `Calcula` podrá ofrecer un juego de métodos de tipo `static` que recoge los argumentos de sus operaciones como argumentos y devuelve directamente el resultado.

Si no es necesario ningún atributo para las operaciones y los métodos, se agrupan bajo la declaración de una clase con el nombre `Calcula`.

Una clase también puede mezclar métodos «dinámicos» (adjuntos a una instancia) y métodos de tipo *static*. Los métodos dinámicos pueden acceder a los miembros de tipo *static*, pero no a la inversa. Los métodos de tipo *static* solo podrán utilizar los miembros de tipo *static* de la clase.

Java ofrece los modificadores `abstract` y `final` para influir en las reglas de herencia. Estos modificadores se estudiarán en el capítulo dedicado a la herencia.

El tipo de retorno

El tipo de retorno del método se define después del (eventual) modificador o atributo de visibilidad. Este retorno puede ser:

- la palabra clave `void` para indicar que el método no devuelve nada,
- un tipo primitivo (un `int` por ejemplo),
- un tipo que pertenece a la familia de referencia (una referencia a una clase `Cliente` por ejemplo).

En este último caso, un objeto instanciado en el cuerpo del método puede seguir a la ejecución de este método (paréntesis cerrado del método) si su referencia se devuelve para ser copiado y explotado por el código que llama.

El nombre del método

A continuación, se declara el nombre del método. Las reglas son las mismas que para los nombres de atributos, a saber, empiezan por una letra o por un guion bajo (_). A continuación, puede contener letras, cifras y guiones bajos. Evite utilizar los caracteres acentuados y, si su definición contiene varias palabras, opte entonces para el formato `PascalCase`, por ejemplo: `MostrarColeccion`. De una manera general, siempre es preferible los nombres de métodos explícitos, que hagan referencia a sus funciones en su clase. Los nombres extendidos no son un problema gracias al asistente para la escritura. Por lo tanto, evite nombres genéricos como `Funcion1` o `MetodoBis`...

Los argumentos del método

Después de que se declare el nombre, los argumentos del método se declaran entre paréntesis. Incluso si el método no recibe ningún argumento, hay que añadir un paréntesis de apertura y otro de cierre.

```
boolean ExportaEnContabilidad(){
//...}
```

Si el método espera argumentos, entonces se definen después del paréntesis de apertura como una lista de parejas `tipo/nombre`, separados por comillas.

Durante la utilización del método, el código que llama pasará los argumentos. El tipo de los argumentos se deberá corresponder con los tipos de los argumentos esperados en el método. Los nombres, por el contrario, podrán ser diferentes, como se puede comprobar en el siguiente extracto de código, con una variable de tipo `double` llamada `radio` como argumento y una variable de tipo `double` llamada `r` como argumento del método `Perímetro`.

```
package com.miempresa;

class Calcula {
    public double Perimetro(double r)
    {
        return 3.14 * r * 2;
    }
}

public class MiPrograma {

    public static void main(String[] args) {

        Calcula c = new Calcula();
        double radio = 2.3;
        // La variable radio se pasa como argumento
        // aunque el método espere una variable
        // llamada r... Es el tipo de la variable
        // que se pasa y no su nombre lo que cuenta para
        // no provocar errores en el compilador.
        double perimetro = c.Perimetro(radio);
        System.out.println("perimetro=" + perimetro);
    }
}
```

Lista de posibles excepciones

Vamos a estudiar un poco más adelante el principio de las excepciones. En resumen, cuando se utiliza en la definición del método la cláusula `throws` con una lista de excepciones, esto quiere decir que el usuario del método debe esperar a tener ejecuciones que se detengan repentinamente, como consecuencia de funcionamientos incorrectos «excepcionales». Por supuesto, aquí nos encontramos más allá de un código de error devuelto por la función; realmente se trata de un salto en la ejecución, desde el método que provoca el problema en otro flujo a la búsqueda de una operación adecuada. Estudiaremos esto en la sección Mecanismo de las excepciones.

Las instrucciones del método

Después del paréntesis de cierre en la definición de los argumentos o después de eventuales declaraciones de excepciones, empieza la implementación del código. Esta vez, es una llave de apertura la que precede a la operación y una llave de cierre el que la termina. Cada línea de la operación se debe terminar por un punto y coma. La instrucción `return` con o sin argumentos de retorno permite finalizar la ejecución del método en cualquier sitio. En C/C++ es muy aconsejable tener solo un único punto de retorno por método, evitando olvidar liberar los bloques de memoria creados. En Java y en C#, gracias al garbage collector, el problema ya no se presenta; podemos colocar los returns donde queramos. Si no hay ningún `return` definido, la ejecución va a la llave de cierre.

3.7.2 Paso de argumentos por valor

En determinados lenguajes, existen dos modos para pasar argumentos a un método: el modo de paso por valor (el más frecuente) y el modo de paso por referencia. El primero hace una copia del argumento y, por lo tanto, cualquier modificación dentro del método no tiene incidencia sobre el dato original. El segundo pasa la dirección del argumento y, en este caso, el método interviene directamente sobre el original. Normalmente hay confusión entre estos dos modos de paso de argumentos.

Observación

Con el lenguaje Java, las cosas son más sencillas porque los argumentos siempre se pasan por valor.

Hay que entender bien las diferencias que puede haber en función de los tipos de los argumentos que se pasan.

Recordemos que en Java hay dos tipos de datos:

- los tipos primitivos (enteros, booleanos, caracteres, etc.),
- los tipos por referencia (instancias de clase).

Cuando un método recibe como argumento un tipo primitivo, se realiza una copia en una variable local al método.

El siguiente extracto de código muestra y comenta el paso de un argumento entero por valor.

```
package com.miempresa;

public class MiPrograma {

public static void main(String[] args) {
        int contador1 = 10;
        System.out.println("contador1 antes de la llamada: "
                + contador1);
        // Durante la llamada a PasoValorPorValor
        // se realiza una copia de contador1
        PasoValorPorValor(contador1);
        // Aquí contador1 siempre vale diez
        // y la copia ha desaparecido
        System.out.println("contador1 después de la llamada: "
                + contador1);
}
// La variable i es local al método
// Es la copia de contador1
static void PasoValorPorValor(int i) {
// En la entrada del método i vale diez
    System.out.println("i en la entrada del método: " + i);
    // Podemos modificarlo cin incidencia sobre
    // contador1 i
    = 0;
    System.out.println("i en la salida del método: " + i);
}   // i va a desaparecer aquí... snif
}
```

Salida por la consola:

```
Contador1 antes de la llamada: 10
i en la entrada del método: 10
i en la salida del método: 0
contador1 después de la llamada: 10
```

La copia de un tipo por valor genera otro valor, es decir, una nueva entrada en la memoria temporal de tipo pila (*stack*). Las modificaciones añadidas a la copia no tienen consecuencia sobre el valor inicial.

Para modificar el original, una primera solución consistiría en devolver la copia desde el método y, a continuación, sustituir el valor original en el cuerpo principal, como en el siguiente código.

```
package com.misociedad;

import java.util.Random;

public class MiPrograma {

    public static void main(String[] args) {
      int contador2 = 10;
      System.out.println("contador2 antes de la llamada: "
              + contador2);
      // Durante la llamada a PasoValorPorValor
      // se hace una una copia de contador2
      // Entorno al método el contenido
      // de contador2 se modifica
      contador2 = PasoValorPorValorYRetornoDelResultado(contador2);
      System.out.println("contador2 después de la llamada: "
              + contador2);
    }

// La variable i es local al método
// Es la copia de contador2
static int PasoValorPorValorYRetornoDelResultado(int i) {
    // En la entrada en el método i vale diez
    System.out.println("i en la entrada del método: " + i);
    // Podemos modificar sin incidencia sobre
    // contador2
    i = 0;
    System.out.println("i en la salida del método: " + i);
    return i;
    }   // el contenido de i sobrevive porque se devuelve
}
```

Salida por la consola:

```
contador2 antes de la llamada: 10
i en la entrada del método: 10
i en la salida del método: 0
contador2 después de la llamada: 0
```

Esta solución es la más utilizada cuando el método solo debe devolver un único argumento. Si, por ejemplo, desea devolver el resultado de un cálculo y un código de error, esta sintaxis no es conveniente.

La segunda solución consiste en crear una clase para encapsular el tipo primitivo en un objeto. ¿Qué sucede en este caso concreto? Un objeto de tipo por referencia tiene su propia zona de memoria en la pila, que contiene sus miembros y una referencia a esta zona registrada en una variable tipada inscrita en la pila (*stack*).

Cuando se ejecuta:

```
MiClase mc = new MiClase();
```

Tenemos dos partes:

- un objeto de tipo `MiClase` que se encuentra en el *heap*,
- la variable `mc`, esta vez escrita en el *stack*, que referencia a la instancia del objeto `MiClase` en el *heap*.

El desarrollador C++ rápidamente hará la analogía entre el bloque asignado en memoria y su puntero.

Como hemos visto con anterioridad, un paso por valor implica una copia del argumento. Si el método espera un objeto de tipo por referencia, el mecanismo de llamada va a duplicar esta referencia y la va a pasar al método. Pero como esta referencia duplicada apunta al mismo objeto, entonces el método llamado tendrá acceso al objeto original. El siguiente extracto de código ilustra esta explicación:

```
package com.miempresa.miempresa;

   class MiClaseDePrueba {
       private int miInt;

       public int getMiInt() {
           return miInt;
       }
       public void setMiInt(int miInt) {
           this.miInt = miInt;
       }

       public MiClaseDePrueba(int miInt) {
           setMiInt(miInt);
```

```
        }

        // Muestra la referencia en el heap
        // y el valor de la propiedad miInt
        public String ToString()
        {
            return "Ref:" + this.hashCode()
                + " MiInt:" + this.miInt;
        }
    }


          }
     }

       // La variable m es local al método
       // y es una copia de mc (ver más abajo Execute() )
       static void PasoValorPorValor(MiClaseDePrueba m) {
         // En la enrada en el método m.miInt vale diez
         System.out.println(
           "m en la entrada del método: " + m.ToString());

         m.setMiInt(0);
         System.out.println(
           "m en la salida del método: " + m.ToString());
       }
package com.miempresa;
    public class MiPrograma {
      public static void Main(String[])

        // Instanciación de un objeto MiClaseDePrueba
        // con inicialización de su propiedad miInt a diez
        MiClaseDePrueba mc = new MiClaseDePrueba(10);
        // Visualización en la consola
        System.out.println(
          "mc antes de a llamada: "+ mc.ToString());

        // Durante la llamada a PasoValorPorValor
        // se crea una copia de la referencia mc
        // en el stack
        t.PasoValorPorValor(mc);

        // Aquí mc.miInt vale ahora cero
        // porque la copia de mc hace referencia
        // al mismo objeto en el heap.
        System.out.println(
          "mc después de la llamada: " + mc.ToString());
      }
    }
```

Salida por la consola:

```
mc antes de la llamada: Ref:1288110412 MiInt:10
m en la entrada al método: Ref:1288110412 MiInt:10
m en la salida al método: Ref:1288110412 MiInt:0
mc después de la llamada: Ref:1288110412 MiInt:0
```

Observe que `object.hashCode()` devuelve la referencia al objeto en memoria *heap*. Durante todos los intercambios, esta referencia permanece inalterable (`Ref:1288110412`), lo que prueba que se accede a la misma zona de memoria.

Observación

En lenguaje Java, al igual que en C, C++ y C#, los argumentos de un método son variables locales al método obtenido por copia de los datos que se pasan en la llamada.

Cuando un método recibe un argumento de tipo primitivo, entonces trabaja en una copia de la variable pasada por la llamada.

Cuando un método recibe un argumento de tipo por referencia, entonces trabaja con una copia de la referencia que se pasa por la llamada. Copia y original referencian al mismo objeto. Por lo tanto, el método trabaja directamente sobre el objeto de la llamada Y NO SOBRE UNA COPIA.

¿Por qué todos los métodos utilizados en este párrafo son de tipo `static`?

Durante estas demostraciones, se utilizó la clase `MiPrograma` y todas las pruebas se iniciaron desde su método `Main`. Dado que este método es de tipo `static`, solo puede llamar a métodos del mismo tipo.

Observación

***Duración del ciclo de vida de los parámetros**: los parámetros que se pasan a un método, forman parte del método. Como hemos visto, durante la llamada, Java crea copias de los parámetros que se pasan y las asocia con el método. Por lo tanto, sus ciclos de vida terminarán al final de la ejecución de este método, que finaliza con una cierre.*

3.8 Sobrecarga de métodos

Como sucede con sus constructores, una clase puede ofrecer varios métodos con el mismo nombre, pero con argumentos diferentes. Esta posibilidad permite adaptar el mismo «verbo» (nombre del método) a diferentes circunstancias.

El siguiente extracto de código muestra un ejemplo de sobrecarga (*overloading*) del método `Perimetro`, presentado aquí en tres versiones.

```
package com.miempresa;

class Calcula {
   // Método dedicado rectángulo
   public double Perimetro(double longitud,
        double altura)    {
        return 2 * longitud + 2 * altura;
   }
   // Método dedicado triángulo
   public double Perimetro(double lado1,
        double lado2, double lado3)    {
        return lado1 + lado2 + lado3;
   }
   // Método dedicado círculo
   public double Perimetro(double radio)    {
        return 3.14 * radio * 2;
   }
}

public class MiPrograma {
   public static void main(String[] args) {

        Calcula c = new Calcula();
        double perimetro = 0;

        // Calcula el perímetro de un círculo
        double radio = 2.3;
        perimetro = c.Perimetro(radio);
        // Calcula el perímetro de un triángulo
        double c1 = 2, c2 = 10, c3 = 5;
        perimetro = c.Perimetro(c1, c2, c3);
        // Calcula el perímetro de un rectángulo
        double longitud = 10, altura = 13;
        perimetro = c.Perimetro(longitud, altura);

   }
}
```

Es el compilador el que decide, en función de los argumentos que se pasan, el método al que se debe llamar. Para esto, necesariamente las «firmas» de los métodos deben ser diferentes. En el caso de la sobrecarga, la firma del método incluye su nombre, sus argumentos, pero no su tipo de retorno.

Por ejemplo, el siguiente extracto de código es incorrecto.

```
public double Perimetro(double radio) {
   return 3.14 * radio * 2;
}

public double Perimetro(double  diametro) {
   return 3.14 *  diametro;
}
```

El compilador devuelve el error «el método `Perimetro (double)` ya se ha definido en la clase `Calcula`»:

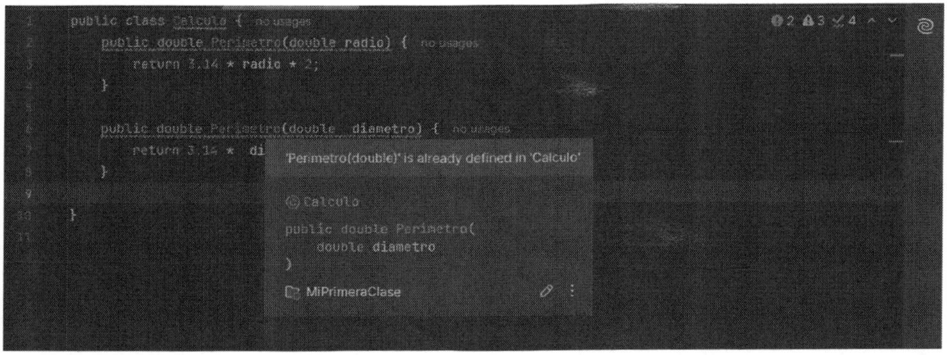

Observación

No dude en sobrecargar sus métodos para que sus objetos sean más atractivos; su programación será intuitiva.

3.9 Mecanismo de las excepciones

3.9.1 Presentación

Las anomalías detectadas durante la ejecución por la máquina virtual de Java se reportan a la aplicación a través de un mecanismo conocido con el nombre de mecanismo de las excepciones.

Todavía no hemos tratado las tablas, pero sepa que se instancian para contener un número definido de casillas y, por lo tanto, si ejecuta el siguiente código, la máquina virtual Java va a provocar una excepción porque el programa intenta escribir fuera de los límites de la tabla.

```
public class MiPrograma {

   public static void main(String[] args) {


      int[] tab = new int[5];
      tab[7] = 3;     // excepción porque el índice va de 0 a 4
}
```

Dando por hecho que el código no ha previsto tratar las excepciones, la ventana **Output** contiene un mensaje que informa al usuario de que se ha producido un problema no gestionado.

El mensaje es muy concreto; indica que la excepción es de tipo `java.lang.ArrayIndexOutOfBoundsException` y que se ha provocado como consecuencia de la utilización de un índice fuera de los límites de la tabla.

En este caso se trata de un bug de codificación que normalmente se debe detectar durante las fases de pruebas unitarias y que se van a presentar pronto.

Hay otras fuentes de error, como los datos erróneos introducidos. Por ejemplo, el programa espera una cifra y el usuario indica una serie de letras. Si no se ha previsto ninguna operación de comprobación, se producirá un error durante la conversión.

También hay errores devueltos por el propio «sistema». Por ejemplo, su programa está escribiendo un archivo en una llave de memoria USB, que el usuario extrae antes de que finalice el trabajo.

El mecanismo de las excepciones se desencadena para estos tres casos de error. En muchos casos, el desarrollador puede prevenir las dos primeras causas de error. Sin embargo, si persisten los errores, entonces se producirán excepciones.

Las excepciones no están reservadas a la máquina virtual Java. Sus clases también podrán provocar excepciones y, lo que es más, excepciones específicas de sus objetos.

Observación

Devolver un código de error de un método no obliga al desarrollador a probarlo; provoca una excepción en un método que obliga al desarrollador a tratarlo. De lo contrario, se mostrará un mensaje desagradable del sistema operativo.

Normalmente, un método que puede obtener resultados diferentes devuelve un código de error que permite disociarlos. Por ejemplo, un método de apertura de archivo devuelve una información diferente, según el resultado de su ejecución. A continuación, nada obliga al desarrollador a probar este código de retorno. Una operación de lectura se puede lanzar mientras el archivo no esté abierto. Con el mecanismo de las excepciones, el error bloquea la ejecución del programa si el desarrollador no ha previsto ninguna operación para ello.

3.9.2 Principio de funcionamiento de las excepciones

En primer lugar, hay que distinguir el lado emisor de la excepción y el lado receptor u operador de la excepción.

Lado emisor de la excepción

- Un método se está ejecutando.
- Se detecta un funcionamiento incorrecto.
- El método asigna un objeto de tipo (o hereda de) `Throwable`.
- El método indica los atributos de este objeto para que el origen del error sea lo más explícito posible.
- El método provoca el error utilizando la palabra clave `throw`, seguida por el objeto creado anteriormente.
- La ejecución del método se detiene de inmediato.
- El sistema busca entonces, en la pila de las llamadas que ha originado la ejecución de este método, una operación compatible con la excepción en cuestión.
- Si se encuentra una operación adecuada en la pila de las llamadas, entonces se ejecuta.
- Si no se encuentra ninguna operación en el programa, entonces la máquina virtual detiene bruscamente la ejecución y muestra un cuadro de diálogo que explica que la excepción no se ha gestionado.

Observación

En Java, un método que puede provocar una excepción durante su ejecución se debe declarar en su prototipo.

En el siguiente ejemplo, el método es susceptible de provocar una excepción de tipo `Exception`. La declaración del método lo indica con la palabra clave `throws`, seguida del tipo de la excepción:

```
public void MiMetodo(boolean SimulaError) throws Exception {...
```

IntelliJ IDEA nos ayuda en esta definición.

A continuación, se muestra un ejemplo de clase, que contiene un método que puede provocar una excepción. Para ilustrar el principio de funcionamiento de las excepciones, el contenido del método genera artificialmente una excepción bajo demanda.

En la siguiente imagen, el prototipo del método no contiene la definición de la excepción que se puede provocar e IntelliJ IDEA muestra un aviso, subrayando la línea que genera la excepción.

Situar el ratón sobre la línea indicada permite ver una explicación del problema.

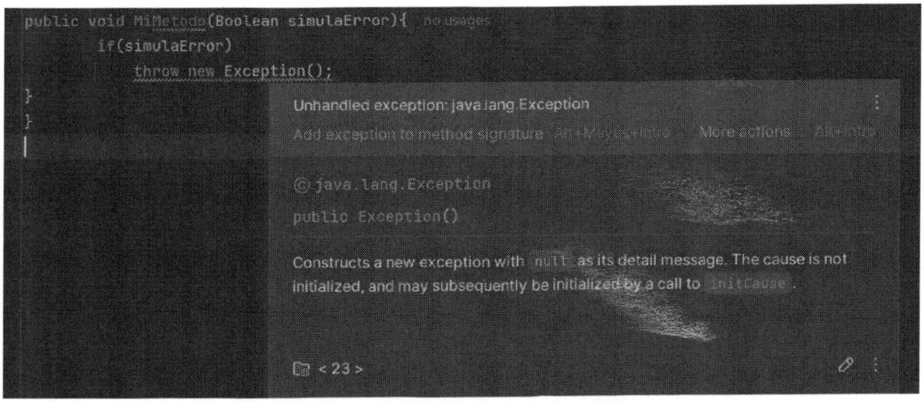

```
public void MiMetodo(Boolean simulaError){
        if(simulaError)
            throw new Exception();
}
}
```

Unhandled exception: java.lang.Exception

Add exception to method signature   More actions

java.lang.Exception

public Exception()

Constructs a new exception with null as its detail message. The cause is not initialized, and may subsequently be initialized by a call to initCause.

< 23 >

▶Pulse en **Add exception to method signature**.

```
@ public void MiMetodo(Boolean simulaError) throws Exception {
        if(simulaError)
            throw new Exception();
    }
}
```

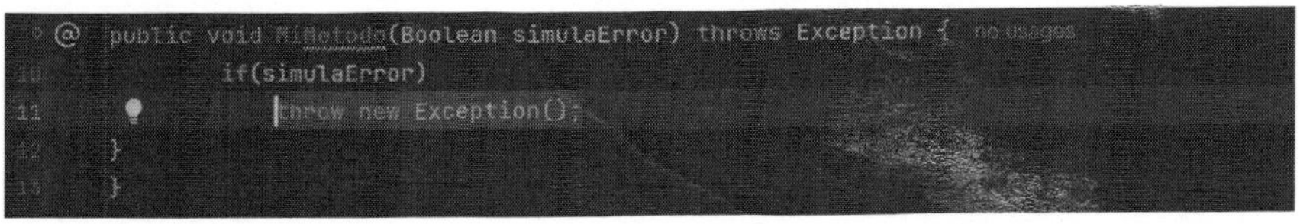

Observación

Un método puede provocar varios tipos de excepciones. En este caso, la cláusula throws las lista todas, separadas por comas.

```
public void MiMetodo(boolean SimulaError) throws Exception1, Exception2,
Exception3 {
```

Por lo tanto, la sintaxis que permite provocar una excepción es:

```
throw <objeto de tipo o heredado de java.lang.Throwable>;
```

Lado operación de la excepción

- En el código que utiliza `MiMetodo` de un objeto de tipo `MiPrograma`, se debe prever interceptar la excepción de tipo `Exception`.
- Cuando se produce la excepción, la ejecución del código se envía a la parte prevista para su operación.

Hay dos soluciones que se ofrecen al desarrollador:

- El código que invoca `MiMetodo` no puede generar la excepción porque no tiene todos los elementos para hacerlo o se ha previsto una operación más apropiada y global para la aplicación. En este caso, es preferible transmitir la excepción a un nivel superior, utilizando el comando (en el cuerpo del método) o la palabra clave (en el prototipo) `throws`.
- El código que invoca `MiMetodo` puede tratar la excepción de manera eficaz porque tiene todos los elementos para hacerlo y es lógico tratarla aquí.

De nuevo, IntelliJ IDEA nos ayuda en la administración de la excepción. Si se utiliza directamente `MiMetodo`, IntelliJ IDEA nos indica que puede provocar una excepción y hay que saber lo que se desea hacer.

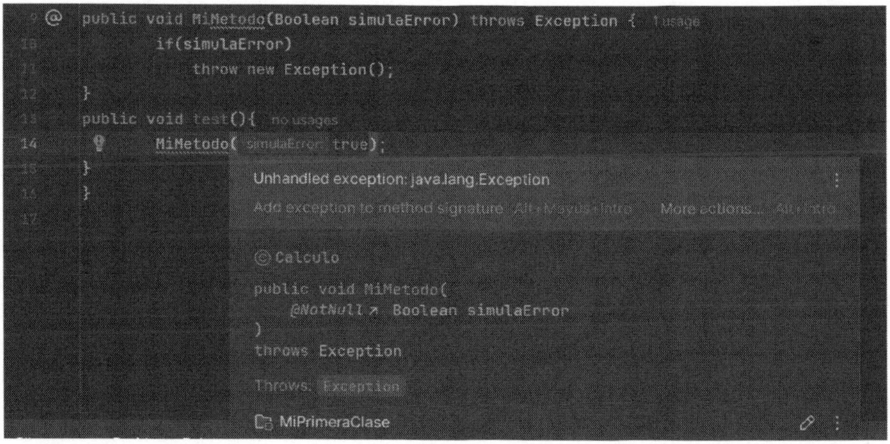

```
public void MiMetodo(Boolean simulaError) throws Exception {  1 usage
    if(simulaError)
        throw new Exception();
}
public void test(){  no usages
    MiMetodo( simulaError: true);
}
}
```

```
Unhandled exception: java.lang.Exception
Add exception to method signature Alt+Mayús+Intro    More actions... Alt+Intro

Calculo
public void MiMetodo(
    @NotNull Boolean simulaError
)
throws Exception

Throws: Exception

MiPrimeraClase
```

Pulsando en [Alt][Intro], descubriremos lo que IntelliJ IDEA nos ofrece para resolver el problema.

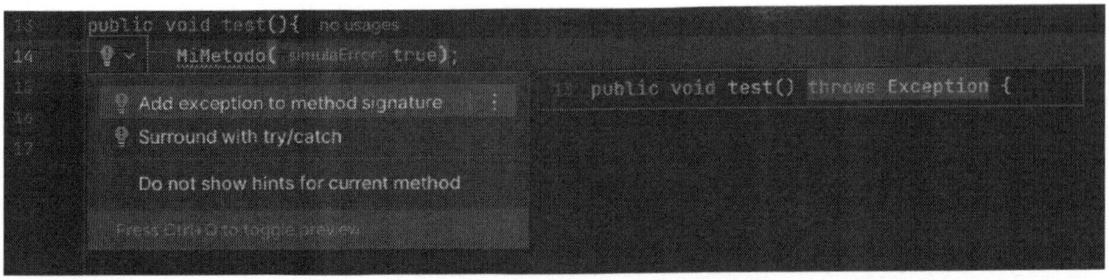

– Esta primera opción reenvía la excepción al estado superior sin otro procesamiento.

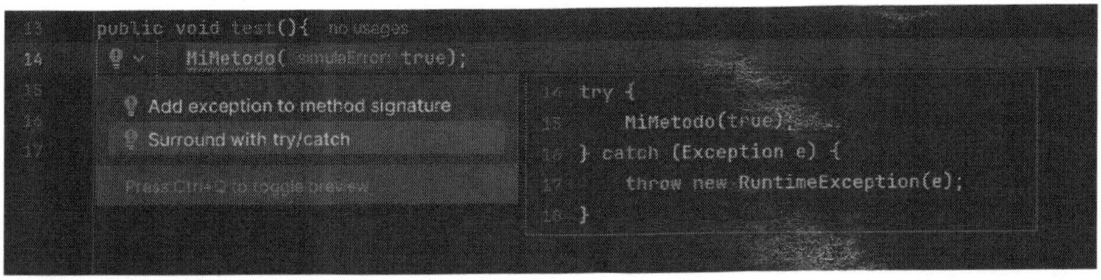

– Esta segunda opción permite declarar un procesamiento de la excepción alrededor de la llamada a MiMetodo.

A continuación, se muestra un ejemplo de código que presenta el mecanismo completo. Encontramos tres clases. DemoExcepcion es el punto de entrada del programa. Instancia un objeto Demo y llama a su método Execute. Este método instancia un objeto MiClase que se va a utilizar dos veces. La segunda vez, se va a provocar una excepción voluntariamente y ser tratada en el método Execute.

```
package demoexcepcion;

public class DemoExcepcion {

   public static void main(String[] args) {
     // El Main instancia un objeto de tipo Demo
     // y llama a su método Execute
     System.out.println("Inicio de Main");
     Demo d = new Demo();
     d.Execute();
     System.out.println("Fin de Main");
   }
}
```

```
class Demo  {

   public void Execute() {
       System.out.println("Inicio de Execute");
       MiClase mc = new MiClase();
       try {
           // Inicio del código situado para vigilar
           // Esta línea no va a provocar ninguna excepción
           mc.MiMetodo(false);
           // Esta línea va a provocar una excepción
           mc.MiMetodo(true);

           System.out.println("Fin del bloque try");
       }
       catch (Excepcion ex) {
           // Código llamado cuando se provoca la excepción
           System.out.println("Excepción detectada");
           System.out.println("Razón: "
                   + ex.getMessage());
       }
       System.out.println("Fin de Execute");
   }
}
class MiClase  {

   // Este método provoca una excepción
   // "bajo demanda " para permitirnos
   // entender el mecanismo
   public void MiMetodo(boolean SimulaError) throws Exception
   {
     System.out.println("Inicio de MiMetodo");
     if (SimulaError == true) {
       // asigna y a continuación provoca una excepción "general"
       throw new Exception("Error de MiMetodo");
       //... la ejecución se detiene inmediatamente
       //System.out.println("Nunca se llega a esta línea");
     }
     System.out.println("Fin de MiMetodo");
   }
}
```

La sintaxis mínima para tratar una excepción está formada por dos partes.

- La primera consiste en encadenar en un bloque `try` las líneas de instrucciones susceptibles de provocar la excepción.
- La segunda ofrece un bloque `catch`, que recibe como argumento el tipo de la excepción «capturada».

A continuación, se muestra la salida en la consola asociada:

```
Inicio de Main
Inicio de Execute
Inicio de MiMetodo
Fin de MiMetodo
Inicio de MiMetodo
Excepción detectada
Razón: Error de MiMetodo
Fin de Execute
Fin de Main
```

La excepción se ha capturado correctamente y la clase `Demo` conserva el control de la ejecución del programa, que va hasta el final y se cierra sin error.

Observe que la línea `System.out.println(«Fin del bloque try»);` no se ha ejecutado porque la operación se ha desviado automáticamente hacia el bloque `catch`.

Por el contrario, observe que la línea `System.out.println(«Fin de Execute»);` se ha ejecutado después del bloque `catch`.

Como se ha presentado antes, el código que solicita la ejecución –es decir, el método `Execute` de nuestra clase `Demo`– no puede tratar la excepción y prefiere enviarla al nivel superior (en nuestro ejemplo: el método `main`). Para esto, es suficiente con declarar que el método `Execute` también puede transmitir una excepción de tipo `Exception`. Por supuesto, es necesario que el código del método `main` esté adaptado para tratar la `Excepcion`...

A continuación, se muestra el código modificado en consecuencia:

```
package demoexcepcion;

public class DemoExcepcion {

   public static void main(String[] args) {
```

```
        // El Main instancia un objeto de tipo Demo
        // y llama a su método Execute
        System.out.println("Inicio de Main");
        Demo d = new Demo();
          try {
              d.Execute();
          } catch (Excepcion ex) {
              System.out.println("Exception en Main");
              System.out.println("Razón: "
                      + ex.getMessage());
          }
        System.out.println("Fin de Main");
    }
}

class Demo  {

    public void Execute() throws Exception {
        System.out.println("Inicio de Execute");
        MiClase mc = new MiClase();

        // Inicio del código ubicado para vigilar
        // Esta línea no va a provocar una excepción
        mc.MiMetodo(false);
        // Esta línea va a provocar una excepción
        mc.MiMetodo(true);


        System.out.println("Fin de Execute");
    }
}

class MiClase  {

    // Este método provoca una excepción
    // "bajo demanda" para permitirnos
    // entender el mecanismo
    public void MiMetodo(boolean SimulaError) throws Exception
    {
      System.out.println("Inicio de MiMetodo");
      if (SimulaError == true) {
        // asigna y a continuación provoca una excepción "general"
        throw new Exception("Error de MiMetodo");
        //... la ejecución se detiene inmediatamente
```

```
            //System.out.println("Nunca se llega a esta línea");
        }
        System.out.println("Fin de MiMetodo");
    }
}
```

La salida por la consola queda como se muestra a continuación:

```
Inicio de Main
Inicio de Execute
Inicio de MiMetodo
Fin de MiMetodo
Inicio de MiMetodo
Exception en Main
Razón: Error de MiMetodo
Fin de Main
```

El código del finally

Mirando la salida de la consola, nos damos cuenta de que la línea `System.out.println(«Fin de Execute»);` no se ejecuta. Es normal porque la excepción ha detenido el desarrollo del método para ir al `catch`. En ocasiones, esto puede plantear problemas cuando, por ejemplo, hay que ejecutar algunas instrucciones de «limpieza» del objeto que ha provocado la excepción. Para resolver el problema, vamos a mezclar las dos sintaxis y añadir al bloque `try catch` un bloque `finally{...}`, cuyas líneas siempre se ejecutan sean cuales sean las operaciones en el `try`.

```
package demoexcepcion;

public class DemoExcepcion {

   public static void main(String[] args) {
     // El Main instancia un objeto de tipo Demo
     // y llama a su método Execute
     System.out.println("Inicio de Main");
     Demo d = new Demo();
       try {
           d.Execute();
       } catch (Excepcion ex) {
           System.out.println("Exception en Main");
           System.out.println("Razón: "
                   + ex.getMessage());
```

```
        }
      System.out.println("Fin de Main");
    }
}

class Demo  {

    public void Execute() throws Exception {
        System.out.println("Inicio de Execute");
        MiClase mc = new MiClase();
        try {
            // Inicio del código ubicado para vigilar
            // Esta línea no va a provocar excepción
            mc.MiMetodo(false);
            // Esta línea va a provocar una excepción
            mc.MiMetodo(true);
        }
        catch (Exception ex) {
        throw ex;
        }
        finally{
            mc.FinUtilizacion();
            System.out.println("Fin de Execute");
        }
    }
}
class MiClase  {

    // Este método provoca una excepción
    // "bajo demanda" para permitirnos
    // entender el mecanismo
    public void MiMetodo(boolean SimulaError) throws Exception
    {
      System.out.println("Inicio de MiMetodo");
      if (SimulaError == true) {
        // asigna y a continuación provoca una excepción "general"
        throw new Exception("Error de MiMetodo");
        //... la ejecución se detiene inmediatamente
        //System.out.println("Nunca se llega a esta línea");
      }
      System.out.println("Fin de MiMetodo");
    }
```

```
    public void FinUtilizacion() {
        System.out.println("FinUtilizacion");
    }
}
```

A continuación, la salida por la consola se convierte en:

```
Inicio de Main
Inicio de Execute
Inicio de MiMetodo
Fin de MiMetodo
Inicio de MiMetodo
FinUtilizacion
Fin de Execute
Exception en Main
Razón: Error de MiMetodo
Fin de Main
```

Aquí vemos que, incluso si la excepción se ha tratado en el método `main`, el método `FinUtilizacion` del objeto `MiClase` se ha llamado gracias al bloque `finally`.

Por lo tanto, la sintaxis de la operación de una excepción es:

```
try{ <bloque que puede provocar una excepción>
catch(<objeto de tipo Exception> ){<operación de la excepción>}
finally{<bloque ejecutado que hubiera tenido o no excepción y
que hubiera tenido o no tratamiento de la excepción>}
```

Observación

El bloque finally no es obligatorio, pero puede proporcionar enormes servicios.

Este proyecto de ejemplo se encuentra en el directorio Cap5\DemoException del .zip que acompaña este libro.

3.9.3 Soporte de varias excepciones

En función del contenido del bloque `try`, puede haber varios tipos de excepciones que se podrían provocar y, en teoría, tantos bloques `catch` por escribir para generarlos. Afortunadamente, si la máquina virtual Java no encuentra el tipo exacto de la excepción en sus catchs, intentará conectarse a una operación menos específica; en el ejemplo, buscará una excepción «padre» de la que se ha provocado.

Por lo tanto, concretamente si escribe solo un `catch` de tipo `Throwable`, ha recuperado todo porque `Throwable` es la superclase de todas las excepciones (consecuencia de la máquina virtual Java o de sus paquetes). Por el contrario, va a perder precisión de diagnóstico.

También es interesante tener información específica para reaccionar de la manera más eficaz posible a la excepción y, para esto, puede codificar varios bloques `catch`, unos después de otros. El orden en la lista es importante: debe empezar a escribir los `catch` sobre las excepciones más específicas para continuar después hacia las más generalistas.

Ejemplo de catch múltiple sobre una familia de excepciones

```
try
{
 // operaciones;
}
catch (EOFException)
{
 // Acciones si EOFException
}
catch (EOFException)
{
 // Acciones si EOFException
}
catch (Exception e)
{
 // Acciones si Exception
}
```

Observación

Cuando un método invoca métodos de otros objetos y esos métodos declaran excepciones en sus firmas, el compilador se asegura de que dichas excepciones estén correctamente gestionadas. A este tipo de excepciones se les llama "checked exceptions", ya que se comprueban en tiempo de compilación. En cambio, si el método invocado no declara ninguna excepción, el compilador no puede realizar ninguna verificación. Las excepciones que se producen durante la ejecución sin ser comprobadas en compilación se denominan «unchecked exceptions». Por supuesto, este tipo de excepciones también puede gestionarse mediante código, siempre que el desrrollador lo tenga previsto código, si el desarrollador piensa en hacerlo.

3.10 Ejercicio

3.10.1 Enunciado

- Cree un proyecto «LabContYExcepciones» de tipo **consola**.
- Cree una clase `Usuario` que contenga las propiedades `Nombre`, `Apellido` y `Edad` con las siguientes funcionalidades:
  - Un constructor adecuado debe simplificar la creación/inicialización de la clase.
  - La edad introducida debe estar comprendida entre 0 y 109 años y se debe informar al usuario de la clase si la edad indicada no está dentro del límite permitido.
  - El método `java.lang.Object.toString` se debe sobrecargar para resumir el contenido de la clase.
- En el programa principal (*main*), cree cuatro usuarios que contengan la siguiente información:

Nombre	Apellido	Edad
Duvinage	André	45
Leclerc	Fernand	51
Durand	Hervé	115
Lefebvre	Thierry	28

Cada creación se debe corresponder con una línea de resumen del registro mostrado en la consola.

Cualquier error de formato debe ser el objeto de una línea de error en la consola y no bloquear el resto del programa.

A continuación, se muestra la visualización buscada:

```
Duvinage André edad: 45
Leclerc Fernand edad: 51
Durand Hervé edad 115 incorrecta(-1)
Lefebvre Thierry edad: 28
```

3.10.2 Consejos

Como es imposible devolver un código de error desde un constructor, será necesario utilizar el mecanismo de las excepciones para comunicarse con el usuario de la clase, cuando la edad no responda a la restricción impuesta por las «especificaciones».

El lugar ideal para realizar la prueba de validez de la edad es el método `setter` de este atributo.

Aunque exista una excepción de la máquina virtual de Java llamada `IllegalArgumentException` que encajaría perfectamente para devolver un error sobre la edad, se le sugiere crear un objeto original.

Como un error no debe bloquear el resto del programa, hay que externalizar la creación de las instancias `Usuario` en un método que gestione las excepciones.

3.10.3 Corrección

```
package com.eni;

public class Main {

    // Este método permite fabricar
    // las instancias Usuario.
    static Usuario AgregarUsuario( String nombre,
                                   String apellido, int edad)  {

        Usuario dest = null;
        // El try/catch va a actuar si los argumentos
        // de la instanciación son incorrectos.
        try
        {
            dest = new Usuario(nombre, apellido, edad);
        }
        catch (UsuarioExcepcion ce)
        {
            // Ha habido un error durante la instanciación.
            System.out.println(
                    ce.errorMessage + "(" + ce.errorCode + ")");
        }
        return dest;
```

```
    }

    // A continuación se muestra el punto de entrada de la
aplicación
    // Instancia los cuatro usuarios
    // y muestra el resumen de su información
    public static void main(String[] args) {
        Usuario duvinage =
                AgregarUsuario("Duvinage", "André", 45);
        if( duvinage != null )
            System.out.println(duvinage.toString());
        Usuario leclerc =
                AgregarUsuario("Leclerc", "Fernand", 51);
        if( leclerc != null )
            System.out.println(leclerc.toString());
        Usuario durand =
                AgregarUsuario("Durand", "Hervé", 115);
        if( durand != null )
            System.out.println(durand.toString());
        Usuario lefebvre =
                AgregarUsuario("Lefebvre", "Thierry", 28);
        if( lefebvre != null )
            System.out.println(lefebvre.toString());
    }

    static class Usuario
    {
        private String nombre;
        public String getNombre() {
            return nombre;
        }

        public void setNombre(String nombre) {
            this.nombre = nombre;
        }

        private String apellido;
        public String getApellido() {
            return apellido;
        }

        public void setApellido(String apellido) {
            this.apellido = apellido;
        }
```

```
        private int  edad;
        public int getEdad() {
            return  edad;
        }

        public void setEdad(int edad) throws UsuarioExcepcion {

            // Si la edad está comprendida en la franja
            // entonces, se guarda
            if (edad >= 0 && edad < 110)
                this.edad =  edad;
            else
            {
                // En caso contrario, se provoca una excepción
"custom"
                throw new UsuarioExcepcion(
                        -1,
                        String.format("%s %s Edad %d incorrecta",
                                this.nombre, this.apellido,
edad));
            }
        }

        public Usuario(String nombre, String apellido, int edad)
                throws UsuarioExcepcion {
            setNombre(nombre);
            setApellido(apellido);
            setEdad(edad);
        }

        // El método Object.toString se toma para resumir
        // el contenido del objeto
        @Override
        public String toString() {
            return String.format("%s %s edad: %d",
                    this.nombre, this.apellido, this.edad);
        }
    }

    // La clase UsuarioExcepcion extiende
    // la clase Exception; es una obligación.
    // Esta clase contiene un código de error y un mensaje
    static class UsuarioExcepcion extends Exception {
```

```
        int errorCode;
        String errorMessage;

        public UsuarioExcepcion(
                int errorCode, String errorMessage) {
            this.errorCode = errorCode;
            this.errorMessage = errorMessage;
        }
    }

}
```

Este ejercicio figura en el directorio Cap5\LabCtorEtExcepciones del .zip que acompaña a este libro.

4. Las interfaces

4.1 Introducción

Explicar las interfaces y su interés siempre es mejor con un ejemplo concreto en el que basarse. Imaginemos por lo tanto un programa que permita controlar un sistema domótico desde un teléfono móvil (con nuestros smartphones siempre conectados, la locura para este tipo de aplicación es rebosante). Este programa gráfico permitirá manejar persianas eléctricas, leer temperaturas, encender el horno, etc. En resumen, leer y escribir los estados lógicos (verdadero o falso) y leer y escribir los valores analógicos (de 00 a 255, por ejemplo).

En este tipo de aplicaciones, es necesario no atarse a un hardware concreto. Un cambio de la tarjeta de entradas/salidas –es decir, la tarjeta que va a leer los sensores y controlar los relés que controlan el equipo– debe impactar lo menos posible en el código existente.

Y aquí es donde las interfaces de programación nos van a ayudar.

4.2 El contrato

Para tener éxito en nuestra independencia con respecto al hardware, hay que limitar sus relaciones a su más sencilla expresión y contractualizarlos.

Por analogía podemos decir que es debido a la estandarización del *Conector Jack 3.5mm estéreo* que cualquier auricular se pueda conectar a cualquier reproductor digital. Esta famosa toma juega el rol de interfaz entre dos piezas de hardware, que no son obligatoriamente del mismo constructor.

Limitar los enlaces a su más sencilla expresión implica listar las funcionalidades mínimas esperadas para la tarjeta de entrada/salida. Esta lista es una especie de contrato que deberá respetar obligatoriamente el hardware. Para retomar la analogía anterior, los fabricantes de auriculares ofrecen productos con conectores de diámetros normalizados. Gracias a esta interfaz, es posible la interconexión.

Por lo tanto, para este proyecto domótico, ¿cuáles son nuestras necesidades?

Es necesario poder:

- leer los estados binarios sobre las entradas referenciadas: interruptores, pulsadores, sensores de presencias,
- leer los valores analógicos sobre las entradas referenciadas: sensores de temperatura, de luz o de sonido,
- controlar las salidas binarias referenciadas: persianas, horno, motor de la puerta, bomba, etc.,
- controlar las salidas analógicas referenciadas: reguladores de luz, etc.

Por lo tanto, a continuación se muestra la lista mínima con las funciones que la encapsulación de una tarjeta de entrada/salida deberá ofrecer obligatoriamente para ser compatible con nuestra aplicación:

```
Boolean LecturaBinaria(int numTarjeta, int numEntrada);
int LecturaAnalogica(int numTarjeta, int numEntrada);
void EscrituraBinaria(int numTarjeta, int numSalida, Boolean estado);
void EscrituraAnalogica(int numTarjeta, int numSalida, int val);
```

■ Observación

Importante: este contrato no contiene código ni datos, incluso aunque, desde Java 8, un contrato pueda tener operaciones por defecto, pero la presencia de código no es necesaria en nuestro ejemplo.

4.3 Declaración de una interfaz

Sintaxis de declaración

```
[Modificador de acceso] interfaz miInterfaz  [:Lista
interfaces básicas]
{cuerpo de la interfaz}
```

- La mayor parte de las veces, una interfaz se declara una vez en un archivo fuente.
- Modificador de acceso: opcional si la interfaz se declara en una clase. En caso contrario, es de tipo público o no declarado. En este último caso, la interfaz se utiliza únicamente por el paquete que la alberga.
- miInterfaz: este nombre cumple las mismas prerrogativas que las de una clase. Algunos desarrolladores prefijan los nombres de sus interfaces por un 'I' (ex: `IBasicIO`); otros no porque consideran la interfaz como un tipo hacia el que los objetos que los implementan se pueden transtipar. En este libro, las interfaces empezarán por una 'I' para que el lector pueda identificarlas fácilmente.
- Lista de interfaces básicas: opcional; esta lista define la interfaz o las interfaces de la que hereda la nueva interfaz. Por lo tanto, la clase que implemente esta nueva interfaz deberá implementar TODOS los miembros de TODAS las interfaces de la lista.

Ahora vamos a poder «envolver» nuestra lista de firmas de métodos en una **interfaz** que llamaremos, por ejemplo, `IbasicIO`:

```
Package demointerfaces;

// Interfaz que contiene los métodos a soportar obligatoriamente
public interfaz IBasicIO {
   // Lectura de una entrada binaria
   // referenciada tarjeta + número entrada
   Boolean LecturaBinaria(int numTarjeta, int numEntrada);
```

```
    // Lectura de una entrada analógica
    // referenciada tarjeta + número entrada
    int LecturaAnalogica(int numTarjeta, int numEntrada);
    // Escritura de una salida binaria
    // referenciada tarjeta + número salida
    void EscrituraBinaria(int numTarjeta, int numSalida,
Boolean estado);
    // Escritura de una salida analógica
    // referenciada tarjeta + número salida
    void EscrituraAnalogica(int numTarjeta, int numSalida, int val);
}
```

Esta interfaz constituye el **contrato** que toda tarjeta deberá soportar para funcionar con nuestra aplicación. Recuerda a una clase que contiene únicamente los métodos abstractos (tipo de métodos que estudiaremos un poco más adelante).

Las interfaces deben seguir las siguientes reglas:

- Una interfaz no puede contener ni código ni datos. Sin embargo, la versión 8 de Java ofrece la posibilidad de implementar en la interfaz un código por defecto, que se utilizará si el objeto no implementa el método. Esta funcionalidad se introdujo junto con las expresiones lambda, presentadas en el capítulo Anonimato y lambda. Fue necesario encontrar una forma de añadir métodos a las clases sin comprometer la compatibilidad con versiones anteriores.
- Ningún modificador de acceso prefija los elementos contenidos en la interfaz; todo es de tipo *public* implícitamente.
- Una clase puede implementar tantas interfaces como quiera, mientras que solo pueda extender de una única clase.
- Una interfaz puede en sí misma heredar de una o de varias interfaces.
- Una interfaz no puede heredar de una clase.

4.4 Implementación

Imaginemos ahora que el fabricante *Electro276* ofrece en su catálogo una tarjeta de entrada/salida llamada *E276*, cuyas características electrónicas son compatibles con nuestras necesidades. *Electro276* entrega con esta tarjeta una DLL clásica, que permite su explotación usando programación en lenguaje C.

Una DLL (*Dinamic Link Library*) es un formato de archivos de librerías de software. Concretamente, una DLL contiene código ejecutable desde las aplicaciones, que pueden conectarse dinámicamente. Ofreciendo una DLL el constructor de la tarjeta ofrece funciones del nivel superior para controlar la tarjeta sin tener que mostrar sus secretos de fabricación.

Para utilizar la tarjeta E276 con nuestra aplicación, crearemos una clase que implemente la interfaz `IBasicIO`. Gracias a su conjunto de métodos adaptados al E276, podremos integrarla en nuestro proyecto sin necesidad de realizar modificaciones adicionales.

Observación

Se habla aquí de invocación indirecta entre la clase Java y la DLL Windows poque esta última se considera como nativa y, por lo tanto, no es directamente accesible desde la máquina virtual Java. Si algún día se enfrenta a este problema, sepa que existen soluciones, principalmente con las API JNI y JNA.

```
public class E276 implements IBasicIO {
    @Override
    public Boolean LecturaBinaria(int numTarjeta, int numEntrada){
        //...
        return true;
    }

    @Override
    public int LecturaAnalogica(int numTarjeta, int numEntrada){
        //...
        return 0;
    }

    @Override
    public void EscrituraBinaria(int numTarjeta, int numSalida,
Boolean estado){
        //...
    }

    @Override
    public void EscrituraAnalogica(int numTarjeta, int numSalida,
int val){
        //...
    }
}
```

Observación

Si una clase declara que implementa una interfaz pero no proporciona la implementación de todos sus métodos, se producirá un error de compilación.

Sintaxis de declaración

```
class MiClase implements IMiInterfaz [, IMiInterfaz2 ...] {
      //...
}
```

- `IMiInterfaz` es la interfaz que se deberá implementar en `MiClase`.
- `[, IMiInterfaz2 ...]` eventualmente una lista de otras interfaces que `MiClase` deberá implementar.

4.5 IntelliJ IDEA y las interfaces

IntelliJ IDEA nos ayuda en la implementación de las interfaces. Compruébelo usted mismo:

- Cree un nuevo proyecto `DemoInterfaces`.
- Cree una interfaz `IBasicIO` en el paquete `com.eni`.

```
package com.eni;

// Interfaz que contiene los métodos a soportar obligatoriamente
public interfaz IBasicIO {
   // Lectura de una entrada binaria
   // referenciada tarjeta + número entrada
   Boolean LecturaBinaria(int numTarjeta, int numEntrada);
   // Lectura de una entrada analógica
   // referenciada tarjeta + número entrada
   int LecturaAnalogica(int numTarjeta, int numEntrada);
   // Escritura de una salida binaria
   // referenciada tarjeta + número salida
   void EscrituraBinaria(int numTarjeta, int numSalida,
Boolean estado);
   // Escritura de una salida analógica
   // referenciada tarjeta + número salida
   void EscrituraAnalogica(int numTarjeta, int numSalida,
int val);
}
```

▶ Cree una clase `E276` que implemente la interfaz `IBasicIO`.

```
package com.eni;

public class E276 implements IBasicIO {


}
```

▶ Sitúe el cursor del ratón en el nombre de la clase `E276` para que aparezca el menú contextual y pulse en **Implement methods**.

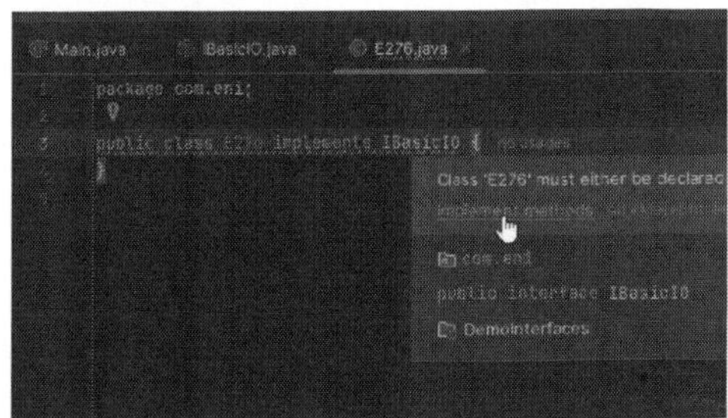

▶ Conserve la selección de métodos propuestos y después pulse en **OK**.

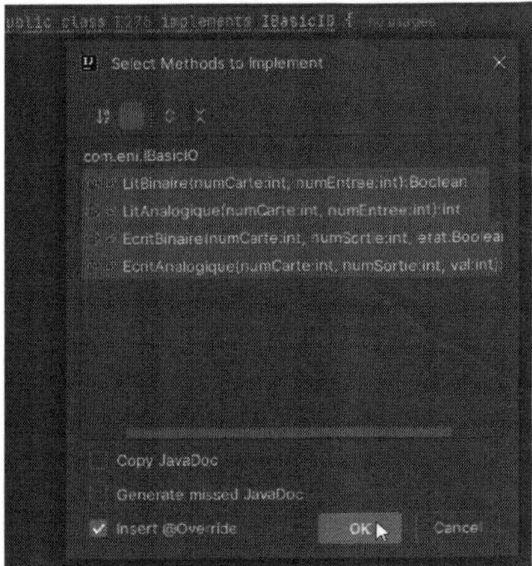

Entonces, IntelliJ IDEA crea en la clase `E276` todos los métodos de la interfaz `IBasicIO`. Por lo tanto, no habrá error de compilación pero el código es minimalista.

```
package com.eni;

public class E276 implements IBasicIO {

   @Override
   public boolean LecturaBinaria(int numTarjeta, int numEntrada) {
       return false;
   }

   @Override
   public int LecturaAnalogica(int numTarjeta, int numEntrada) {
       return 0;
   }

   @Override
   public void EscrituraBinaria(int numTarjeta, int numSalida,
boolean estado) {

   }

   @Override
   public void EscrituraAnalogica(int numTarjeta, int numSalida,
int val) {

   }
}
```

Este proyecto se encuentra en el directorio Cap5\DemoInterfaces del .zip que acompaña este a libro.

4.6 Representación UML de una interfaz

El diagrama de clases de nuestro proyecto es el siguiente:

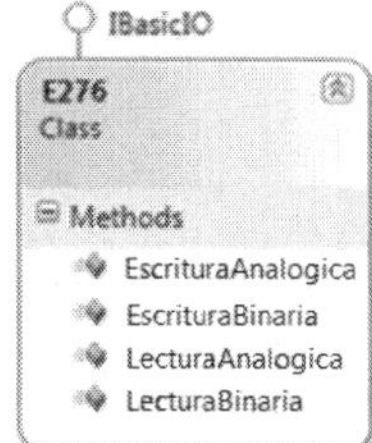

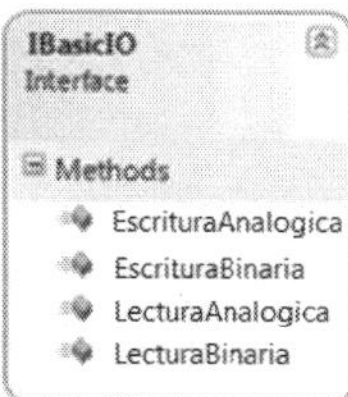

Observe la manera en la que la implementación (también llamada «realización» en lenguaje UML) de la interfaz se representa en la clase E276.

4.7 Interfaces y polimorfismo

Interfaces y polimorfismo habitualmente van juntos en la programación orientada a objetos. Gracias al contrato IBasicIO, nuestra aplicación considera todas las tarjetas de entrada/salida como objetos de tipo IBasicIO. Solo podrá saber que se trata de una tarjeta E276 en el momento de su instanciación.

```
import com.eni;

public class DemoInterfaces {

   public static void main(String[] args) {

        // Como la clase E276 implementa
        // la interfaz IBasicIO, es posible
        // escribir la siguiente línea:
        IBasicIO miTarjeta = new E276();
        // ...
        // En el resto del código, se considera
        // un objeto de tipo IBasicIO
        // y podemos llamar a sus métodos
        // sin tener que preocuparnos del objeto real.
        miTarjeta.EscrituraAnalogica(0, 5, 0x5e);
        // ...
   }

}
```

4.8 Ejercicio

4.8.1 Enunciado

Para aplicar este concepto, vamos a codificar una aplicación de consola que pueda utilizar diferentes medios de comunicación para transferir los datos. En función de la infraestructura disponible, el usuario podrá elegir entre Ethernet, Wifi y 4G.

Cada medio de comunicación se encapsulará en una clase que implementa una interfaz llamada `IBaseCom`, que contiene los siguientes métodos:

- conectar;
- escribir;
- leer;
- desconectar.

Para simplificar el código, ninguno de los cuatro métodos recibirá ningún argumento y no devolverán nada.

4.8.2 Consejos

Creación de la interfaz

- Cree un nuevo proyecto de tipo consola llamado `TPcomun`.
- Añada una interfaz llamada `IBaseCom` que contenga los cuatro métodos mencionados anteriormente.

Creación de las tres clases de implementación

Tres clases van a implementar `IBaseCom` con sus aspectos específicos respectivos.

La implementación de estos cuatro métodos visualizará una línea en la consola que llama al medio de comunicación y la acción relacionada con el método.

Ejemplo

```
4G - Conectar
```

- Cree una clase llamada `_4G`.
- Implemente la interfaz `IBaseCom` en la clase `_4G`.
- Utilice el asistente de IntelliJ IDEA para generar automáticamente los métodos `IBaseCom` en la clase `_4G` (cursor sobre el nombre de la clase **Implement methods**).
- Sustituya el código insertado por un comando de visualización de consola, que llama al medio de comunicación encapsulado y la acción solicitada.

Ejemplo

```
System.out.println("_4G-Conectar");
```

▶Repita la operación para las clases *Wifi* y *Ethernet*.

Codificación de la aplicación

La aplicación debe visualizar un menú que ofrece los tres medios de comunicación. En función de la elección, se instanciará un objeto y se grabará como tipo `IBaseCom`. El código llamará a los métodos `Conectar`, `Enviar`, `Recibir` y, a continuación, `Desconectar` antes de repetir en el bucle la visualización del menú.

▶Codifique un bucle de tipo `do while`.

▶En este bucle, muestre un menú que presente las tres opciones de comunicación y una opción para salir de la aplicación.

▶A continuación, declare una referencia a un objeto de tipo `IBaseCom` que valga `null`.

▶Gestione la entrada del usuario y codifique un `switch`.

▶En función de la opción elegida, instancie la clase asociada y actualice la referencia `IBaseCom` en la salida del `switch` y, si la referencia no es `null`, llame a los cuatro métodos.

Ejecución

Una vez compilada, podemos ejecutar nuestra aplicación y probar su funcionamiento. En un primer momento, se muestra el menú principal. A continuación, el usuario elige y valida el tipo de medio de comunicación que desea utilizar. En función de su selección, el encadenamiento de las llamadas se traza en la consola y, a continuación, la aplicación repite dentro del bucle la visualización del menú.

```
Menú Principal
1: 4G
2: Wifi
3: Ethernet

0:  Salir
Su elección
1
4G-Conectar
4G-Escribir
4G-Leer
4G-Desconectar

Menú Principal
1: 4G
2: Wifi
3: Ethernet

0:  Salir
Su elección
2
Wifi-Conectar
Wifi-Escribir
Wifi-Leer
Wifi-Desconectar

Menú Principal
1: 4G
2: Wifi
3: Ethernet

0:  Salir
Su elección
3
Ethernet-Conectar
Ethernet-Escribir
Ethernet-Leer
Ethernet-Desconectar

Menú Principal
1: 4G
2: Wifi
3: Ethernet

0:  Salir
Su elección
0
```

4.8.3 Corrección

Contenido de IBasicCom.java:

```
package com.eni;

// Prototipo de todos los métodos
// que deberán implementar las clases
// de comunicación.
public interfaz IBaseCom {

   void Conectar();
   void Escribir();
   void Leer();
   void Desconectar();

}
```

Contenido de _4G.java:

```
package com.eni;

public class _4G implements IBaseCom {

   @Override
   public void Conectar() {
       System.out.println("4G-Conectar");
   }

   @Override
   public void Escribir() {
       System.out.println("4G-Escribir");
   }

   @Override
   public void Leer() {
       System.out.println("4G-Leer");
   }

   @Override
   public void Desconectar() {
       System.out.println("4G-Desconectar");
   }

}
```

Contenido de `wifi.java`:

```
package com.eni;


public class Wifi implements IBaseCom {

   @Override
   public void Conectar() {
       System.out.println("Wifi-Conectar");
   }

   @Override
   public void Escribir() {
       System.out.println("Wifi-Escribir");
   }

   @Override
   public void Leer() {
       System.out.println("Wifi-Leer");
   }

   @Override
   public void Desconectar() {
       System.out.println("Wifi-Desconectar");
   }

}
```

Contenido de `Ethernet.java`:

```
package com.eni;


public class Ethernet implements IBaseCom {

   @Override
   public void Conectar() {
       System.out.println("Ethernet-Conectar");
   }

   @Override
   public void Escribir() {
       System.out.println("Ethernet-Escribir");
```

```
    }

    @Override
    public void Leer() {
        System.out.println("Ethernet-Leer");
    }

    @Override
    public void Desconectar() {
        System.out.println("Ethernet-Desconectar");
    }

}
```

Para terminar, el contenido de `Main.java`:

```
package com.eni;
import java.util.Scanner;

public class Main {

   public static void main(String[] args) {

   boolean fin = false;
   do
   {
     // Visualización del menú
     System.out.println("Menú Principal");
     System.out.println("1: 4G");
     System.out.println("2: Wifi");
     System.out.println("3: Ethernet");
     System.out.println("");
     System.out.println("0: Salir");
     System.out.println("Su elección: ");

     // Referencia a una instancia de tipo IbaseCom
     IBaseCom baseCom = null;
     // Gestión de la opción
     int elección = -1;

     Scanner sc = new Scanner(System.in);
     switch( sc.nextInt() )
     {
       case 0:
```

```
          fin = true;
          break;
        case 1:
          // Instanciación de una clase _4G
          // y almacenamiento de su referencia en baseCom
          // posible porque _4G es un IbaseComm
          baseCom = new _4G();
          break;
        case 2:
          // Ídem con la clase Wifi
          baseCom = new Wifi();
          break;
        case 3:
          // Ídem con la clase Ethernet
          baseCom = new Ethernet();
          break;
        default:
          System.out.println("Opción no válida. ");
          break;
      }
      if (baseCom != null)
      {   // Si la opción es válida, entonces baseCom se asigna
        baseCom.Conectar();
        baseCom.Escribir();
        baseCom.Leer();
        baseCom.Desconectar();
      }
      System.out.println();
      System.out.println();
    } while (!fin);
  }
}
```

Este ejercicio ha establecido la implementación de una interfaz por medio de las clases y sus usos de manera homogénea desde una aplicación.

Este ejercicio se encuentra en el directorio Cap5\TPcomm del .zip que acompaña a este libro.

4.9 Las interfaces de la máquina virtual Java

Java ofrece interfaces que permiten a sus objetos interactuar de manera sencilla en el funcionamiento general de la máquina virtual.

Por ejemplo:

- Ha creado objetos que contienen varias propiedades.
- Almacena estos objetos en tablas.
- Desea poder ordenar estas tablas utilizando el método estándar Java: `Collections.sort`.

Problema: usted y solo usted conoce los criterios de clasificación de sus objetos.

Solución: haga heredar su clase de la interfaz «normalizada Java» `Comparable` y desarrolle su algoritmo de comparación en su método `public int compareTo(Object t)`.

Ejemplo

A continuación, se muestra una clase `Coche` que contiene dos propiedades: `Constructor` y `Antiguedad`.

Para poder clasificar varios objetos de este tipo en una tabla, la clase `Coche` implementa la interfaz `Comparable` y por lo tanto expone su «método-contrato» `compareTo`.

Es en este método donde se codifica la lógica de comparación entre dos objetos.

```
Package comparardemo;

// La clase Coche hereda de Comparable
// por lo tanto, debe implementar el método compareTo

public class Coche implements Comparable {

   private String constructor;

   public String getConstructor() {
       return constructor;
   }
```

```
    public void setConstructor(String constructor) {
        this.constructor = constructor;
    }

    private int antiguedad;

    public int getAntiguedad() {
        return antiguedad;
    }

    public void setAntiguedad(int antiguedad) {
        this.antiguedad = antiguedad;
    }

    // El método CompareTo contiene nuestra lógica
    // de comparación entre instancias de Coche

    @Override
    public int compareTo(Object t) {
        if( t instanceof Coche){
            return constructor.compareTo( ((Coche)t).getConstructor());
        }
        else
            return -1;
    }

}
```

Aún no hemos visto las colecciones, pero es importante saber que, gracias a la implementación de la interfaz `Comparable`, una colección con varias instancias de nuestra clase `Coche` se podrá ordenar utilizando métodos como `Collections.sort`, siguiendo criterios que podemos definir nosotros mismos.

A continuación, se muestra un ejemplo de código donde descubrimos la sintaxis de construcción de una tabla, su relleno con objetos de nuestra clase `Coche` y su iteración antes y después de la ordenación.

Contenido de `CompararDemo.java`:

```
Package comparardemo;

import java.util.Arrays;

public class CompararDemo {
```

```
    public static void main(String[] args) {

        Coche[] tabCoches = new Coche[3];
        tabCoches[0] = new Coche();
        tabCoches[0].setConstructor("Renault");
        tabCoches[1] = new Coche();
        tabCoches[1].setConstructor("Citroën");
        tabCoches[2] = new Coche();
        tabCoches[2].setConstructor("Peugeot");

        System.out.println("Contenido no ordenado:");
        for (Coche coche:  tabCoches) {
            System.out.println("\t"+coche.getConstructor());
        }

        // Solicitud de ordenación por parte del método
        Arrays.sort(tabCoches);

        System.out.println("Contenido ordenado:");
        for (Coche coche:  tabCoches) {
            System.out.println("\t"+coche.getConstructor());
        }
    };
}
```

La ejecución de este código provoca la siguiente visualización:

```
Contenido no ordenado:
  Renault
  Citroën
  Peugeot
Contenido ordenado:
  Citroën
  Peugeot
  Renault
BUILD SUCCESSFUL (total time: 9 seconds)
```

5. Asociaciones, composiciones y agregaciones

En todo programa, el desarrollador se anima a diseñar clases que utilicen o contengan otras clases, que a su vez pueden utilizar o contener otras clases, etc. Por ejemplo, un formulario (cuadro de diálogo con el usuario) muestra diferentes controles como botones de radio, casillas de selección, campos de introducción de texto u otras listas desplegables. El formulario y cada uno de sus controles se «encapsulan» en las clases que el desarrollador va a asociar para alcanzar la visualización final.

Las asociaciones son más o menos fuertes. En nuestro ejemplo, la asociación es fuerte porque es el formulario que instancia estos controles y estos mismos controles se destruirán durante su cierre. Se habla entonces de agregación «compuesta» o más sencillamente de «composición».

Durante esta asociación el objeto `Contenedor` accede libremente a los miembros de tipo `public` de cada uno de los objetos `Contenido`. De esta manera, durante su carga, nuestro formulario podrá inicializar los contenidos por defecto de las cajas de texto, las selecciones de los botones de radio y, durante la validación, recuperar las opciones del usuario, preguntando a cada uno de los controles.

¿Cómo permite el lenguaje Java administrar estas diferentes formas de colaboración?

Sea cual sea el grado de asociación, la clase `Contenedor` necesitará almacenar las referencias sobre las clases contenidas.

Puede haber varios objetos de los mismos tipos referenciados en la clase `Contenedor`. Esta pluralidad también se expresa en UML, a través de un índice al final del enlace, indicando bien una cantidad finita o una franja posible.

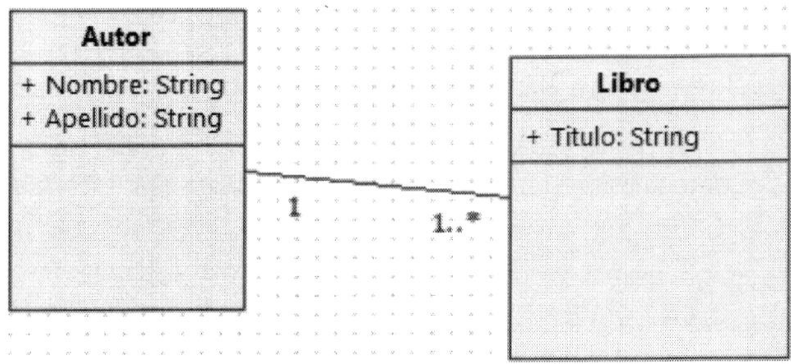

En este ejemplo, un autor puede escribir uno o un número indefinido de libros (1..*) y un libro solo se asigna a un único autor (1).

Por lo tanto, el lenguaje Java va a tener varias formas de codificación para estos diferentes tipos de asociación.

– La clase `Contenedor` contiene una sencilla referencia a un objeto de tipo `Contenido`.

```
class Contenedor{
   Contenido contenido  = null;
}
```

Traducción UML de esta asociación:

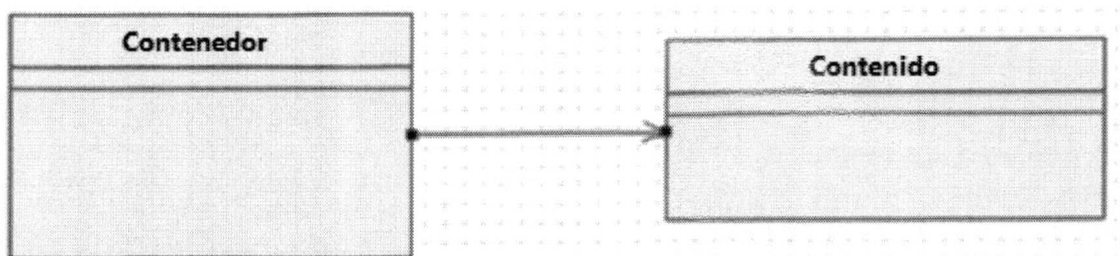

– La clase `Contenedor` contiene una lista de tamaño fijo de referencias a los tipos `Contenido`. En este caso, es preferible un objeto de tipo tabla, que se presenta más adelante.

```
class Contenedor {
   Contenido[] tabContenidos = new Contenido[10];
}
```

Traducción UML de esta asociación:

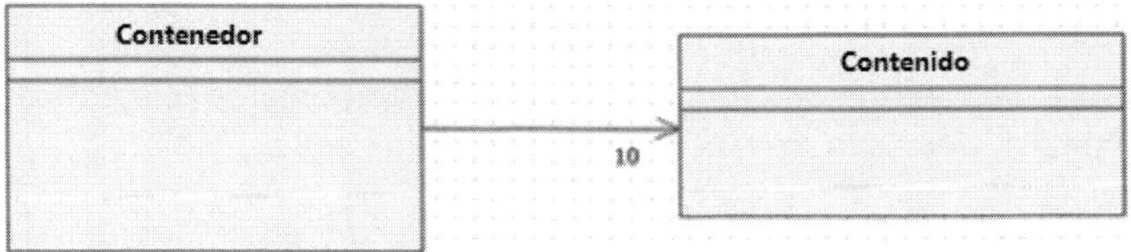

– La clase `Contenedor` contiene una lista de tamaño indeterminado de referencias a los tipos `Contenido`. En este caso, es preferible un objeto de tipo `List<>`, que se presenta más adelante.

```
class Contenedor {
   List<Contenido>listaContenidos = new ArrayList<Contenido>();
}
```

Traducción UML de esta asociación:

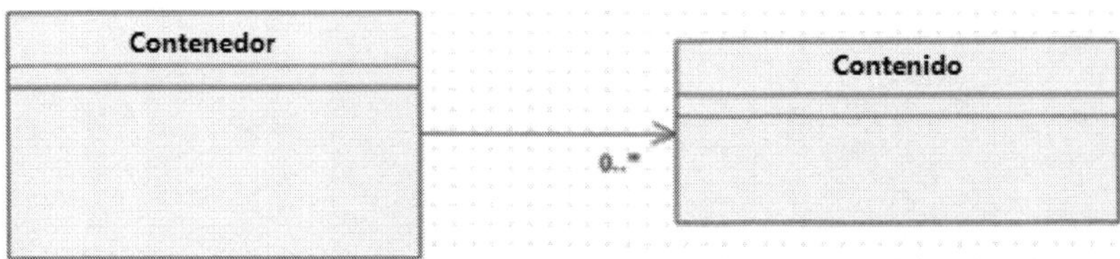

Volveremos dentro de poco sobre las tablas y las colecciones genéricas.

Observe que en estos tres ejemplos se declaran los lugares para almacenar las referencias, pero los objetos de tipo `Contenido` todavía no se instancian.

En el caso de una asociación simple, la clase `Contenedor` no instancia los objetos a los que hace referencia. Los recibirá desde el exterior, por ejemplo, usándolos como argumento en uno de sus métodos.

```
class Contenedor
{
   Contenido contenido = null;
   public setContenido(Contenido contenido) {
          this.contenido = contenido;
   }
}
```

En este caso, el objeto `Contenido` puede sobrevivir al objeto `Contenedor` (salvo que alguien lo referencie en otro lugar, por supuesto).

En el caso de una asociación fuerte, el objeto `Contenedor` se encarga de crear el objeto o los objetos `Contenido`. El momento de esta creación es decisión del desarrollador. Lo que importa es que el objeto se haya creado antes de su utilización.

Primera sintaxis posible:

```
class Contenedor {
    private Contenido contenido = new Contenido();
}
```

Traducción UML de esta asociación:

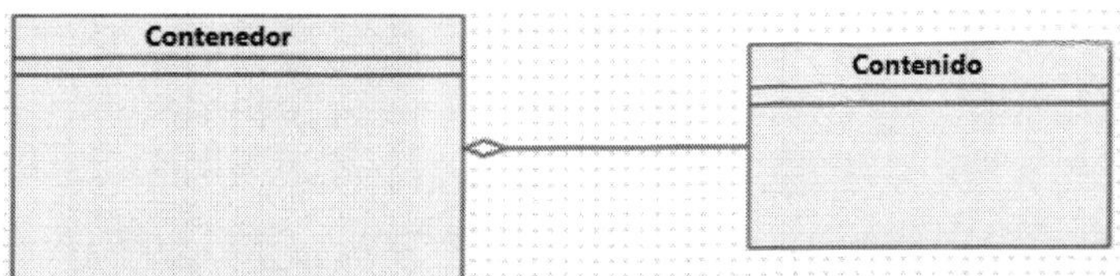

El objeto `Contenido` se crea junto con el objeto `Contenedor`. Esta es una forma eficaz de evitar el problema de un `Contenido` no instanciado. Sin embargo, el constructor de `Contenido` podría necesitar información que solo está disponible en tiempo de ejecución.

Se trata de una forma de agregación por referencia (rombo vacío en la figura anterior) porque el elemento `Contenido` se instancia por el elemento `Contenedor`.

Recordemos que, en el caso de una composición (cuando el rombo está lleno), el Contenido forma parte y solo puede pertenecer al Contenedor. El contenido se destruirá al mismo tiempo que el Contenedor. La composición –o agregación por valor– de objetos de tipo por referencia no es posible en Java. De hecho, al contrario de lo que sucede en C++, una clase se instancia obligatoriamente sobre el *heap* y, por lo tanto, Contenedor y Contenido siempre tendrán zonas de memoria distintas. Para que Contenido se fusione en Contenedor, tienen que pertenecer a la familia de los valores.

Si quiere acercarse lo más posible a una composición con objetos de tipo por referencia, entonces lo debe codificar a partir de una agregación por valor y tener cuidado con nunca transmitir al exterior las referencias de los objetos Contenidos. De esta manera, la línea del ciclo de vida de los objetos Contenidos se corresponderá con la de los objetos Contenedores.

```
Package com.eni;

public class Main {

   public static void main(String[] args) {
       // Creación de un objeto de prueba
       // que va a demostrar la composición
       new Prueba();
   }
}

class Prueba {

   public Prueba() {
       // El constructor de Prueba asigna
       // las diferentes formas de Contenido
       // y llama a sus métodos utilizando sus contenidos
        Contenedor1 contenedor = new Contenedor1();
        // Contenedor1 y Contenido1 se instancian
        contenedor.MetodoContenedor1();

        Contenedor2 contenedor2 = new Contenedor2("info");
        // Contenedor2 y Contenido2 se instancian, Contenido2 ha recibido
        // una información dinámica
        contenedor2.MetodoContenedor2();

        Contenedor3 contenedor3 = new Contenedor3("info");
        // Contenedor3 solo se instancia
        // Contenido3 lo será cuando Contenedor3 lo necesite.
        // Contenido3 recibirá entonces una información dinámica
```

```
        contenedor3.MetodoContenedor3();

    }   // pasada esta llave los objetos Contenedor1, 2 y 3
        // se convierten en elegibles para el recolector de basura
}

// La clase Contenedor1 contiene una referencia a un objeto Contenido1
// creada al mismo tiempo que él
class Contenedor1 {

    // Como el objeto Contenido es de tipo private
    // su referencia no saldrá de la instancia
    // de Contenedor
    private Contenido1 contenido = new Contenido1();

    // Contenedor puede explotar los servicios
    // de Contenido durante toda su duración de vida
    public void MetodoContenedor1() {
        contenido.MetodoContenido1();
        //...
    }

    // durante la destrucción de un objeto Contenedor1
    // no existirá ninguna referencia a sus dato
    // miembro de tipo Contenido1 que se hará elegible
    // para el recolector de basura
}

class Contenido1 {
    public Contenido1() {
        //...
    }

    public void MetodoContenido1() {
        //...
    }
}
```

En este extracto de código, el miembro Contenido1 se crea al mismo tiempo que el objeto Contenedor1. Contenido1 no se puede copiar hacia el exterior porque ningún método de Contenedor devuelve su referencia y su atributo de visibilidad, prohibiendo el acceso directo. Por lo tanto, será elegible para la destrucción tan pronto como se destruya Contenedor.

Volveremos a la sintaxis declaración/instanciación de un objeto Contenido en un objeto Contenedor. Esta forma de creación tiene el defecto de no poder recibir información dinámica. Si esta restricción representa un inconveniente, se puede mover la instanciación al constructor de la clase Contenedor, lo cual puede ser una alternativa adecuada.

```
// La clase Contenedor2 contiene una referencia a un objeto Contenido2
// que se instanciará en su constructor permitiendo
// de esta manera pasar argumentos dinámicos
class Contenedor2 {

    // El dato miembro de tipo Contenido
    // ya no se asigna a la creación
    // de Contenedor
    private Contenido2 contenido2 = null;

    // Se asigna durante la llamada
    // del constructor de Contenedor y tambíen se puede
    // beneficiar de información "dinámica"
    public Contenedor2(String info) {
        this.contenido2 = new Contenido2(info);
    }

    // Contenedor puede explotar los servicios
    // de Contenido durante todo su ciclo de vida
    public void MetodoContenedor2() {
        contenido2.MetodoContenido2();
        //...
    }

    // durante la destrucción de un objeto Contenedor2
    // no existirá ninguna referencia a su dato
    // miembro de tipo Contenido2 que se hará
    // elegible para el recolector de basura
}

class Contenido2 {
    public Contenido2(String info) {
```

```
        //...
    }

    public void MetodoContenido2() {
        //...
    }
}
```

En el ejemplo, imaginemos que el constructor de la clase `Contenido2` espera una cadena de caracteres dinámica, como por ejemplo una entrada del usuario. En este caso, el encadenamiento es ideal, pero el nuevo defecto de esta solución es que el objeto `Contenido2` se crea de manera sistemática. En efecto, puede ser que solo necesitemos sus servicios en determinados casos.

La siguiente solución solo crea el objeto cuando es necesario.

```
// La clase Contenedor3 contiene una referencia a un objeto Contenido3
// que se creará bajo demanda pasando argumentos dinámicos
class Contenedor3 {

    // El dato miembro de tipo Contenido3
    // se fabrica bajo demanda
    private Contenido3 contenido3 = null;

    private String info;

    public Contenedor3(String info) {
        // Memoriza los argumentos para Contenido3
        this.info = info;
    }

    public void MetodoContenedor3() {
        //...
        // Asigna Contenido3 de una vez la primera vez que se usa
        if( this.contenido3 == null) {
            this.contenido3 = new Contenido3(this.info);
        }
        this.contenido3.MetodoContenido3();
        //...
    }


    // durante la destrucción de un objeto Contenedor3
    // no existe ninguna referencia a su dato
    // miembro de tipo Contenido3 que se convierte en
```

```
        // elegible para el recolector de basura
}

class Contenido3 {
    public Contenido3(String info) {
        //...
    }

    public void MetodoContenido3() {
        //...
    }
}
```

Si utilizando un método, uno de los objetos `Contenedor` anteriores transmite una referencia de su objeto `Contenido` a otro objeto de usuario que la almacena y la explota, entonces `Contenido` y `Contenedor` se hacen independientes. Por ejemplo, el objeto `Contenido` podrá sobrevivir a la destrucción del objeto `Contenedor` que lo haya creado.

Si no se guarda ninguna referencia al objeto `Contenido` por ningún otro objeto, entonces `Contenedor` y `Contenido` desaparecerán en conjunto.

Ahora es momento de presentar las tablas y sus codificaciones en Java.

Este proyecto de ejemplo se encuentra en el directorio Cap5\DemoContenedorContenido del .zip que acompaña a este libro.

5.1 Las tablas

Las tablas son sucesiones de referencias o sucesiones de valores ordenados de manera contigua. Una tabla contiene elementos del mismo tipo. Las tablas tienen un tamaño fijo, declarado durante su creación. Modificar el tamaño de una tabla durante una operación no es muy sencillo. Hay que crear una segunda con el nuevo tamaño y a continuación copiar el contenido anterior, y para terminar agregar las nuevas entradas. Si en un programa el tamaño de la colección puede cambiar durante la ejecución debido a frecuentes operaciones de inserción y eliminación, puede ser preferible utilizar objetos de tipo colección dinámica, que se presentarán en la sección Las colecciones de este capítulo.

Sin embargo, la tabla es el medio más básico y rápido para contener las series de datos.

La declaración de la tabla se compone del tipo de datos que va a contener y el número de entradas que va a soportar.

Sintaxis de creación de una tabla

```
Tipo [] miTabla = new tipo[tamaño];
```

Ejemplo

```
int[] tabInt = new int[10];
```

En este ejemplo, `tabInt` contiene diez enteros «listos para usar» porque el tipo `int` forma parte de la familia de los tipos primitivos y no hay necesidad de otra forma de instanciación. Todas las entradas de la tabla se ponen a `0` durante su creación.

```
Contenido[] tabContenidos = new Contenido[10];
```

En este segundo ejemplo, `tabContenidos` está lista para recibir diez referencias de tipo `Contenido` (las de las instancias de objetos), pero atención: estas referencias todavía no se han definido y todas las entradas de la tabla se ponen a `null` durante su creación.

Cada entrada de la tabla es accesible por un índice numérico, que va desde cero al tamaño de la tabla menos uno. En nuestro ejemplo, será posible acceder desde `tabContenidos[0]` a `tabContenidos[9]`.

Cualquier tabla en Java es un objeto y, por lo tanto, forma parte de la familia de las referencias y esto es cierto sea cual sea el tipo de datos contenido.

Por lo tanto, cualquier tabla Java hereda los métodos de `Object` y un atributo `length` que contiene su ubicación.

El API Java `Collection` ofrece la clase `Arrays`, que expone cincuenta métodos para realizar las operaciones sobre las tablas. Mencionamos las ordenaciones, las copias, las inicializaciones e incluso las comparaciones.

La inicialización de una tabla se puede realizar directamente en la declaración de la clase:

```
package com.eni;

public class Main {

    private String[] miTabCadenasComoAtributo = new String []
            { "Hello", "Java", "World" };
    //...
```

En este extracto de código, el tamaño de la tabla no se indica porque el compilador la puede deducir durante la definición de las entradas.

También se puede hacer en un método como el constructor de la clase, por ejemplo:

```
Package com.eni;

class MiClase {

   // La tabla es de la familia por referencia.
   // Es posible declarar de manera sencilla
   // el tipo contenido sin tener que instanciarla
   public String[] miTabCadenas = null;

   public MiClase(){
       // El constructor de la clase crea
       // realmente la tabla de cadenas en memoria.
       // Esta tabla tiene tres entradas
       // que el constructor sustituye
       miTabCadenas = new String[3];
       miTabCadenas[0] = "Cadena1";
       miTabCadenas[1] = "Cadena2";
       miTabCadenas[2] = "Cadena3";
   }
}

public class Main {

   public static void main(String[] args) {

       MiClase miClase = new MiClase();
       // ...
   }
}
```

Recorrer el contenido de una tabla se puede hacer de manera sencilla con la siguiente sintaxis:

```
for( <tipo> var: <tabla>)
{ ... }
```

Ejemplo

```
public class Main {

   public static void main(String[] args) {

       MiClase miClase = new MiClase();
       for(String s: miClase.miTabCadenas)
       {
           System.out.println(s);
       }
       // ...
   }
}
```

Observación

Esta primera sintaxis solo permite un recorrido hacia adelante únicamente.

También se puede utilizar una segunda sintaxis del bucle `for` para recorrer una tabla. La lectura de cada entrada se hará con el operador `[]`.

```
public class Main {

   public static void main(String[] args) {

       String[] miTabCadenas = new String[3];
       miTabCadenas[0] = "Cadena1";
       miTabCadenas[1] = "Cadena2";
       miTabCadenas[2] = "Cadena3";

       for(int i=0; i<miTabCadenas.length; i++) {

           System.out.println(miTabCadenas[i]);

       }
       // ...
   }
}
```

La sintaxis *for* contiene tres partes, separadas por ";".

```
for(<inicialización>;<expresión_condición>;<modificación>)
{}
```

La primera fija el valor de inicio, a saber: una variable local al bucle de tipo `int` y que llama `i` al valor cero.

La segunda representa una prueba que se realizará al inicio de cada vuelta del bucle, incluida la primera. Aquí, `i` se compara a una variable simbólica llamada `length`, que hay que sustituir por el tamaño de nuestra tabla: `miTabCadenas.length`. Si la prueba se cumple, entonces se ejecuta el contenido del bucle. En caso contrario, la ejecución pasará al siguiente.

La última parte contiene la operación que se realizará al final del bucle: aquí el incremento de la variable local `i`.

Representación algorítmica del bucle `for`:

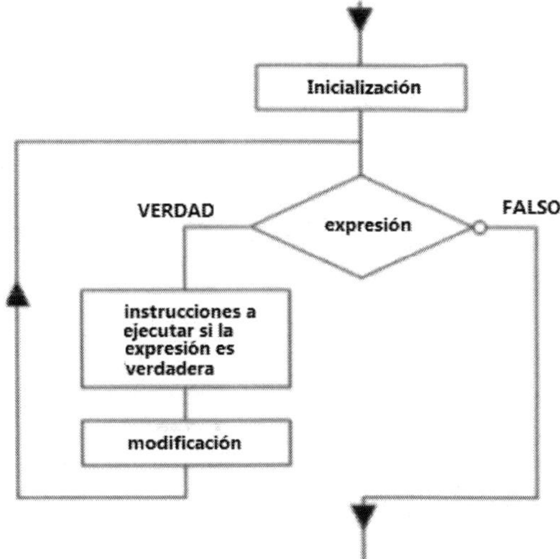


```
for(int i=0; i<miTabCadenas.length; i++) {

   System.out.println(miTabCadenas[i]);

}
```

Durante la ejecución de la iteración, la variable `i` va a cambiar desde cero hasta el tamaño de la tabla -1 porque la condición es «mientras que i sea menor que el tamaño de la tabla». Por lo tanto, la variable `i` se puede utilizar como índice de acceso a la tabla.

La sintaxis es:

```
<miTabla>[indice]
```

El contenido de una tabla se puede modificar durante la ejecución de la aplicación.

```
public void PruebaTab3(int index, String nueva) {
    miTabCadenas[index] = nueva;
}
```

Como ya hemos visto, es imposible agregar o eliminar elementos de la tabla directamente.

Una tabla se puede pasar como argumento a un método y también ser devuelta por un método.

El ciclo de vida de una tabla se corresponde con el de un objeto de tipo por referencia: si nadie más la utiliza, entonces es objetivo del *garbage collector*. Si la tabla contiene tipos por valor, entonces desaparecerán con ella. Si contiene tipos por referencia, entonces sus entradas se convierten a su vez en elegibles para la destrucción si nadie más los referencia. Aquí podemos imaginar la complejidad de las operaciones del *garbage collector*.

Observación

Si durante su desarrollo sabe exactamente en qué momento un objeto se convierte en inútil, entonces es oportuno poner su referencia a null. Mejorará la legibilidad de su código y simplificará las operaciones del garbage collector.

Una tabla puede tener varias dimensiones. El siguiente ejemplo instancia una tabla de dos dimensiones. Cada dimensión tiene 10 entradas.

```
int[][] tabPyt = new int[10][10];
```

El siguiente código permite rellenar las entradas de esta tabla de dos dimensiones realizando el producto de los índices.

```
public class Main {

   public static void main(String[] args) {
       int[][] tabPyt = new int[10][10];
       for (int i = 0; i < 10; i++){

           for (int j= 0; j < 10; j++){

               tabPyt[i][j] = i * j;
           }
       }
   }
}
```

También es posible utilizar tablas de diferentes tamaños.

Declaración de una tabla de tablas

```
<tipo>[][] nombreTab = new <tipo>[<tamaño>][];
```

Ejemplo:

```
    int[][] miTabDeTab = new int[10][];
```

A continuación, hay que asignar una tabla para cada entrada de la tabla. Las tablas asignadas pueden ser de diferentes tamaños.

```
public class DemoTabla {

    public static void main(String[] args) {
        int[][] miTabDeTab = new int[10][];
        for (int i = 0; i < miTabDeTab.length; i++) {
            miTabDeTab[i] = new int[1+2*i];
        //.
        }

    }
}
```

Para acceder a los elementos de la tabla, hay que utilizar la siguiente sintaxis:

```
nombreTab[<índice tab principal>][<índice tab secundaria>]
```

Ejemplo

```
miTabDeTab[2][3] = 7;
```

Este proyecto de ejemplo se encuentra en el directorio Cap5\DemoTabla del .zip que acompaña a este libro.

5.2 Las colecciones

Hemos visto que, si el programa debe poder insertar, eliminar y añadir elementos en una lista, entonces la utilización de colecciones se hace obligatoria.

El API Java contiene varias interfaces (`Collection`, `List`, `Set`, `SortedSet`, `NavigableSet`, `Queue`, etc.), que exponen métodos de operaciones de colecciones estructuradas (por supuesto, Java ofrece clases de implementaciones asociadas).

Una colección reúne elementos que pertenecen a una misma familia.

Como en POO, hay que tener cuidado con tipar lo más posible los objetos manipulados. Es una buena práctica que la colección esté en sí misma fuertemente tipada. Por ejemplo, una colección de objetos `Articulo` no debe ofrecer métodos que solo sepan manipular objetos de tipo `Articulo`. Por lo tanto, vemos muy rápido que en un proyecto completo habría que desarrollar muchas clases de colecciones tipadas, con contenidos muy similares. Esto rápidamente se convertiría en algo fastidioso y en una fuente de errores.

Afortunadamente, desde Java 5 existen los tipos genéricos (concepto ya soportado por C++).

El principio de las clases genéricas es definir el tipo de los objetos que hay que almacenar como argumento del mismo tipo que la colección. De esta manera, el desarrollador se puede beneficiar de las interfaces y clases `Collections` de Java, inmediatamente adaptadas a los tipos de objetos que desee coleccionar.

Sintaxis de declaración de una colección

```
ArrayList<miTipo> nombreColeccion = new ArrayList<miTipo>();
```

El tipo de elemento de la colección (simbolizado por `miTipo` en la línea anterior) se enmarca por dos corchetes angulares.

Ejemplo

```
Package democolecciones;

import java.util.ArrayList;

public class Main {

   public static void main(String[] args) {
       ArrayList<String> miColeccionCadenas
                = new ArrayList <String>();
       // ...
   }

}
```

Este extracto de código instancia una colección de `String` (por lo tanto, fuertemente tipada). La clase `ArrayList` –que forma parte del paquete `java.util`– se utiliza muy habitualmente para administrar las colecciones.

Observación

Observe que, para simplificar la instanciación de las colecciones, no es necesario recordar el tipo alojado con new. Entonces, se sustituye por la secuencia <> que se conoce por el nombre «operador diamante».

```
Package democolecciones;

import java.util.ArrayList;

public class DemoColecciones {

   public static void main(String[] args) {
       ArrayList<String> miColeccionCadenas
                = new ArrayList <>();
       // ...
   }

}
```

Si el tipo almacenado no se define, entonces la colección ArrayList contendrá objetos de tipo Object. Como todos los objetos Java que heredan de la clase Object, la colección podrá contener cualquier cosa.

```
package democolecciones;

import java.util.ArrayList;

class Articulo{
   public int referencia;
   public String nombre;
}


public class Main {

   public static void main(String[] args) {

        // Creación de un objeto Articulo
        Articulo.articulo = new Articulo();
        artículo.nombre = "Su nombre";
        artículo.referencia = 1002;

        // Creación de una lista no tipada
        ArrayList miColecObjetos
                = new ArrayList();

        // Aquí es posible escribir
        // cualquier tipo
        miColecObjetos.add(123);
        miColecObjetos.add("Hello");
        miColecObjetos.add(true);
        miColecObjetos.add(articulo);
   }
}
```

Tan pronto como el objeto `ArrayList` se declara fuertemente tipado, el compilador comprueba que el tipo de entrada en la colección es compatible. En la siguiente imagen, el compilador rechaza insertar `123` en la colección porque es un entero y no una cadena.

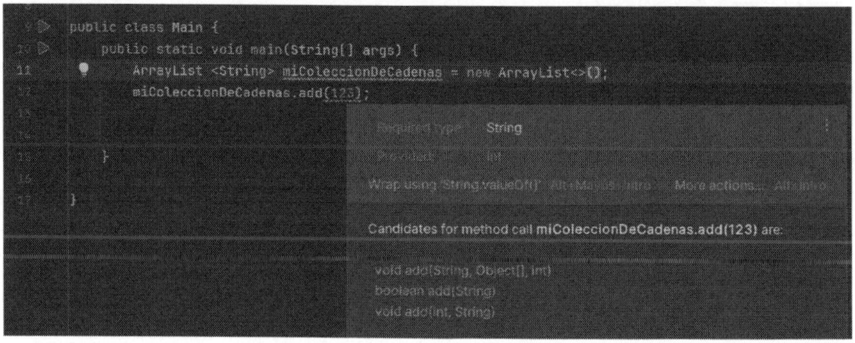

```
public class Main {
    public static void main(String[] args) {
        ArrayList <String> miColeccionDeCadenas = new ArrayList<>();
        miColeccionDeCadenas.add(123);

    }
}
```

Required type: String
Provided: int
Candidates for method call miColeccionDeCadenas.add(123) are:
void add(String, Object[], int)
boolean add(String)
void add(int, String)

La utilización de colecciones genéricas simplifica y aporta fiabilidad al código. También optimiza la ejecución porque no es necesario realizar ninguna conversión en modo lectura o escritura de datos. En todos los métodos de la colección, el argumento `T` (`T` de Tipo) se sustituye por el tipo almacenado.

Por ejemplo, la clase `ArrayList<T>` implementa un método `public void Add(T item);`.

Si en una clase `Contenedor` declaramos una colección de tipo `ArrayList<T>` de objetos `Contenido`...

```
class Contenedor{

        ArrayList<Contenido> listaContenidos = new ArrayList<Contenido>;
        //...
}
```

... entonces el método `public void Add(T item);` se transformará para la instancia `listContenidos` en void `void Add(Contenido item);`.

Observación

Este principio, que consiste en poner como argumento el tipo utilizado por una entidad de la operación, se usa mucho en Java. Lo encontramos en la declaración de las clases, así como en la de las interfaces y también como argumento de determinados métodos.

Volvamos a las colecciones genéricas y veamos las principales interfaces propuestas por el API Java.

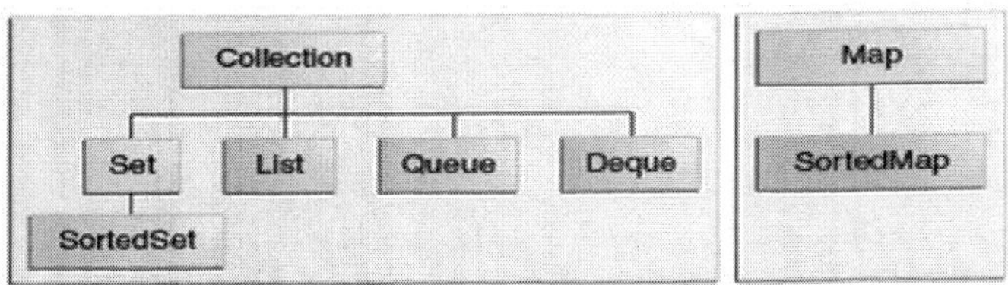

La interfaz `Collection` es la interfaz básica de la jerarquía de las colecciones Java. No existe implementación real de esta interfaz.

La interfaz `Set` hereda de la interfaz `Collection` y administra las listas sin repeticiones posibles. La implementación de esta interfaz más habitualmente utilizada es la clase `HashSet`. La interfaz `SortedSet` retoma los principios de la anterior, añadiendo la noción de ordenación.

La interfaz `List` hereda de la interfaz `Collection` y permite administrar listas ordenadas sin rechazar los duplicados. La clase `ArrayList` es la implementación de la interfaz `List` utilizada más frecuentemente.

La interfaz `Queue` también hereda de la interfaz `Collection` y añade métodos de inserción, extracción e inspección, para permitir un modo de explotación de tipo FIFO (`First In-First Out`: primero en entrar, primero en salir), que se presenta más adelante. `LinkedList` es la implementación más utilizada de la interfaz `Queue`.

La interfaz `Deque` también hereda de la interfaz `Collection` y añade métodos de inserción, extracción e inspección, para permitir modos de funcionamiento de tipo FIFO o LIFO (`Last In-First Out`). `ArrayDeque` es la implementación más utilizada de la interfaz `Deque`.

Una segunda rama del API empieza por la interfaz Map. El principio de funcionamiento de este tipo de objeto es asociar claves únicas (por lo tanto sin duplicados) a los valores. A cada clave solo se le puede asociar un único valor. HashMap es la implementación más utilizada de la interfaz Map.

5.2.1 ArrayList<E> y LinkedList<E>

ArrayList y LinkedList son dos clases concretas que implementan la interfaz List. La clase ArrayList<E> es una colección muy parecida a la del tipo tabla clásica. Se utiliza cuando el programa no hace muchas inserciones, pero la rapidez de acceso a las celdas es importante. En el almacenamiento utilizado de manera interna por la clase de tipo tabla, las celdas están contiguas y permiten de esta manera el acceso directo a un índice particular.

El siguiente extracto de código muestra la instanciación de un objeto de tipo ArrayList de Integer. El método Add permite agregar directamente valores a la lista.

En la clase ArrayList<T> que soportan la interfaz Iterable<E>, es posible una iteración con una sintaxis de tipo for(<tipo> <var>: <list>). A continuación, el contenido de la lista se modifica dinámicamente antes de recorrerse de nuevo, esta vez usando un bucle for clásico.

```
        // Creación de una colección
        ArrayList <Integer> list = new ArrayList <>();
        list.add(400);
        list.add(5);
        list.add(28);

        // Es posible recorrer la colección
        // en sentido "adelante", sencillamente
        // usando un bucle for
        for (Integer item: list) {
            System.out.println(item);
         }
         list.add(300);
         list.remove(1);
         for (int i = 0; i < list.size(); i++)
         {
             System.out.println(list.get(i));
         }
```

Salida por la consola correspondiente:

```
400
5
28

400
28
300
```

Como se muestra en el siguiente extracto de código, podemos agregar a un objeto de tipo `List<T>` el contenido de una tabla y el objeto `List<T>` puede devolver una tabla (tipo `System.Array`).

```
        // Creación de una colección
        ArrayList <Integer> list = new ArrayList <>();
        list.add(400);
        list.add(5);
        list.add(28);

        // Copia de una tabla en la colección
        Integer[] entrada = {1, 2, 3, 4, 5};
        list.addAll(Arrays.asList(entrada));

        // Es posible recorrer la colección
        // en sentido "adelante" de manera sencilla
        // usando un bucle for
        for (Integer item: list) {
            System.out.println(item);
        }
```

Salida por la consola correspondiente:

```
400
5
28
1
2
3
4
5
```

Hay otros métodos y propiedades implementados en las clases `Arrays` y `Collections`. Se puede acceder a la documentación en línea de Oracle, a través de la URL `https://docs.oracle.com/en/java/javase/22`. Aporta a los desarrolladores una descripción de las clases y ejemplos de utilización.

La clase `LinkedList<E>` es una colección basada en una lista encadenada. En una lista encadenada, cada celda contiene, además del elemento alojado (por referencia o por valor), las referencias a las celdas anterior y siguiente.

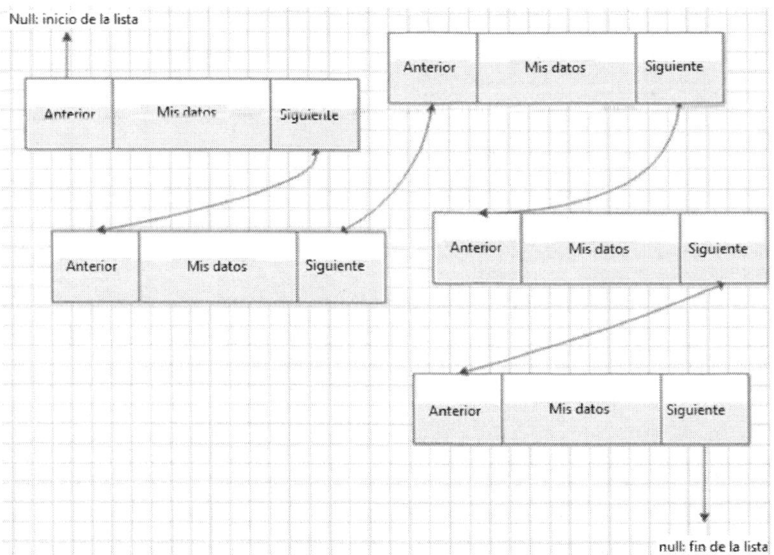

Con una asociación como esta, las inserciones, cambios de orden y eliminaciones son muy rápidas porque se trata de una cuestión de conexiones con los miembros `Anterior` y `Siguiente`. Por el contrario, el rendimiento de un acceso directo a un índice dado es peor que para una tabla clásica porque el método debe recorrer la colección. Sin embargo, el método `get` de acceso por índice también se ofrece en la clase `LinkedList`.

```
LinkedList<Integer> miListaEncadenada = new LinkedList<Integer>();
miListaEncadenada.add(1);
miListaEncadenada.add(2);
miListaEncadenada.add(3);
miListaEncadenada.add(4);
miListaEncadenada.add(5);

System.out.println(miListaEncadenada.get(3));
```

5.2.2 Queue<T> y Stack<T>

La interfaz `Queue<T>` expone un juego de métodos para administrar una colección tipo FIFO. Este tipo de colección se utiliza cuando, por ejemplo, la información se debe encolar temporalmente, porque su operación no se puede realizar de forma inmediata. Cuando la operación se inicia, entonces el orden de lectura se debe corresponder con el orden de entrada en la fila. Por este motivo se llama FIFO, es decir, `first in first out`. Tendremos ocasión de volver sobre este tipo de objeto. La clase `LinkedList` implementa la interfaz `Queue`.

La clase `Stack<T>` es una colección diseñada para un funcionamiento de tipo LIFO, que es el inverso del modelo FIFO. Imagine que se debe lavar una pila de platos; el último de la fila será el primero en el fregadero: `last in first out`.

5.2.3 HashMap<K, V>

Un `HashMap` o diccionario es una colección de valores a los que podemos acceder de manera instantánea, usando una clave. Por ejemplo, si queremos conocer rápidamente el número de cualquier mes del año, podemos construir un diccionario que tenga como claves la lista de los meses y, como valores, los enteros de 1 a 12. Por supuesto, la clase `HashMap<K, V>` (con `K` por Key y `V` por Value) está adaptada para este tipo de uso.

```
HashMap<String, Integer> losMeses = new HashMap<>();
// Proceso de llenado de las parejas clave - valor
losMeses.put("Enero", 1);
losMeses.put("Febrero", 2);
losMeses.put("Marzo", 3);
losMeses.put("Abril", 4);
losMeses.put("Mayo", 5);
```

```
    losMeses.put("Junio", 6);
    losMeses.put("Julio", 7);
    losMeses.put("Agosto", 8);
    losMeses.put("Septiembre", 9);
    losMeses.put("Octubre", 10);
    losMeses.put("Noviembre", 11);
    losMeses.put("Diciembre", 12);

    // Utilización del diccionario:
    System.out.println("El número del mes de Junio es "
            +losMeses.get("Junio"));
```

Salida por la consola:

```
El número del mes de Junio es 6
```

5.2.4 Los iteradores

El bucle `for` que se ha presentado con anterioridad para recorrer la colección no es la panacea. En POO, siempre se persigue la abstracción. Puede ser interesante poder cambiar de tipo de colección –como por ejemplo, pasar de un `ArrayList<T>` a un `LinkedList<T>`– sin tener que retocar el código de todos los métodos que los recorren.

Las colecciones heredan de la interfaz `Collection` (como `ArrayList` y `LinkedList`), soportan la interfaz `Iterable<E>`. Sus instancias pueden enviar un objeto que permita recorrerlos de manera análoga. Estos objetos se llaman enumeradores o iteradores. Soportan la interfaz `Iterator<E>` y se pueden pasar como argumentos a los métodos, como en el siguiente extracto de código:

```
// Independientemente de su naturaleza, tan pronto como una colección
// pueda devolver un objeto Iterator, entonces se puede
// recorrer de la misma manera.
public void MuestraColeccion(Iterator<String> miIterador){

    while(miIterador.hasNext()){
        String elemento = miIterador.next();
        System.out.println(elemento);
    }
}
```

A continuación, se muestra un extracto de código que rellena diferentes tipos de colecciones y utiliza el método genérico definido con anterioridad para visualizar su contenido.

```
ArrayList<String> myArrayList = new ArrayList<>();
myArrayList.add("Enero");
myArrayList.add("Febrero");
myArrayList.add("Marzo");
myArrayList.add("Abril");
myArrayList.add("Mayo");
myArrayList.add("Junio");
myArrayList.add("Julio");
myArrayList.add("Agosto");
myArrayList.add("Septiembre");
myArrayList.add("Octubre");
myArrayList.add("Noviembre");
myArrayList.add("Diciembre");
MuestraColeccion(myArrayList.iterator());

LinkedList<String> myLinkedList = new LinkedList<>();
myLinkedList.add("Lunes");
myLinkedList.add("Martes");
myLinkedList.add("Miércoles");
myLinkedList.add("Jueves");
myLinkedList.add("Viernes");
myLinkedList.add("Sábado");
myLinkedList.add("Domingo");
MuestraColeccion(myLinkedList.iterator());

Stack<String> st = new Stack<>();
st.add("jjj");
st.add("kkk");
st.add("lll");
MuestraColeccion(st.iterator());
```

El método `MuestraColeccion` realmente ha hecho la abstracción del tipo de la colección fuente.

Este proyecto de ejemplo se encuentra en el directorio Cap5\DemoColeccion del .zip que acompaña a este libro.

5.3 Ejercicio

5.3.1 Enunciado

- Cree un nuevo proyecto de tipo consola.
- En el `main`, cree una tabla que contenga los días de la semana.
- Muestre cada día utilizando un bucle de tipo `for(... :...)`.
- Cree una colección de tipo `ArrayList`.
- Vuelva a copiar en la colección el contenido de la tabla anterior, en orden inverso.
- Muestre la colección.
- Elimine de la colección las entradas que contengan `Martes` y `Jueves` (utilizando los métodos `lastIndexOf` y `remove`).
- Muestre la colección.
- Cree un diccionario con las claves de tipo `String` y los valores de tipo `Integer` (`java.util.HashMap<String, Integer>`).
- Vuelva a copiar en este diccionario el contenido de la tabla de los días, dando como valores el número correspondiente a cada día (`1` para `Lunes`, etc.).
- Utilice el método `containsKey` para comprobar la presencia de `Miércoles` y, a continuación, muestre su valor utilizando el método `get` del diccionario.

Salida por la consola asociada:

```
Contenido de la tabla:
Lunes
Martes
Miércoles
Jueves
Viernes
Sábado
Domingo
Contenido de la colección:
Domingo
Sábado
```

```
Viernes
Jueves
Miércoles
Martes
Lunes
Contenido de la colección sin Martes ni Jueves:
Domingo
Sábado
Viernes
Miércoles
Lunes
En la semana, el Miércoles es el día número 3
```

5.3.2 Corrección

```
package com.eni;

import java.util.ArrayList;
import java.util.HashMap;



public class Main {
    public static void main(String[] args) {

      // Creación de una tabla que contenga
      // los días de la semana.
      String [] miTablaDeLosDias = new String[7];
      miTablaDeLosDias[0] = "Lunes";
      miTablaDeLosDias[1] = "Martes";
      miTablaDeLosDias[2] = "Miércoles";
      miTablaDeLosDias[3] = "Jueves";
      miTablaDeLosDias[4] = "Viernes";
      miTablaDeLosDias[5] = "Sábado";
      miTablaDeLosDias[6] = "Domingo";

      // Mostrar cada día utilizando un bucle for(...:...)
       System.out.println("Contenido de la tabla: ");
       for(String dia: miTablaDeLosDias){
           System.out.println(dia);
       }

       // Creación de una colección de tipo ArrayList
```

```
        ArrayList<String> miListaDeLosDias = new ArrayList<>();

        // Volver a copiar el contenido en orden inverso
        // de la tabla anterior en la colección
        for(int i=miTablaDeLosDias.length-1; i>=0; i--){
            miListaDeLosDias.add((miTablaDeLosDias[i]));
        }

        // Mostrar la colección
        System.out.println("Contenido de la colección: ");
        for(String dia: miListaDeLosDias){
            System.out.println(dia);
        }

        // Eliminar de la colección las entradas
        // que contienen "Martes" y "Jueves"
        int indiceDiaAeliminar
                = miListaDeLosDias.lastIndexOf("Martes");
        if( indiceDiaAeliminar != -1) {
            miListaDeLosDias.remove(indiceDiaAeliminar);
        }
        indiceDiaAeliminar
                = miListaDeLosDias.lastIndexOf("Jueves");
        if( indiceDiaAeliminar != -1) {
            miListaDeLosDias.remove(indiceDiaAeliminar);
        }

        // Mostrar la colección
        System.out.println("Contenido de la colección sin Martes ni
Jueves: ");
        for(String dia: miListaDeLosDias){
            System.out.println(dia);
        }

        // Creación de un diccionario con las claves
        // de tipo String y los valores de tipo Integer
        HashMap<String, Integer> miDicoDeLosDias
                = new HashMap<>();

        // Volver a copiar el contenido de la tabla de los días
        // en este diccionario, dando como valores
        // el número del día (1 para Lunes etc.)
        int i=1;
        for(String dia: miTablaDeLosDias){
```

```
            miDicoDeLosDias.put(dia, i++);
        }

        // Utilizar el método containsKey
        // para comprobar la presencia de Miércoles
        if( miDicoDeLosDias.containsKey("Miércoles")){
            // Mostrar su valor utilizando
            // el método get del diccionario
            int numDiasMiercoles
                    = miDicoDeLosDias.get("Miércoles");
            System.out.println("En la semana, el Miércoles es el día
número "+numDiasMiercoles);
        }
    }
}
```

Este ejercicio de ejemplo se encuentra en el directorio Cap5\TpColecciones del .zip que acompaña a este libro.

6. Las clases anidadas

Es posible declarar una clase dentro de otra clase. Esta funcionalidad ofrece al desarrollador una manera adicional de organizar su código. Las clases principales se guardan en los paquetes y, por lo tanto, es posible realizar agrupaciones dentro de ellas.

La mayor parte de las veces, la clase anidada –llamada *nested class* o *inner class*– no significa nada fuera de su clase host y su operador de visibilidad es de tipo `private`. A pesar de todo, es posible modificar este tipo de acceso como `public`, `protected` o `package private`.

Sintaxis de una nested class

```
public class ClassHost {

   class ClaseAnidada {

   }
   //.
}
```

Observación

La clase anidada tiene acceso a todos los miembros de la clase host. La clase host tiene acceso al resto de los miembros de la clase anidada.

El hecho de declarar una clase dentro de otra no implica una instanciación automática de la clase anidada durante la instanciación de la clase host. Esto sigue siendo una declaración.

La clase anidada puede ser de tipo static y, en este caso, se llama comúnmente static nested class.

Si la clase anidada no es de tipo static, se llama inner class.

Ejemplo de codificación de una clase anidada y de su clase host

```
Package com.eni;
public class Main {
    public static void main(String[] args) {
        ClaseHost ch = new ClaseHost();
        ch.TestNestedClass();
    }
}

class ClaseHost {

   // A continuación se muestran las dos propiedades:
   // una "public"
   public String propiedadPublicaHost;
   // y otra "private"
   private String propiedadPrivadaHost;

   // El constructor inicializa estas propiedades
   public ClassHost() {
       System.out.println("Constructor ClassHost");
       propiedadPublicaHost = "Hello";
       propiedadPrivadaHost = "World";
   }

   // A continuación se muestra el método 'public' de Prueba.
   public void PruebaNestedClass(){

       // creando una instancia de ClaseAnidada
       ClaseAnidada miClaseAnidada
               = new ClaseAnidada();
```

```
        // La instancia de ClassHost puede acceder a todos
        // los miembros de la instancia de ClaseAnidada
        System.out.println(
                miClaseAnidada.propiedadPublicaAnidada);
        System.out.println(
                miClaseAnidada.propiedadPrivadaAnidada);

        // La instancia de ClassHost llama al método de prueba
        // de la instancia de ClaseAnidada.
        // Este método recibe como argumento
        // una referencia de la clase ClassHost (por lo tanto, this)
        miClaseAnidada.PruebaConMiHost(this);
    }

    // Declaración (y no instanciación) de ClaseAnidada
    // en el cuerpo de ClassHost
    class ClaseAnidada {
        // La propiedad public de ClaseAnidada
        public String propiedadPublicaAnidada;
        // La propiedad privada de ClaseAnidada
        private String propiedadPrivadaAnidada;

        // El constructor inicializa estas propiedades
        public ClaseAnidada(){
            System.out.println("Constructor ClaseAnidada");
            propiedadPublicaAnidada = "Hola";
            propiedadPrivadaAnidada = "mundo";
        }

        // Método de prueba que permite mostrar
        // que la instancia de ClaseAnidada puede
        // acceder a los miembros de "private" y "public"
        // de la instancia de ClassHost
        public void PruebaConMiHost(ClassHost miHost){
            System.out.println(miHost.propiedadPublicaHost);
            System.out.println(miHost.propiedadPrivadaHost);
        }
    }
}
```

Salida por la consola correspondiente:

```
Constructor ClassHost
Constructor ClaseAnidada
Hola
mundo
Hello
World
```

Este extracto de código muestra una clase host `ClassHost`, que instancia una clase anidada `ClassNested`, durante la llamada a su método `PruebaHostNested`. A continuación, la instancia de esta clase anidada accede a los miembros de su host, tanto de tipo `public` como de tipo `private`.

Si la clase anidada se declara de tipo `static`, entonces se podrá instanciar desde el exterior. Sencillamente será necesario indicar su ruta de acceso durante la instanciación.

```
package com.eni;

public class Main {

    public static void main(String[] args) {

        // Para poder instanciarse directamente
        // desde "el exterior" la clase alojada
        // debe ser de tipo static
    ClaseHost.ClaseAnidadaStatic cis
                = new ClaseHost.ClaseAnidadaStatic();
        // (...)
    }
}

class ClaseHost {

    // (...)

    public static class ClaseAnidadaStatic {
    }
}
```

Si la clase anidada no se declara como `static`, entonces será necesario que la clase contenedora (host) proporcione un método para instanciarla como se muestra a continuación:

```
package com.eni;

public class Main {

    public static void main(String[] args) {

        ClaseHost.ClaseAnidada cid
                = new ClaseHost ().CreateClaseAnidada();
    }
}

class ClaseHost {

    // (...)
    public class ClaseAnidada{
        // (...)
    }
    public ClaseAnidada CreateClaseAnidada(){
        return new ClaseAnidada();
    }
}
```

Este proyecto de ejemplo se encuentra en el directorio Cap5\DemoNeste-dClass del .zip que acompaña a este libro.

7. Algunas diferencias con C#

Los lenguajes Java y C# son muy parecidos. Los dos son lenguajes de referencias (literal y figuradamente) y pasar de uno a otro no presentará grandes problemas.

Si es desarrollador C#, las diferencias respecto a este capítulo son que Java no soporta:

- Las estructuras: herencia de C, las estructuras son muy parecidas a las clases en C#. La principal diferencia afecta a la memoria en la que se almacenan. Las clases se escriben en el *heap* y las estructuras están en la pila (stack); por lo tanto, son de muy rápido acceso porque se declaran por el compilador. No necesitan ninguna asignación del sistema operativo.
- Las clases parciales (definidas en varios archivos fuentes): es un bien, digamos, determinado. Esta funcionalidad es muy práctica, pero genera debate.
- Los métodos parciales que tienen firmas definidas en un archivo fuente e implementaciones (opcionales) definidas en otro: misma observación.
- La sobrecarga de operadores y principalmente los [], que representan indexadores, incluso el ==, que permite probar la igualdad entre dos objetos. Es verdad que, aunque la sobrecarga de operadores sea opcional, el usuario de las clases C# debe comprobar si realmente son operativos, mientras que en Java la cuestión no se plantea y el desarrollador debe utilizar los métodos de prueba y de acceso correspondientes.

Capítulo 6
Herencia y polimorfismo

1. Entender la herencia

El mecanismo de la herencia se utiliza mucho en POO, por lo que es importante recordar su utilidad.

Observación

Heredar de una clase ayuda a especializar determinados comportamientos y algunas de sus propiedades, aprovechando sus servicios básicos y, de esta manera, evitando cualquier redundancia de código.

Java y C# solo permiten una única herencia por nivel (al contrario que C++), pero es posible heredar de una clase en sí misma ya heredada y así sucesivamente, para formar una jerarquía de clases que partan de la más global hasta la más detallada.

Ejemplo de jerarquía de clases

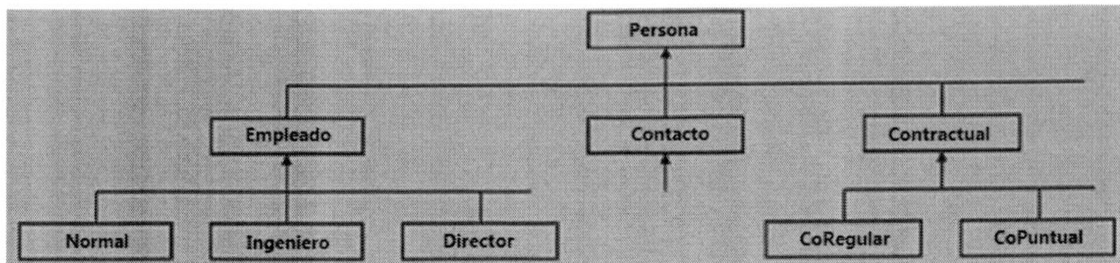

Por defecto, una clase puede servir de «padre» a varias clases. Sin ninguna duda, el mejor ejemplo es `java.lang.Object`, que es la clase raíz de todos los tipos –y por lo tanto, de todas las clases– de Java. Recordemos que esta herencia está implícita y no necesita ninguna declaración particular.

2. Codificación de la superclase (clase de base) y de su subclase (clase heredada)

El código de una clase define las reglas de su eventual herencia.

2.1 Prohibir la herencia

En primer lugar ¿es deseable hacer una clase heredable? Si el análisis demuestra que no, entonces se debe utilizar la palabra clave `final` en la definición de la clase, para prohibir cualquier herencia.

Sintaxis de declaración de una clase «final»

```
[visibilidad] final class NombreClase
{
        //...
}
```

Ejemplo de clase final

```
public final class Director {
   //...
}
```

Como se muestra en la siguiente captura, IntelliJ IDEA rechaza compilar una clase que extiende de la clase final `Director`:

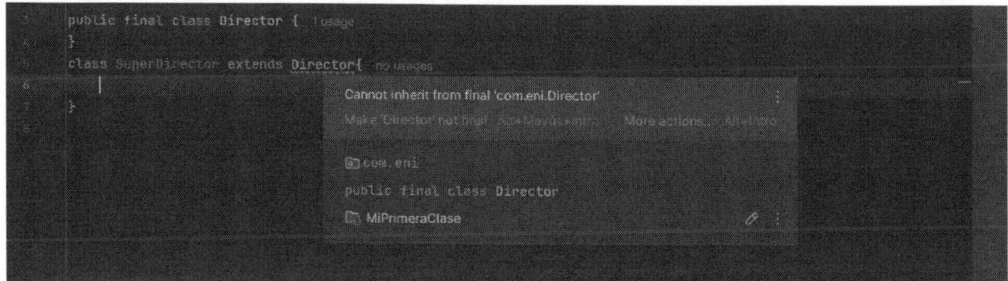

Observación

La clase Java String es una clase de tipo final.

Una clase que no contiene la palabra clave final en su definición se considera extensible.

2.2 Definir los miembros heredables

Una superclase elige a sus miembros transmisibles, gracias a sus atributos de accesibilidad. De esta manera, las clases heredadas (subclases) tendrán el permiso de utilizar y redefinir los miembros de tipo `protected` y, por supuesto, los miembros de tipo `public`. Respecto a los miembros de tipo `private` de la superclase, permanecerán inaccesibles para sus subclases.

2.3 Sintaxis de la herencia

Sintaxis de declaración de la herencia de una clase

```
[visibilidad] [final] class NombreSubClase extends NombreSuperClase {
  //...
}
```

Es la palabra clave `extends` la que precede el nombre de la superclase.

Ejemplo de clase heredada

```
class ClaseHija extends ClaseMadre {

    //...
}
```

Representación UML:

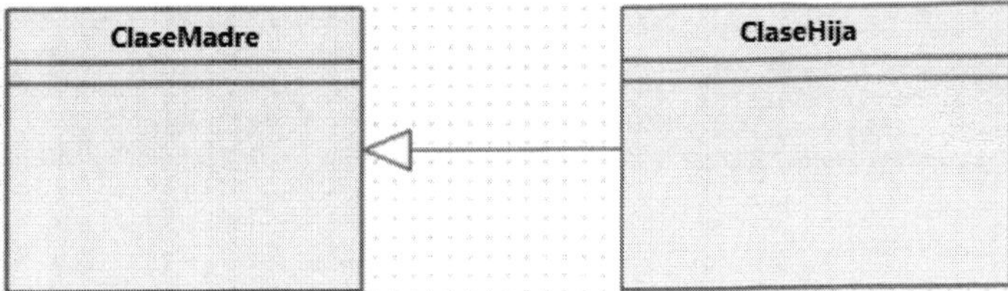

2.4 Explotación de una clase heredada

La instanciación de un objeto de tipo `ClaseHija` se hará de manera «clásica», usando la instrucción `new ClaseHija();`.

Los miembros accesibles por la referencia del objeto serán los miembros de tipo `public` de `ClaseHija` y también los miembros de tipo `public` de `ClaseMadre`.

La notación apuntada se utiliza para acceder a los miembros deseados.

Ejemplo de código que muestra una herencia y su utilización desde un programa

```
package com.eni;


// Definición de una clase que
// sin ser "final", se puede convertir
// en una "superclase".
public class ClaseMadre {
   // con una propiedad 'public'
   // accesible a todos
   public String PublicPropClaseMadre;
   // una propiedad 'protected'
```

```
    // accesible localmente y por sus heredadas
    protected String ProtectedPropClaseMadre;
    // y una propiedad 'private' accesible
    // localmente y por sus hijas
    private String PrivatePropClaseMadre;
}

// Definición de una clase heredada
// de la superclase ClaseMadre
class ClaseHija extends ClaseMadre {
    // con propiedades public, protected y private
    public String PublicPropClaseHija;
    protected String ProtectedPropClaseHija;
    private String PrivatePropClaseHija;
}

// La clase Demoherencia va a ...
class Demoherencia {
    // a través de su método Prueba ...
    public void Prueba(){
        //a mostrar la instanciación de la heredada
        ClaseHija claseHija = new ClaseHija();
        // y el acceso que tiene sobre todas sus propiedades
        claseHija.PublicPropClaseHija
                = "PublicHija";
        claseHija.ProtectedPropClaseHija
                = "ProtectedHija";
        // y a las de su madre
        claseHija.PublicPropClaseMadre
                = "PublicMadre";
        claseHija.ProtectedPropClaseMadre
                = "ProtectedMadre";
        // y no su 'private'
    }
}
```

La clase `DemoHerencia` puede acceder a las propiedades protegidas de `ClaseHija` porque las dos clases están en el mismo paquete.

El extracto de código anterior muestra la instanciación de un objeto de tipo `ClaseHija`, el acceso a los miembros de esta clase y a los de su clase madre. Observe que, para más claridad en la fuente, los descriptores de acceso no se han implementado.

Este proyecto se encuentra en el directorio Cap6\demoherencia del .zip que acompaña a este libro.

3. Comunicación entre clase de base y clase heredada

3.1 Los constructores

Cuando una clase heredada se instancia, el constructor de su superclase se llama antes que el suyo. A continuación, se muestra un extracto de código, seguido del resultado en la consola que lo atestigua.

```
package com.eni;

// El punto de entrada de nuestro ejemplo
public class Main {

   public static void main(String[] args) {

        DemoHerencia dh = new DemoHerencia();
        dh.Prueba();
   }
}
```

```
package com.eni;

// La clase Demoherencia va...
public class DemoHerencia {
   // a través de su método Prueba...
   public void Prueba(){
        //... a mostrar la instanciación de la heredada
        System.out.println("Instanciación de una ClaseHija");
        ClaseHija claseHija = new ClaseHija();
        //
   }
}
```

```
package com.eni;

// Definición de una clase heredada
// de la superclase ClaseMadre
public class ClaseHija extends ClaseMadre {
   // con las propiedades public, protected y private
   public String PublicPropClaseHija;
   protected String ProtectedPropClaseHija;
   private String PrivatePropClaseHija;

   public ClaseHija() {
       System.out.println("Contd Clase Hija");
   }

}
```

```
package com.eni;

// Definición de la "superclase".
public class ClaseMadre {
   // con las propiedades public, protected y private
   public String PublicPropClaseMadre;
   protected String ProtectedPropClaseMadre;
   private String PrivatePropClaseMadre;

   public ClaseMadre() {
       System.out.println("Contd Clase Madre");
   }
}
```

Salida por la consola correspondiente:

```
Instanciación de una ClaseHija
Contd Clase Madre
Contd Clase Hija
Process finished with exit code 0
```

Parece muy claro que este encadenamiento ha tenido lugar sin ninguna llamada particular en el código de la clase heredada. En el caso de constructores sobrecargados (es decir, con argumentos), este automatismo se puede modificar para que el encadenamiento se realice sobre el constructor ad hoc de la clase de base. Gracias a la palabra clave *super*, el heredado va a poder modificar la conexión.

Observación

La palabra clave super permite acceder a los miembros de la clase de base a partir de una clase derivada.

Sintaxis de llamada de un constructor de base desde un constructor heredado

```
ClaseHija([type param1, .]){
  super([param.])
}
```

Ejemplo de código que realiza el encadenamiento con la palabra clave super

```
package com.eni;

// La clase Demoherencia va...
public class DemoHerencia {
   //  a través de su método Prueba...
   public void Prueba(){
       // a mostrar la instanciación de la heredada
       System.out.println("Instanciación de una ClaseHija");
       ClaseHija claseHija
             = new ClaseHija("paraMadre", "paraHija");
       // ...
   }
}
```

```
package com.eni;

// Definición de una clase heredada
// de la superclase ClaseMadre
public class ClaseHija extends ClaseMadre {
   // con propiedades public, protected y private
   public String PublicPropClaseHija;
   protected String ProtectedPropClaseHija;
   private String PrivatePropClaseHija;

   public ClaseHija() {
       System.out.println("Contd ClaseHija");
   }

   public ClaseHija(String propClaseMadre,
                    String propClaseHija){
       super(propClaseMadre);
       System.out.println("Contd ClaseHija con argumento");
       this.PrivatePropClaseHija
```

```
                 = propClaseHija;
    }
}
```

```
package com.eni;

// Definición de la "superclase".
public class ClaseMadre {
    // con propiedades public, protected y private
    public String PublicPropClaseMadre;
    protected String ProtectedPropClaseMadre;
    private String PrivatePropClaseMadre;

    public ClaseMadre() {
        System.out.println("Contd Clase Madre");
    }
    // Sobrecarga del constructor de ClaseMadre
    // que recibe como argumento una cadena
    public ClaseMadre(String PublicPropClaseMadre){
        System.out.println("Contd ClaseMadre con argumento");
        this.PublicPropClaseMadre = PublicPropClaseMadre;
    }
}
```

Salida por la consola asociada:

```
Instanciación de una ClaseHija
Contd ClaseMadre con argumento
Contd ClaseHija con argumento
Process finished with exit code 0
```

La modificación de encadenamiento de los constructores se ha realizado gracias a la línea:

```
super(propClaseMadre);
```

Observación

La línea que contiene la llamada con la palabra clave super obligatoriamente debe estar en primera línea del constructor.

La palabra clave super solo tiene sentido para las instancias de clase. Utilizar super en un método de tipo `static` provoca un error de compilación.

En C# el equivalente a la palabra clave `super` es `base`.

En C++ hay que enunciar el nombre de la clase madre, seguido de `::` para provocar la ambigüedad de una herencia múltiple.

3.2 Acceso a los miembros de la clase de base desde el heredado

De nuevo es la palabra clave `super` la que se utiliza para que un método de la clase heredada pueda acceder a los miembros de su clase de base. No obstante, si el miembro que se va a extender tiene un nombre único en toda la jerarquía, entonces la utilización de la palabra clave `super` se convertirá en opcional. La utilización de la palabra clave `super` tiene la ventaja de conservar un código comprensible por una parte y activar el asistente de IntelliJ IDEA por otra, para ofrecerle todos los miembros heredados accesibles. Preste atención y juzgue sobre esta captura de pantalla.

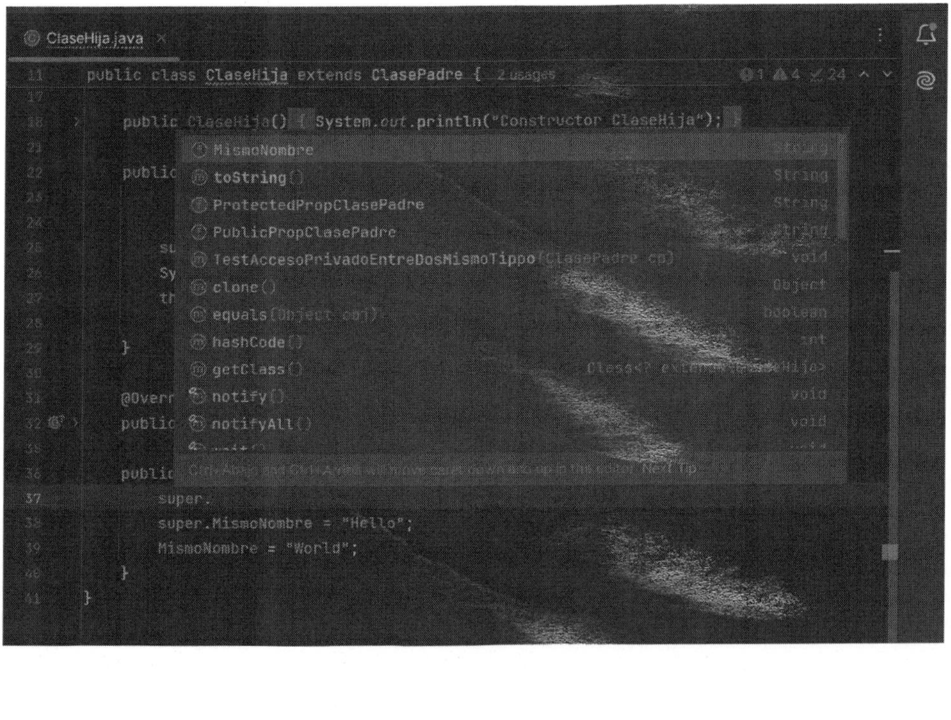

Evidentemente, si la clase heredada ofrece un miembro del mismo nombre y del mismo tipo, la palabra clave super se hace obligatoria para evitar la ambigüedad.

```
package com.eni;

// Definición de la "superclase".
public class ClaseMadre {
   // con propiedades public, protected y private
   public String PublicPropClaseMadre;
   protected String ProtectedPropClaseMadre;
   private String PrivatePropClaseMadre;
   public String MismoNombre;

   public ClaseMadre() {
       System.out.println("Contd Clase Madre");
   }
   // Sobrecarga del constructor de ClaseMadre
   // que recibe como argumento una cadena
   public ClaseMadre(String PublicPropClaseMadre){
       System.out.println("Contd ClaseMadre con argumento");
       this.PublicPropClaseMadre = PublicPropClaseMadre;
   }
}
```

```
package com.eni;
// Definición de una clase heredada
// de la superclase ClaseMadre
public class ClaseHija extends ClaseMadre {
   // con propiedades public, protected y private
   public String PublicPropClaseHija;
   protected String ProtectedPropClaseHija;
   private String PrivatePropClaseHija;
   public String MismoNombre;

   public ClaseHija() {
       System.out.println("Contd ClaseHija");
   }

   public ClaseHija(String propClaseMadre,
                    String propClaseHija){
       super(propClaseMadre);
       System.out.println("Contd ClaseHija con argumento");
```

```
        this.PrivatePropClaseHija
                = propClaseHija;
    }

    public void Prueba(){
        super.MismoNombre = "Hello";
        MismoNombre = "World";
    }
}
```

```
package com.eni;

// La clase Demoherencia va...
public class DemoHerencia {
    // a través de su método Prueba
    public void Prueba(){
        //a mostrar la instanciación de la heredada
        System.out.println("Instanciación de una ClaseHija");
        ClaseHija claseHija
                = new ClaseHija("paraMadre", "paraHija");
        claseHija.Prueba();
        // ...
    }
}
```

En este extracto de código, el método `Prueba` de `ClaseHija` mezcla el uso de `super` y de `this` para acceder a los miembros heredados para el primero y a los miembros de la instancia para el segundo. Esta sintaxis solo es obligatoria para la propiedad `MismoNombre`, que se define en las dos clases. Este caso puede parecer chocante al principio. En efecto, ¿por qué nombrar a los miembros de manera idéntica? Sea como sea, es una práctica muy habitual y estudiaremos el interés en el capítulo que trata el polimorfismo.

3.3 Métodos virtuales

Especializando una clase de base, el desarrollador añade nuevos miembros y también puede sustituir determinados miembros existentes de la clase de base para conseguir comportamientos específicos. Se habla entonces de métodos virtuales.

Observación

Al contrario de lo que sucede con C++ y C#, todos los métodos Java son virtuales por defecto.

Recordemos que, en POO, una clase heredada se puede considerar como una especie de tipo de su clase madre. Por ejemplo, si una clase `Destornillador` hereda de la clase `Herramienta`, entonces un objeto de tipo `Destornillador` se podrá considerar como una especie de objeto `Herramienta`. Por lo tanto, su instanciación también se podrá guardar como una referencia, tanto del tipo `Destornillador` como del tipo `Herramienta`.

El siguiente extracto de código utiliza este mecanismo.

```
package demovirtual;

// Definición de una "superclase" Herramienta
public class Herramienta {
   // con un atributo de tipo public
   public String Precio;
}
```

```
package demovirtual;

// Definición de una clase Destornillador
// que extiende la superclase Herramienta
public class Destornillador extiende Herramienta {
   // siendo ella también un atributo de tipo public
   public String TipoDeDestornillador;
}
```

```
package demovirtual;


public class DemoVirtual {

 public void Prueba(){

   // Instanciación de un objeto Destornillador
   Destornillador destornillador
           = new Destornillador();
   // Acceso a su miembro public
   destornillador.TipoDeDestornillador
           = "Estrella";
```

```
        // Instanciación de un nuevo objeto Destornillador
        // que se guarda en una referencia Herramienta
        // Es posible porque Destornillador hereda de Herramienta
        // y por lo tanto es una especie de Herramienta
        Herramienta herramienta
                = new Destornillador();
        ((Destornillador)herramienta).TipoDeDestornillador
                = "Plano";
    }
}
```

```
package demovirtual;


public class ClasePrincipal{

   public static void main(String[] args) {
       DemoVirtual dh = new DemoVirtual();
       dh.Prueba();
   }
}
```

Recordemos que una referencia (`destornillador` y `herramienta` en el ejemplo) no es más que la dirección del objeto real. La asignación de memoria de un objeto heredado empieza por la parte «objeto de base», seguido de la parte miembros añadidos. Por lo tanto, es comprensible que la dirección de inicio de esta zona se pueda considerar como referencia del tipo de base o como referencia del tipo heredado.

Observe que, en el ejemplo, cuando el objeto se referencia por su tipo de base, es necesario utilizar el operador de transtipado (`ClaseHeredada`) para poder acceder a sus miembros especializados.

Este transtipado es obligatorio porque queremos acceder a un dato miembro definido únicamente en la clase heredada, a partir de una referencia sobre la superclase. Por el contrario, si la clase heredada «redefine» una operación de la superclase, implementando un método con el mismo nombre, entonces este transtipado ya no es obligatorio. En efecto, en lenguaje Java el acceso a los miembros de la clase de base siempre se redirige hacia el miembro que se redefine en la clase heredada, y ello sea cual sea la referencia utilizada: superclase o heredada.

No hay que utilizar una sintaxis particular para este tipo de funcionamiento nativo. Simplemente, justo antes del método que va a sustituir (normalmente llamado overrider) el método de base, es prudente escribir `@Override` por dos razones:

- El compilador va a comprobar que realmente va a sustituir un método existente de la superclase.... Esto será muy útil en caso de error de entrada, como se muestra en la siguiente pantalla, en la que `toString` se ha cambiado por `ToString`:

```
@Override   // car override de la méthode de Outils
    Method does not override method from its superclass     blic String ToString() {
                                                            nevis + '}';
}   Extract interface  Alt+Maj+Entrée   More actions...  Alt+Entrée
```

- Segunda razón: su código será más fácil de leer.

Ejemplo de «sustitución»

```
@Override
public String toString() {
   return "Destornillador{" + "TipoDeDestornillador=" +
TipoDeDestornillador + '}';
}
```

A continuación, se muestra otro ejemplo de código de sustitución y una utilización desde los dos tipos de referencia:

```
package demovirtual;

// Definición de una "superclase" Herramienta
public class Herramienta {
   // con una propiedad de tipo public
   public String Precio;

   @Override   // override del método de Object
   public String toString() {
       return "Herramienta{" + "Precio=" + Precio + '}';
   }

}
```

```
package demovirtual;


// Definición de una clase Destornillador
// que extiende la superclase Herramienta
public class Destornillador extends Herramienta {
   // con ella también una propiedad de tipo public
   public String TipoDeDestornillador;


   @Override   // override del método de Herramienta
   public String toString() {
       return "Destornillador{" + "TipoDeDestornillador=" +
TipoDeDestornillador + '}';
   }
}
```

```
package demovirtual;


public class DemoVirtual {

 public void Prueba(){

   // Instanciación de un objeto Destornillador
   Destornillador destornillador
           = new Destornillador();
   // Acceso a su miembro public
   destornillador.TipoDeDestornillador
           = "Estrella";

   // Instanciación de un nuevo objeto Destornillador
   // guardado en una referencia Herramienta
   // Es posible porque Destornillador hereda de Herramienta
   // y por lo tanto es una especie de Herramienta
   Herramienta herramienta
           = new Destornillador();
   ((Destornillador)herramienta).TipoDeDestornillador
           = "Plano";

   System.out.println(destornillador.toString());
   System.out.println(herramienta.toString());
 }
}
```

```
package demovirtual;


public class ClasePrincipal {

   public static void main(String[] args) {
        DemoVirtual dh = new DemoVirtual();
        dh.Prueba();
   }
}
```

Salida por la consola correspondiente:

```
Destornillador{TipoDeDestornillador=Estrella}
Destornillador{TipoDeDestornillador=Plano}
Process finished with exit code 0
```

Observación

Declarar un método en la superclase no obliga a sobrescribirlo en las clases derivadas. La sobrescritura se lleva a cabo únicamente cuando se requiere adaptar o especializar el comportamiento.

Este proyecto se encuentra en el directorio Cap6\demovirtual del .zip que acompaña a este libro.

3.4 Métodos de tipo final

El diseñador de una clase puede decidir que algunos de sus métodos no se puedan redefinir en las clases heredadas. Prefijará entonces el método con la palabra clave `final` que ya conocemos, a nivel de la definición de las clases, para prohibir la herencia.

En el siguiente ejemplo, la superclase `Herramienta` contiene un método de este tipo llamado `NoSeDebeRedefinir`.

```
package demovirtual;

// Definición de una "superclase" Herramienta
public class Herramienta {
   // con una propiedad de tipo public
   public String Precio;
```

```
    @Override   // porque override del método de Object
    public String toString() {
        return "Herramientas{" + "Precio=" + Precio + '}';
    }

    public final void NoSeDebeRedefinir(){
        // ...
    }

}
```

Si intentamos sustituir este método en la clase heredada (`Destornillador`), IntelliJ IDEA no lo permite:

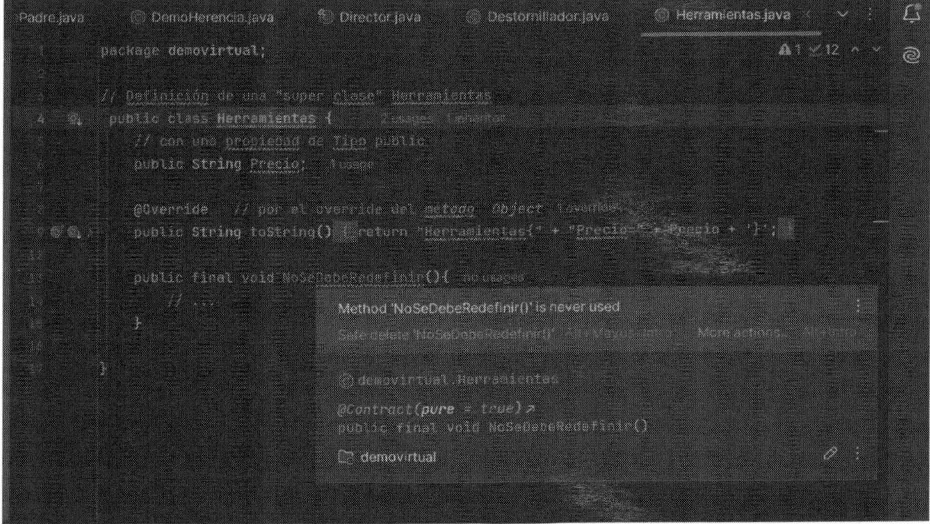

Existe el opuesto a esta restricción, es decir, la obligación de que las clases heredadas tengan que sustituir un método dado de la superclase. Veremos esto justo después de un pequeño ejercicio.

4. Ejercicio

4.1 Enunciado

- Cree una nueva solución de tipo consola.
- Añada una clase `CuentaBancaria` para representar una cuenta bancaria, con las siguientes propiedades:
  - `Titular (String).`
  - `Número` (`Integer` que contiene un valor único asignado a la instanciación; el primer número de cuenta será `100`).
  - `Saldo (double).`

  Y los siguientes métodos:
  - `Ingresar` (permite ingresar dinero en la cuenta).
  - `Retirar` (permite retirar dinero de la cuenta).
  - `Consultar` (muestra toda la información de la cuenta).
- Añada una clase `CuentaBancariaRemunerada` que represente a una cuenta bancaria remunerada que hereda de la clase `CuentaBancaria`, para la que el constructor recibirá como argumentos el nombre del titular y el porcentaje de remuneración de la cuenta.
- Redefina el método `Ingresar` de `CuentaBancariaRemunerada` para que la cantidad ingresada se aumente con el porcentaje de remuneración definido en el constructor. No soñemos; este funcionamiento bancario atípico se hace únicamente para simplificar el ejercicio.
- Codifique en el `main` una secuencia que permita comprobar el funcionamiento de las clases.

4.2 Corrección

```
package labcuentabancaria;

public class CuentaBancaria {

   // Entero de tipo static que contiene
   // el contador global de número de cuenta
   private static Integer numCont = 100;

   // Nombre del titular
   private String Titular;
   public String getTitular() {
       return Titular;
   }
   public final void setTitular(String Titular) {
       this.Titular = Titular;
   }

   // Número de cuenta de la instancia
   private Integer Numero;
   public Integer getNumero() {
       return Numero;
   }
   public final void setNumero(Integer Numero) {
       this.Numero = Numero;
   }

   // Saldo de la cuenta
   private double Saldo;
   public double getSaldo() {
       return Saldo;
   }
   public void setSaldo(double Saldo) {
       this.Saldo = Saldo;
   }
   // Método llamado durante un depósito en la cuenta
   public void Ingresar(double credito) {
     Saldo += credito;
   }

   // Método llamado durante un reintegro desde la cuenta
   public void Retirar(double debito) {
```

```
      Saldo -= debito;
    }

    // Devuelve el resumen de la cuenta, sustituyendo
    // el método toString de la clase Object
    @Override
    public String toString(){
       return String.format(
                   "Cuenta n°%d Titular %s Saldo %.2f euros",
                    Número, Titular, Saldo);
    }

    // Constructor de la clase CuentaBancaria
    // que contiene el nombre del titular
    // y asigna un número de cuenta único
    public CuentaBancaria(String titular) {
      setTitular(titular);
      setNumero(CuentaBancaria.numCont++);
    }
}
```

```
package labcuentabancaria;


public class CuentaBancariaRemunerada extends CuentaBancaria {

   // Porcentaje de remuneración de la cuenta remunerada
   private double PorcentajeRemuneracion;
   public double getPorcentajeRemuneracion() {
       return PorcentajeRemuneracion;
   }
   public final void  setPorcentajeRemuneracion(double
PorcentajeRemuneracion) {
       this.PorcentajeRemuneracion = PorcentajeRemuneracion;
   }

   // Constructor que recibe como argumentos
   // el nombre del titular y el porcentaje de remuneración.
   public CuentaBancariaRemunerada(
                String titular, double porcentajeRemuneracion) {
     super(titular);
     setPorcentajeRemuneracion(porcentajeRemuneracion);
   }
```

```
    // Aquí se redefine el método Retirar de la superclase
    // para tener en cuenta
    // un porcentaje de remuneración "inmediato"
    // (atención: funcionamiento muy diferente
    // a la vida real...)
    @Override    // permite al compilador comprobar
                 // que exista un método Retirar
                 // en la superclase
    public void Ingresar(double credito) {
      super.Ingresar(credito * (1 + PorcentajeRemuneracion / 100));
    }

}
```

```
package labcuentabancaria;

public class ClasePrincipal {

    public static void main(String[] args) {

      // Creación de una cuenta "clásica" para Víctor
      CuentaBancaria cb1 = new CuentaBancaria("Víctor");
      // Ingreso de 1000€
      cb1.Ingresar(1000);
      // Impresión del recibo
      System.out.println(cb1.toString());

      // Retirada de 200€
      cb1.Retirar(200);
      // Impresión del nuevo recibo
      System.out.println(cb1.toString());

      // Creación de una cuenta "remunerada" al 2% para Andrés
      CuentaBancariaRemunerada cb2
                  = new CuentaBancariaRemunerada("Andrés", 2);
      // Ingreso de 500€ inmediatamente aumentado un 2%
      cb2.Ingresar(500);
      // Impresión del nuevo recibo
      System.out.println(cb2.toString());

    }

}
```

Salida por la consola:

```
run:
Cuenta n°100 Titular Víctor Saldo 1000,00 euros
Cuenta n°100 Titular Víctor Saldo 800,00 euros
Cuenta n°101 Titular Andrés Saldo 510,00 euros
Process finished with exit code 0
```

Como ya sabe, los módulos de una aplicación Java normalmente se entregan en un archivo .jar, que no es otra cosa que un archivo .zip. Vamos a provechar este ejercicio para pedir a IntelliJ IDEA que lleve nuestros binarios a este tipo de archivos.

- Para esto, seleccione la opción **Project Structure** del menú **File** y seleccione **Artifacts**.

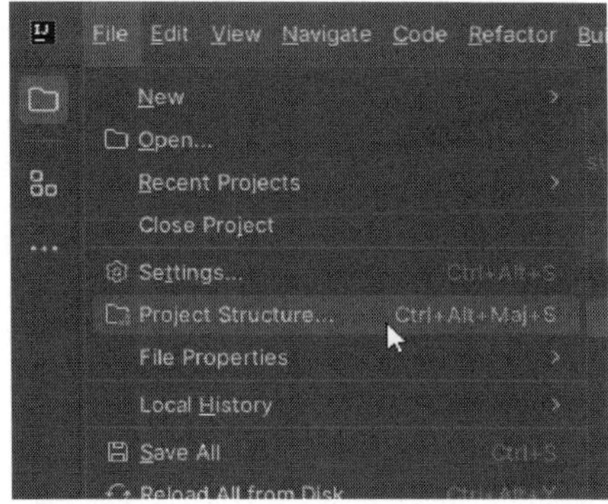

- Seleccione **Artifacts**.
- Pulse en el botón **+**.
- Seleccione **JAR - From modules with dependencies**.

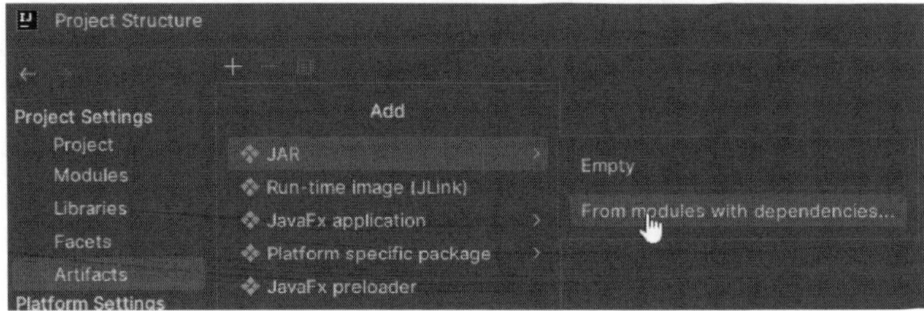

Pulse el botón **Browse** para seleccionar la Main Class.

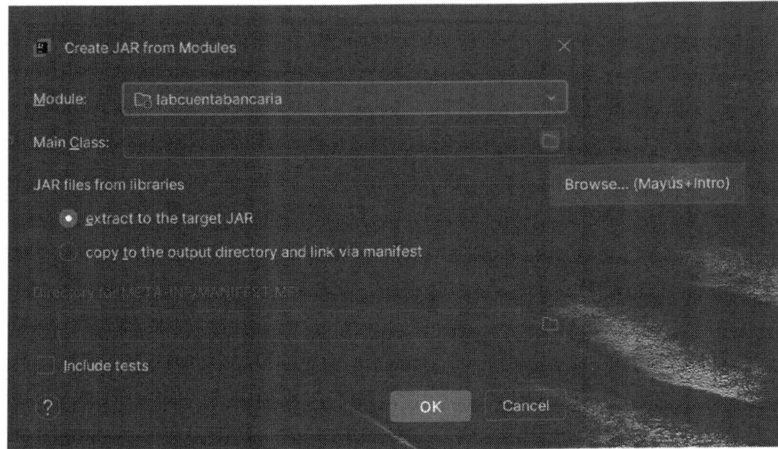

Escriba «Main» como Main Class.

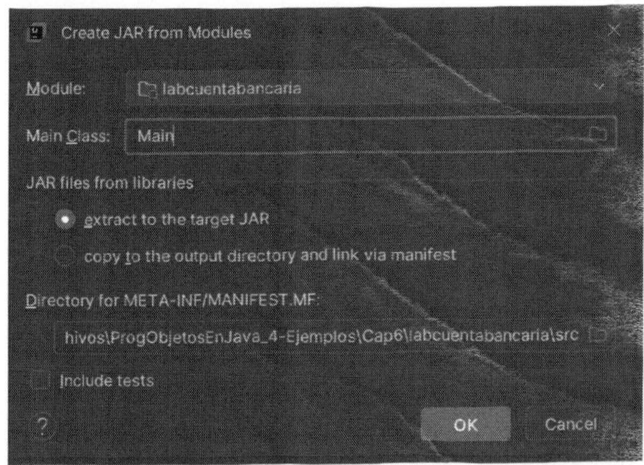

Vuelva a cerrar el cuadro de diálogo **Create JAR from Modules** pulsando **OK**.

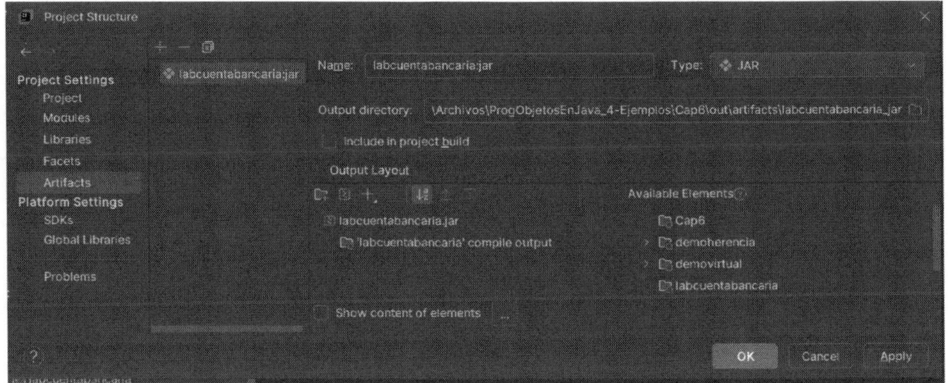

- Vuelva a cerrar el cuadro de diálogo **Project Structure** pulsando **OK**.
- Desencadene a continuación la compilación del .jar desde el menú **Build** - opción **Build Artifacts**.

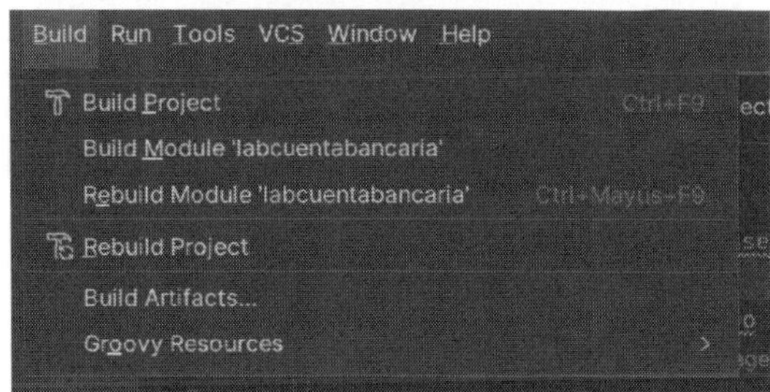

Encontrará el resultado de la compilación (*labcuentabancaria.jar*) en su directorio (...)\labcuentabancaria\out\artifacts. Utilizaremos este archivo un poco más adelante.

Este ejercicio se encuentra en el directorio Cap6\labcuentabancaria.zip que acompaña a este libro.

5. Las clases abstractas

Puede suceder que una superclase contenga métodos que no se puedan implementar porque no tengan ningún sentido sin un mínimo de especialización.

Por ejemplo, una clase de base `FormaGeometrica` ofrece un método virtual `Diseñar`. A continuación, esta clase se extiende con las clases `Triangulo`, `Rectangulo` y `Circulo`. Cada una va a sustituir e implementar su propio método `Diseñar`.

Por lo tanto, la implementación del método `Diseñar` en la clase de base `FormaGeometrica` no tiene ningún sentido, porque cada forma es específica y a nivel de `FormaGeometrica` esta forma es abstracta.

En este caso, ¿por qué definir el método `Diseñar` en `FormaGeometrica`?

Por supuesto, esto está relacionado con el polimorfismo. Imagine que está construyendo una aplicación de diseño y esta aplicación administra una serie de formas geométricas cuidadosamente definidas y guardadas por el usuario. Puede administrar una lista de objetos de tipo `Triangulo`, una lista de objetos de tipo `Rectangulo`, etc. Buena suerte, porque esto pronto se convertirá en algo bastante pesado. Construyendo una lista de objetos de tipo `FormaGeometrica`, puede rellenarla de objetos de tipo `Triangulo`, `Rectangulo` y `Circulo`. ¿Para qué? Porque los tres extienden la superclase `FormaGeometrica` y cualquier clase derivada puede implícitamente convertirse en un objeto de su clase de base. Por lo tanto, todo se simplifica. Cuando el contenido de la lista se debe diseñar, es suficiente con acceder a cada objeto –de tipo `FormaGeometrica`– y llamar a su método `Diseñar`. Gracias al mecanismo de virtualización que se ha estudiado con anterioridad, es la implementación específica la que se llamará automáticamente. Por lo tanto, hay que definir el método `Diseñar` en `FormaGeometrica` para permitir este funcionamiento.

¿Por qué definir una clase abstracta en lugar de una interfaz?

En efecto, en el ejemplo anterior la clase `FormaGeometrica` se hubiera podido sustituir por una interfaz. Es preferible crear una clase abstracta cuando existe un conjunto de métodos comunes a todas las implementaciones. Recordemos que una interfaz no contiene código (aunque desde Java 8 esta regla tiene excepciones), por lo que, si se desea combinar métodos abstractos con métodos con implementación, la solución adecuada es utilizar una clase abstracta. Si por el contrario no hay código compartido, la clase abstracta, que no contiene más que los métodos abstractos, se sustituirá por una interfaz.

Observación

Una clase se declara abstracta cuando uno de sus métodos es abstracto.

Es imposible instanciar directamente una clase abstracta con la palabra clave new. Esto provoca un error de compilación.

Sintaxis de declaración de una clase abstracta

```
<visibilidad> abstract class NombreClaseAbstracta {

  abstract visibilidad tipo retorno NombreMetodo ([argumentos]);
  //...
}
```

6. El polimorfismo

6.1 Entender el polimorfismo

En programación orientada a objetos, el polimorfismo permite a una clase heredada presentarse en una operación como su clase de base o como una de sus interfaces. Gracias a la virtualización de los métodos, la operación que llama al método de base se «transfiere» en la clase heredada. De esta manera, se obtiene una «especialización» de la operación.

Observación

Recuerde: cualquier clase derivada puede implícitamente convertirse en un objeto de su clase de base.

En el lenguaje Java, la virtualización -automática por defecto- ya se ha detallado en las páginas anteriores. Esta permite que la clase base defina métodos que pueden ser utilizados y, si se desea, especializados por las clases que la heredan.

En el lenguaje Java, cada objeto es «polimorfo». Se puede considerar como su propio tipo o como el de su clase de base y, por saltos sucesivos, como el tipo raíz de todos los tipos, es decir, `java.lang.Object`.

6.2 Explotación del polimorfismo

La mejor programación es aquella que incentiva la menor dependencia entre los módulos. Una arquitectura compuesta de módulos débilmente acoplados (`loosely coupled modules`) es muy apreciada porque permite la evolución de las capas independientemente del funcionamiento global. Lo que ayer aparecía como un bloque monolítico, se convierte en algo fraccionado en capas (arquitectura `n-tier` con `tier` en el sentido de capa), que se pueden repartir en ubicaciones geográficas totalmente diferentes.

El intercambio de los módulos es posible gracias al polimorfismo. Cada capa acepta módulos que respetan la compatibilidad, además de una lista de comportamientos obligatorios. Entonces, las instancias de clases muy tipadas de los objetos compatibles con las interfaces contractuales y la operación principal se limitan a instanciar e interconectar las instancias compatibles con estas interfaces.

Observación

Cualquier objeto que implemente una interfaz, se puede convertir en el tipo de esta interfaz.

En sus clases, son preferibles los miembros de tipo por referencia de interfaces, en lugar de los miembros de tipo por referencia de objetos. Haga que su código esté abierto a las evoluciones de sus componentes.

6.3 Los operadores instanceof y ()

Los operadores `instanceof` y `()` permiten comprobar y considerar los objetos de base como objetos heredados, fuertemente tipados. Se debe reflejar su uso. Si prototipa un método con un argumento débilmente tipado (como `java.lang.Object`) y tiene que realizar una operación específica para un tipo heredado dado, entonces utilice el operador `instanceof` para comprobar la pertenencia a la familia y, a continuación, el operador de transtipado `()` para crear una nueva referencia sobre el tipo heredado y, de esta manera, simplificar su codificación.

No dude en volver a la subsección getClass, .class y el operador instanceof del capítulo Los tipos en Java, donde ya se abordó esta noción de polimorfismo. En el ejemplo, el método `Mantenimiento` espera un objeto de tipo `Vehiculo` que a continuación se va a analizar para que se llame a la operación adaptada.

```
public class MantenimientoVehiculos {

   public void Mantenimiento(Vehiculo v) {

       // El objeto ¿va a ser creado como moto?
       if( v.getClass() == Moto.class ) {

           // Sí. Por lo tanto, no se ha creado
           // como VehiculoAmotor
           assert(v.getClass() != VehiculoAmotor.class);

           // pero sigue siendo
           // una instancia de VehiculoAmotor
           assert( v instanceof VehiculoAmotor );

           // como una instancia de Vehiculo
           assert( v instanceof Vehiculo );

           // y evidentemente una instancia de Moto
           assert( v instanceof Moto );
       }
   }
}
```

Observación

Recuerde: `instanceOf` comprueba si un objeto se puede considerar como un tipo dado, mientras que `getClass` devuelve el tipo nativo del objeto.

Capítulo 7
Comunicación entre objetos

1. El evento: estar a la escucha

Como sucede con los sistemas operativos orientados a eventos, sus objetos seguramente tendrán que estar a la escucha de otros objetos. Por ejemplo, su formulario gráfico estará atento a las acciones del ratón para poder actuar inmediatamente a las peticiones del usuario. Su formulario no sabe cuándo el usuario va a hacer clic en uno u otro componente y, por otra parte, será el propio componente el que lo llame para informarle del cambio de estado.

Observación

Un objeto que capta información la puede difundir a los clientes, que inicialmente se hayan suscrito a su lista de difusión.

La POO siempre está muy próxima a la realidad. Se suscribe a su revista preferida como muchos otros. Los periodistas escriben artículos que se agrupan en ediciones del periódico. Regularmente, se le envía este periódico. En cualquier momento, puede detener su suscripción y suscribirse a otro medio.

En programación es lo mismo; habitualmente tendrá que implementar los mecanismos de gestión de listas de suscriptores y difusión.

2. El pattern Observador

2.1 Aspectos generales

Esta problemática era recurrente y la cuadrilla de los cuatro ha diseñado un patron de diseño (*design pattern*) para resolverlo.

Este pattern, llamado `Observador`, ofrece una solución de codificación para una relación de un (observado) respecto a varios (observadores), utilizando el acoplamiento (interdependencia) más débil posible. Esta solución se puede utilizar directamente en lenguaje Java gracias a la clase `java.util.Observable` y a la interfaz `java.util.Observer`.

Desde JDK 9, la clase `java.util.Observable` ha sido obsoletizada, lo que significa que se puede continuar utilizando con este JDK, pero va a desaparecer en las versiones futuras. Evidentemente existen soluciones de sustitución, pero la simplicidad de utilización de la clase `java.util.Observable` hace que siga siendo la herramienta de aprendizaje ideal para establecer la comunicación entre los objetos Java.

A continuación, se muestra la representación UML de este tipo de relación. Los nombres de las clases, interfaces y miembros no se corresponden con los del API Java porque es una representación genérica del *design pattern*.

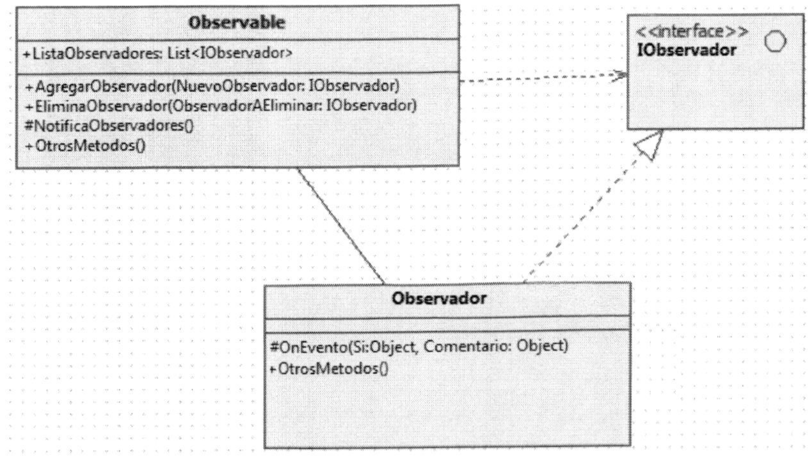

La clase `Observable` y la interfaz `IObservador` se diseñaron a la vez, durante el desarrollo de un objeto que tenía que comunicar sus cambios de estado a sus suscriptores.

Posteriormente, usted desarrolla un programa que debe, entre otras cosas, tratar las notificaciones de este objeto. Este objeto se comercializa desde hace mucho tiempo y funciona perfectamente.

La comunicación entre estos dos objetos –desarrollados en momentos diferentes– podría ser posible gracias al dúo ganador 'interfaz y polimorfismo'. En efecto, la clase `Observable` no conoce su objeto, pero en contraposición, su objeto puede implementar la interfaz `IObservador` que ha sido proporcionada por el desarrollador del objeto `Observable`.

Cuando su objeto se va a guardar en el `Observable`, no se va a declarar con su tipo nativo, sino como instancia que soporta la interfaz `IObservador`. Por lo tanto, incluso si `Observable` ignora todo de su objeto, sabe que implementa obligatoriamente un método muy particular: el que se define en `IObservador`. Por lo tanto, lo va a conservar como instancia de `IObservador` y va a poder llamar directamente a un método (su método) en su objeto para notificarle sus cambios. Es a la vez sencillo y eficaz.

2.2 Implementación en lenguaje Java

El API Java ofrece directamente una clase `Observable`, que también se llama `java.util.Observable`. La clase `Observable` no es una clase abstracta. Esto quiere decir que se puede instanciar y utilizar directamente. En lo que sigue, es preferible extenderlo (heredarlo) para aplicar los mecanismos expuestos con anterioridad. Sin embargo, es previsible la utilización de la clase `Observable` autónoma instanciada que sirva de unión entre su objeto de publicación y su suscriptor o sus suscriptores.

El API Java también ofrece el equivalente de la interfaz `IObservador`, con el nombre de `java.util.Observer`.

Por lo tanto, esta pareja de objetos se convierte en un medio genérico para que observables y observados se puedan comunicar fácilmente, y esto para el bien de todos los desarrolladores.

Este mecanismo también funciona en C#, pero será necesario desarrollar la clase `Observable` y la interfaz `IObservador` asociadas a su objeto porque C# no tiene equivalentes. C# aboga por un sistema de llamada directa entre objetos, permitidos por un mecanismo `event/delegate` también con buen rendimiento, que evita la implementación de una interfaz.

En C++, su objeto observable también deberá administrar sus listas de suscriptores porque no existe solución clave en main. Además, este lenguaje no soporta las interfaces. La parte que describe la comunicación entre las dos partes se deberá definir en una clase abstracta.

Suscripción/cancelación suscripción

Por lo tanto, el suscriptor o los suscriptores se tendrán que guardar en la clase observable para recibir las notificaciones. Si se encarga del diseño de una clase de difusión, entonces su trabajo es muy sencillo porque con el simple hecho de extender la clase `Observable` del API Java agrega a sus objetos un conjunto de métodos clave en mano, para administrar las suscripciones y cancelación de las suscripciones de los clientes.

A continuación se muestra la lista de los métodos de la clase `Observable` del API Java que permite administrar las suscripciones:

- `public void addObserver(Observer o)`
- `public void deleteObserver(Observer o)`
- `public void deleteObservers()`
- `public int countObservers()`

Los dos primeros métodos se utilizan por los clientes. Observe que el argumento es `Observer` y que `Observer` es una interfaz. Por lo tanto, sus clientes tendrán que implementar esta interfaz antes de poder guardarse en su objeto de difusión. Entonces se convertirán en tipos `Observer` y podrán pasar sus referencias (`this`) a los métodos de suscripción de `Observable`.

Un objeto que implemente la interfaz `Observer` obligatoriamente debe ofrecer el método:

```
void update(Observable o, Object arg){
...
}
```

Notificación

Para notificar a sus suscriptores, la clase de difusión que extiende la clase `Observable` debe llamar a los métodos `setChanged` y `notifyObservers` de manera interna.

Imaginemos que aquella detecta un cambio de estado en el hardware que encapsula. Entonces llama a estos dos métodos para informar de ello a todos sus suscriptores. El método `notifyObservers` se sobrecarga y ofrece una versión con argumento, que permite al emisor acompañar su notificación de un objeto destinado a documentar el evento. El tipo de este argumento es `Object`, por tanto de tipo raíz de todos los objetos Java. Por lo tanto, a través del polimorfismo, la clase de difusión puede transmitir cualquier referencia. El método `notifyObservers` realiza una iteración en la lista de suscriptores y llama el método para cada instancia obligatoriamente implementado y accesible: `update`.

Observe que `update` recibe dos argumentos. El primero representa la instancia del `Observable`. En efecto, un observador puede observar varios objetos de tipo `Observable` y, por lo tanto, debe poder diferenciarlos porque el método `update` será el mismo para todos. El segundo argumento es el objeto que describe el porqué de la notificación. Se ha preparado por la clase `Observable` durante la detección del cambio de estado. Este objeto debe contener toda la información del evento. Por ejemplo, si es un sensor que devuelve un cambio de estado sobre una de sus entradas, entonces tendrá que encontrar el número de la entrada en cuestión y su nuevo estado. Si el objeto Observable llama a la versión de `notifyObservers` sin argumentos, entonces el segundo argumento que recibirán los suscriptores será una referencia a `null`.

A continuación, se muestra la implementación del código del lado de la difusión:

```
Package demo_observable_observer;;
import java.util.Observable;
public class ClaseObservable extends Observable {
   // Identificador de instancia (para la traza)
   static int count = 0;
   private int Id;
   public int getId() {
       return Id;
   }
   public ClaseObservable() {
       Id = count++;
   }
   //... Imaginemos aquí operaciones específicas
   //que conducen a notificaciones a los suscriptores ...
   // Un cambio interviene
   // y por lo tanto la clase notifica a todos sus suscriptores
   public void NotificaSuscriptores(Object arg) {
       // El objeto se pasa a estado modificado
       this.setChanged();
       // Se advierte a todos los suscriptores
       this.notificaObservers(arg);
       // Al final de la notificación
       // el objeto vuelve a pasar a estado no modificado
   }
}
```

A continuación se muestra la implementación del código del lado `Observador`:

```
Package demo_observable_observer;
import java.util.Observable;
import java.util.Observer;
// La clase ClaseObservador:
// Se puede haber diseñado después
// de la clase que extiende Observable
// Para hacerla "compatible" con Observable
// es suficiente con implementar la interfaz Observer
public class ClaseObservador implements Observer {
   // Identificador de instancia para la traza
   static int count = 0;
   int id;
   public ClaseObservador() {
       id = ++count;
   }
```

```
    // Método que permite suscribir este observador
    // a una instancia observable
    public void SuscripcionA(Observable o)  {
      o.addObserver(this);
    }
    // El método llamado por todos los Observables
    // a los que la instancia se suscribe
    @Override
    public void update(Observable o, Object o1) {
        // que va a visualizar una línea en la consola
        String mensaje
= String.format("Observador %d notificado
por Observable %d", id, ((ClaseObservable)o).getId());
        System.out.println(mensaje);
    }
    // Método que permite cancelar la suscripción de este observador
    // a una instancia Observable
    public void CancelarSuscripcionDe(Observable o)  {
      o.deleteObserver(this);
    }

}
```

Para terminar, a continuación se muestra un pequeño programa de prueba:

```
import demo_observable_observer.ClasseObservable;
import demo_observable_observer.ClasseObservador;
public class Main {
    public static void main(String[] args) {
        // Creación de una instancia Observable.
        ClaseObservable observable = new ClaseObservable();
        // y de diez suscriptores
        ClaseObservador[] tabSuscriptores
                = new ClaseObservador[10];
        for (int i = 0; i < tabSuscriptores.length; i++) {
            // Instanciación del suscriptor
            ClaseObservador cliente = new ClaseObservador();
            // Guarda el suscriptor en el observable
            cliente.SuscripcionA(observable);
            // Guarda el suscriptor
            tabSuscriptores[i] = cliente;
        }
        // POR NECESIDADES DE LA DEMOSTRACIÓN
        // Simulación de un cambio en el Observable
        observable.NotificaSuscriptores(new Object());
    }
}
```

La clase `Observador` implementa la interfaz `Observer`, haciéndola compatible con la escucha de los objetos de tipo `Observable`. El método `SuscripcionA` permite establecer la unión entre `Observador` y `Observable`. Para terminar, el método `update` se llama cuando `Observable` tiene algo que decir.

La clase `Program` instancia un objeto `Observable` y le conecta diez objetos `Suscriptores`. Para comprobar el funcionamiento, «simula» un cambio de estado del `Observable`. `Observable` y `Observador` tienen un número asignado a sus construcciones para permitir visualizar los mensajes significativos.

A continuación, se muestra la salida por la consola correspondiente:

```
Run   Main ×
"C:\Program Files\Java\jdk-23\bin\java.exe" "-javaag
Observador 10 notificado por Observable 1
Observador 9 notificado por Observable 1
Observador 8 notificado por Observable 1
Observador 7 notificado por Observable 1
Observador 6 notificado por Observable 1
Observador 5 notificado por Observable 1
Observador 4 notificado por Observable 1
Observador 3 notificado por Observable 1
Observador 2 notificado por Observable 1
Observador 1 notificado por Observable 1

Process finished with exit code 0
```

Este proyecto de ejemplo se encuentra en el directorio Cap7\demo_observable_observador del .zip que acompaña a este libro.

2.3 Los listeners

El *design pattern Observer* es particularmente útil para las aplicaciones gráficas. Como hemos explicado en la presentación de la POO, son los objetos los que notifican sus cambios al núcleo de la operación, y no la operación que se ejecuta en bucle por los estados de los objetos. Su aplicación tendrá mucho mejor rendimiento si trata el clic de ratón cuando este clic interviene en una zona significativa (como en un botón), en lugar de vigilar permanentemente los hechos y gestos del «animal». Otro punto importante de la POO: los objetos utilizados deben ser lo más tipados posible.

En la implementación `Observable-Observer`, el argumento que circula es de tipo. `Object`; por lo tanto, lo menos tipado. Por lo tanto, esto es lo que llega a los `listeners`. Los `listeners` son `Observers` especializados que permiten estar a la escucha de objetos y eventos particulares. Los `listeners` son interfaces que definen los intercambios de objetos fuertemente tipados, que transportan información explotable directamente por los suscriptores.

Tomemos por ejemplo el ratón. Si necesita saber cuándo el usuario hace clic en un componente de su aplicación, entonces debe implementar la interfaz `MouseListener` e implementar obligatoriamente sus cinco métodos (aunque no sean todos útiles, porque es la ley de las interfaces). Las notificaciones recibidas se acompañan de un objeto de tipo `MouseEvent`. Este objeto le informará principalmente del estado de los botones del ratón (presionado, soltado y pulsado), la posición del cursor en la pantalla asociada a su aplicación, las diferencias respecto a la última posición conocida, si las teclas del teclado se han pulsado durante el clic, etc. Por lo tanto, todo esto será muy concreto para que pueda administrar de manera fina las reacciones de la aplicación.

El código de su clase suscriptor ratón se amplía con tantos métodos como la interfaz `MouseListener` le obliga. Si del lote solo necesita un método, entonces su código va a perder legibilidad y es una pena.

Pero esto sería sin contar con las clases abstractas que funcionan junto con las interfaces, proponiendo una implementación por defecto de los métodos obligatorios. Por lo tanto, si no quiere implementar todos los métodos de la interfaz `listener`, será suficiente con que su clase suscriptor extienda la clase abstracta asociada y reutilice a su vez solo los métodos que le importan (aquí mencionamos la diferencia capital entre interfaz y clase abstracta y el interés que podemos sacar de ella). De esta manera, su código se haría más fácil de leer.

La mayor parte de las veces, el nombre de la clase abstracta asociada a un `listener` es el de la interfaz con `Adapter`, en lugar de `Listener`. De la implementación de la interfaz `MouseListener` pasamos a la extensión de la clase abstracta `MouseAdapter`, que ya contiene –entre otros– la implementación de todos los métodos de la interfaz `MouseListener`. Como en Java, todos los métodos son virtuales por defecto, y puede tomar el método o los métodos que le interesen.

Los listeners no son exclusivos de los componentes Java preexistentes. Puede construir sus propios listeners y sobre todo sus propios objetos `Event` que contengan toda la información necesaria para sus suscriptores.

2.4 Utilización de un listener en una aplicación gráfica

Para poner todo esto en práctica, vamos a escribir nuestro primer programa gráfico.

El paso del modo consola al modo gráfico no es baladí. De una ejecución lineal vamos a pasar a una ejecución orientada a eventos, que utiliza objetos Java especializados de los que hay que heredar y adaptar para crear nuestra propia aplicación. La simplicidad del código es desconcertante, sobre todo para los pobres desarrolladores de C, que tenían que escribir un centenar de líneas antes de ver un pedacito de ventana. En contraposición, es desconcertante cuando se empieza *from scratch* (desde cero) porque se basa en los componentes existentes, por lo que hay que asimilar los roles y los funcionamientos.

En primer lugar, hay dos librerías principales en el API Java para construir aplicaciones gráficas: *AWT* (*Abstract Window Toolkit*) y *Swing*.

La primera también ha sido la primera en estar disponible. Es una especie de acceso para los programas Java a las funciones gráficas disponibles en el sistema operativo. Por ejemplo, si una pantalla muestra tres botones, entonces AWT habrá instanciado realmente tres componentes gráficos de tipo botón al *look and feel* del sistema que aloja la máquina virtual. En consecuencia, una misma aplicación Java que funcione en una máquina virtual Windows tendrá una representación gráfica diferente en una máquina virtual Linux. AWT se basa en los objetos gráficos existentes y solo puede explotar un conjunto de objetos común para todos los sistemas; de lo contrario las aplicaciones Java no se podrían ejecutar más en todas las máquinas virtuales. Punto positivo: AWT es rápido y ligero.

Swing funciona de manera muy diferente, recreando su propio entorno gráfico. Si retomamos el ejemplo anterior, Swing va a utilizar AWT para solicitar al sistema un rectángulo «vacío» en la pantalla en la que va a pintar los tres botones. Como es el mismo Swing el que diseña sus botones, la representación gráfica se hace independiente del sistema operativo host. Los programas Java Swing conservan el mismo «*look and feel*» en Windows y en Linux. Inconveniente: Swing tiene más trabajo que hacer y, por lo tanto, demanda más recursos que AWT. Esta diferencia fundamental con AWT no es realmente un problema ahora debido a la rapidez de ejecución de los ordenadores y de los sistemas actuales. Es algo que debe considerar si desarrolla en sistemas con capacidades reducidas.

Para nuestro pequeño programa, vamos a utilizar Swing.

Cuando se construye una HMI (Interfaz Hombre-Maquina), también llamada GUI (*Graphical User Interface*), se instancian objetos que van a formarla, se configuran y se juntan. A continuación, se administran los eventos que van a llegar durante su utilización.

La clase principal de la librería Swing que sirve de soporte para la mayor parte de las aplicaciones gráficas es la clase `JFrame`.

Desde el punto de entrada `main` de una aplicación de tipo consola (por el momento), se instancia un `JFrame`, se ajustan algunas propiedades y tenemos nuestra primera ventana Windows mostrada en pantalla.

```
import javax.swing.JFrame;

public class Main {

   // Método main "clásico"
   public static void main(String[] args) {

       // Instanciación de un objeto JFrame
       // que encapsula una "ventana" Windows
       JFrame ventana = new JFrame();

       // Definición del título de la ventana
       ventana.setTitle("Mi primera ventana Swing");

       // Definición de su tamaño:
       // 400 píxeles de largo y 100 píxeles de alto
       ventana.setSize(400,100);
```

```
        // Muestra la ventana en el centro de la pantalla
        // (sea cual sea la resolución)
        ventana.setLocationRelativeTo(null);
        // Configuración del cierre de la aplicación
        // con el clic de ratón en la cruz de la barra de título
        ventana.setDefaultCloseOperation(JFrame.EXIT_ON_CLOSE);
        // Y para terminar, hacer la ventana visible
        ventana.setVisible(true);
    }
}
```

Representación gráfica:

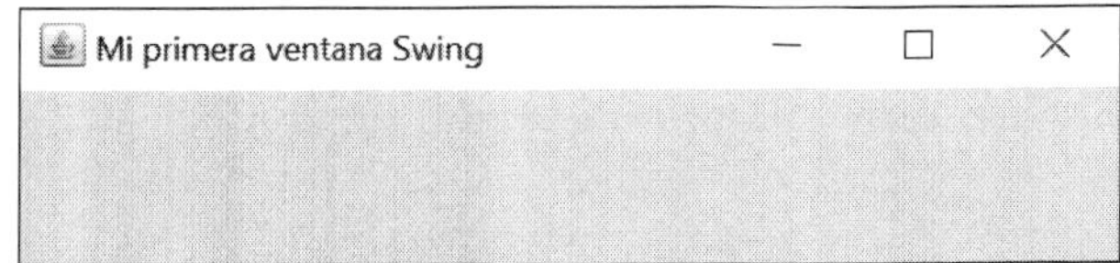

Este proyecto de ejemplo se encuentra en el directorio Cap7\demo_jframe_vacio del .zip que acompaña a este libro.

Un `JFrame` se compone de varios contenedores que el desarrollador utiliza para configurar su HMI. Nos vamos a centrar en su `content pane`, que contiene todos los componentes gráficos y en el que vamos a agregar un panel con algunos controles. Este panel se encapsula por la clase `Swing JPanel`. Por lo tanto, vamos a crear una instancia de `JPanel` y ubicar dos botones y, a continuación, asociarlo al `JFrame`.

```
import java.awt.Color;
import javax.swing.JButton;
import javax.swing.JFrame;
import javax.swing.JPanel;

public class Main {

    // Método main "clásico"
    public static void main(String[] args) {

        // Instanciación de un objeto JFrame
        // que encapsula una "ventana" Windows
        JFrame ventana = new JFrame();

        // Definición del título de la ventana
```

```
        ventana.setTitle("Mi primera ventana Swing");

        // Definición de su tamaño:
        // 400 píxeles de largo y 100 píxeles de alto
        ventana.setSize(400,100);
        // Visualizar la ventana en el centro de la pantalla
        // (sea cual sea la resolución)
        ventana.setLocationRelativeTo(null);
        // Configuración de cierre de la aplicación
        // al hacer clic de ratón en la cruz de la barra de título
        ventana.setDefaultCloseOperation(JFrame.EXIT_ON_CLOSE);

        // Instanciación de un JPanel
        JPanel pan = new JPanel();
        // Elección de su color de fondo
        pan.setBackground(Color.yellow);

        // Instanciación y a continuación añadir al JPanel
        // dos botones
        JButton b1 = new JButton("Botón 1");
        pan.add(b1);
        JButton b2 = new JButton("Botón 2");
        pan.add(b2);

        // Asociación del panel con el JFrame
        ventana.setContentPane(pan);

        // Y para terminar, hacer visible la ventana
        ventana.setVisible(true);
    }
}
```

Visión general de la ejecución:

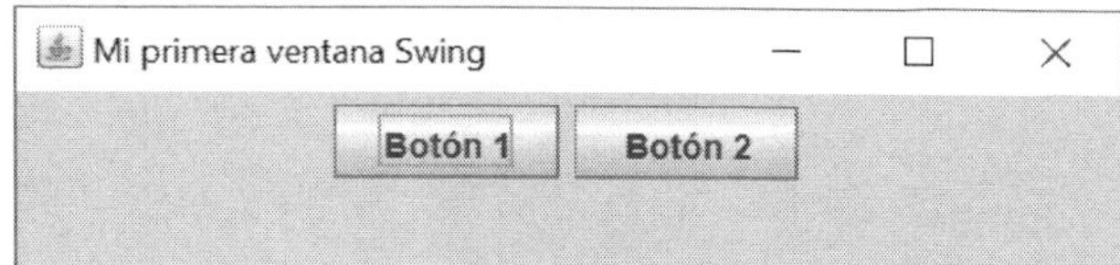

Observe que los botones se han dispuesto de manera automática. Es posible modificar el orden añadiendo en el `JPanel` controles como `FlowLayout`, `BorderLayout`, *GridLayout*, que contendrán a los botones.

Este proyecto de ejemplo se encuentra en el directorio Cap7\demo_jframe_jpanel_jbutton del .zip que acompaña a este libro.

Ahora que tenemos una ventana con dos magníficos botones, vamos a aplicar todo lo que hemos visto para poder realizar las operaciones cuando se accionen.

Para esto, vamos a modificar la organización del código.

Actualmente el `main` instancia un `JFrame`, lo configura y, a continuación, lo muestra. Este código no es muy reutilizable. El `main` es el punto de entrada de la aplicación. Será necesario hacer un nuevo copiar-pegar para reutilizar nuestra bonita ventana amarilla en otro proyecto. Esto es mucho más sencillo si tenemos una clase autónoma cuyo código fuente se pueda compartir entre varios proyectos. Esta clase autónoma extiende la clase `JFrame` y además implementa una interfaz `xxxlistener` para observar los botones.

Hay varias interfaces listeners en el API Java. En primer lugar, vamos a utilizar el más sencillo de ellos, que es `ActionListener`. `ActionListener` permite ser notificado cuando sobre un control se realiza una acción significativa. Por ejemplo, para un botón se trata de un clic con el botón izquierdo del ratón o pulsar en la barra de espacio del teclado cuando el botón tiene el foco.

A continuación, se muestra el código de nuestra clase llamada `VentanaAmarilla`:

```
package demo_action_listener;

import java.awt.Color;
import java.awt.event.ActionEvent;
import java.awt.event.ActionListener;
import javax.swing.JButton;
import javax.swing.JFrame;
import javax.swing.JPanel;

public class VentanaAmarilla extends JFrame implements
ActionListener {

    // Implementar ActionListener obliga a tener
    // el método actionPerformed en la clase.
    // Este método se llamará cuando haya una acción
    // significativa sobre un control
```

```
@Override
public void actionPerformed(ActionEvent ae) {
    // Como es un método "global" hay que empezar
    // por saber qué control está en el origen de la
    // notificación. Para esto, se pregunta a ActionEvent
    // que acompaña la llamada.
    if( ae.getSource() == b1)
        System.out.println("b1 ha sido pulsado");
    else if( ae.getSource() == b2)
        System.out.println("b2 ha sido pulsado");
}

private JButton b1;
private JButton b2;

public VentanaAmarilla(){
    // Definición del título de la ventana
    setTitle("Mi primera ventana con actionPerformed");

    // Definición de su tamaño:
    // 400 píxeles de largo y 100 píxeles de alto
    setSize(400,100);
    // Visualización de la ventana en el centro de la pantalla
    // (sea cual sea la resolución)
    setLocationRelativeTo(null);
    // Configuración de cierre de la aplicación
    // con un clic de ratón en la cruz de la barra de título
    setDefaultCloseOperation(JFrame.EXIT_ON_CLOSE);

    // Instanciación de un JPanel
    JPanel pan = new JPanel();
    // Elección de su color de fondo
    pan.setBackground(Color.yellow);

    // Instanciación y, a continuación, añade al JPanel
    // dos botones
    b1 = new JButton("Botón 1");
    pan.add(b1);
    b1.addActionListener(this);
    b2 = new JButton("Botón 2");
    b2.addActionListener(this);
    pan.add(b2);

    // Asociación del panel con el JFrame
```

```
        setContentPane(pan);  d

        // Y para terminar, hacer la ventana visible
        setVisible(true);
    }
}
```

El main de la aplicación ahora es muy claro: instancia sencillamente un objeto VentanaAmarilla. Como cualquier operación de configuración, se encuentra en el constructor de la clase y no hay ninguna otra llamada.

```
package import demo_action_listener.VentanaAmarilla;

public class Main {

   public static void main(String[] args) {
       VentanaAmarilla fj = new VentanaAmarilla();
   }

}
```

Visión general de la ejecución con las trazas en la ventana **Output**:

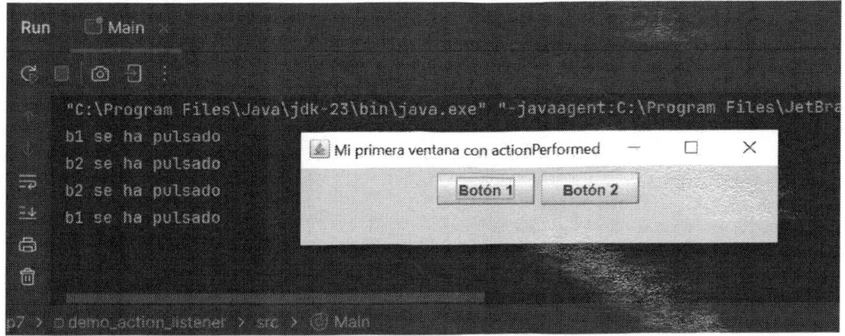

Este proyecto de ejemplo se encuentra en el directorio Cap7\demo_action_listener del .zip que acompaña a este libro.

3. Ejercicios

3.1 Ejercicio 1

3.1.1 Enunciado

Este ejercicio consiste en escribir un programa que cree varias ventanas (de tipo `JFrame`) identificadas por un número en sus barras de título y que trace los eventos presionar y soltar del ratón en cada una de estas ventanas. Indicaremos cada evento mostrando en la salida por la consola de IntelliJ IDEA un mensaje que precise su naturaleza (presionar o soltar), el número de ventana y las coordenadas del puntero del ratón en el momento del evento.

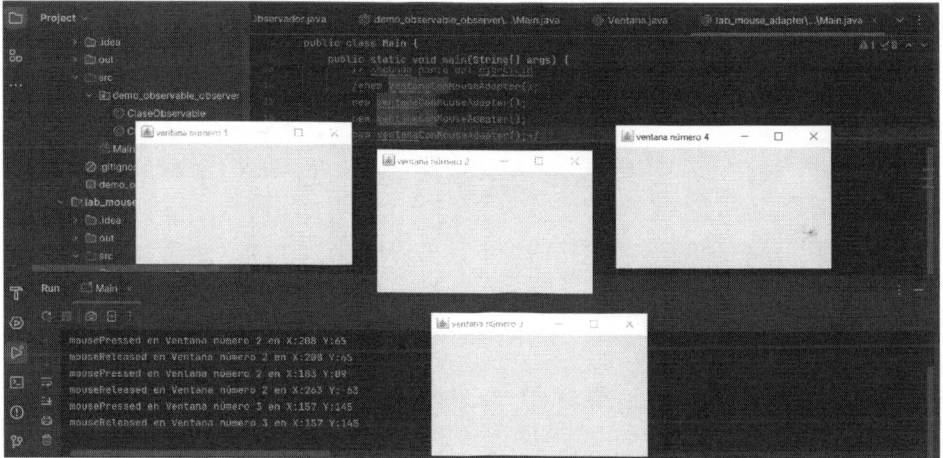

Para esto, implementaremos un `listener` más especializado que `actionListener`: utilizaremos `mouseListener`.

3.1.2 Corrección

- Cree un nuevo proyecto en IntelliJ IDEA y llámele `lab_mouse_listener`.
- Añada una clase al proyecto llamada `Ventana` al proyecto.
- Haga que la clase `Ventana` extienda la clase `JFrame` (utilice el asistente IntelliJ IDEA, que va a agregar la directiva de importación del paquete, si activa [Alt][Intro] en la palabra `JFrame`).
- Añada a la clase `Ventana` la implementación de la interfaz `MouseListener`, beneficiándose también del asistente IntelliJ IDEA, que va a agregar de golpe los cinco métodos obligatorios.
- Elimine el contenido de estos cinco métodos.
- Añada un constructor a la clase `Ventana` para:
  - administrar la numeración única de las ventanas, gracias a un dato miembro de tipo entero `static` y un segundo dato miembro de tipo entero instanciado;
  - definir las dimensiones de la ventana por defecto, gracias al método `setBounds`;
  - guardarse como `MouseListener` gracias al método `addMouseListener`;
  - definir el comportamiento de la aplicación respecto al clic en la cruz de la barra de título.
- En el método `mousePressed`, muestre en la ventana de salida de IntelliJ IDEA el tipo de acción, el número de la ventana implicada y las coordenadas del puntero. Las coordenadas son accesibles desde el objeto `MouseEvent` que se pasa como argumento.
- Vuelva a hacer lo mismo para el método `mouseReleased`.
- En la clase `LabMouseListener` que contiene el `main`, instancie cuatro objetos `Ventana`.

A continuación, se muestra el código de la clase Ventana:

```
package lab_mouse_adapter;

import java.awt.event.MouseEvent;
import java.awt.event.MouseListener;
import javax.swing.JFrame;

public class Ventana extends JFrame implements MouseListener {


   // Da accesibilidad a todas las instancias
   // y permite contar las ventanas activas
   private static int numeroTotalDeVentanasActivas = 0;
   // Número de la ventana asignada en el constructor
   private int numeroVentanaDeEstaInstancia;

   // Constructor
   public Ventana() {
       // Gestión de la numeración de las ventanas
       numeroTotalDeVentanasActivas++;
       numeroVentanaDeEstaInstancia
               = numeroTotalDeVentanasActivas;
       // Contenido de la barra de título
       setTitle("Ventana número "
               + numeroVentanaDeEstaInstancia);
       /// Definición de las dimensiones de la ventana
       setBounds(10, 20, 300, 200);
       // Guardar como MouseListener
       addMouseListener(this);
       // Gestión del cierre de la aplicación
       setDefaultCloseOperation(JFrame.EXIT_ON_CLOSE);
       // Activación de la ventana
       setVisible(true);
   }

   // Método llamado con el clic: no utilizado
   @Override
   public void mouseClicked(MouseEvent me) {
   }

   // Método utilizado cuando el clic se presiona
   @Override
   public void mousePressed(MouseEvent me) {
```

```
        System.out.println("mousePressed en Ventana número "
                + numeroVentanaDeEstaInstancia
                + " en X:" + me.getX() + " Y:" + me.getY());
    }

    // Método utilizado cuando el clic se suelta
    @Override
    public void mouseReleased(MouseEvent me) {
        System.out.println("mouseReleased en Ventana número "
                + numeroVentanaDeEstaInstancia
                + " en X:" + me.getX() + " Y:" + me.getY());
    }

    // Método llamado cuando el cursor del ratón
    // entra por encima de la ventana: no utilizado
    @Override
    public void mouseEntered(MouseEvent me) {
    }

    // Método llamado cuando el cursor del ratón
    // sale de la ventana: no utilizado
    @Override
    public void mouseExited(MouseEvent me) {
    }

}
```

A continuación, se muestra el código de la clase *Main*:

```
import lab_mouse_adapter.Ventana;
public class Main {


    public static void main(String[] args) {

        new Ventana();
        new Ventana();
        new Ventana();
        new Ventana();

    }
}
```

3.2 Ejercicio 2

3.2.1 Enunciado

La implementación de la interfaz *MouseListener* en la clase *Ventana* ha declarado cinco métodos, de los cuales tres no se utilizan. En este ejercicio esto no es muy grave, pero en un código más largo puede perjudicar su legibilidad.

Hemos visto que, para resolver este problema, el API Java ofrece una clase abstracta `MouseAdapter`, que contiene las implementaciones por defecto de los métodos de la interfaz `MouseListener`.

En este ejercicio 2, debe modificar el código del ejercicio 1 para utilizar la clase abstracta `MouseAdapter`.

Atención: la clase `Ventana` ya extiende la clase `JFrame`, y recuerde que es posible extender varias clases a la vez en Java.

3.2.2 Corrección

Hay varias soluciones a este problema. La que se propone utiliza una tercera clase, `MiListenerRaton`, que va a hacer el enlace entre la clase abstracta `MouseAdapter` y la clase `Ventana` para respetar las reglas de herencia.

`MiListenerRaton` extiende la clase abstracta `MouseAdapter`, lo que le permite reutilizar solo los métodos que necesita: en la ocurrencia `mousePressed` y `mouseReleased`.

Por el contrario, `MiListenerRaton` no tiene contenido gráfico; es la clase `Ventana` la que hereda de `JFrame` y, por lo tanto, ella misma puede pretender guardarse como un `MouseListener`. Pero, para hacer esto, hay que pasar al método `addMouseListener` un objeto que implemente la interfaz `MouseListener`.

Esto es bueno, `MiListenerRaton` lo hace.

Por lo tanto, el constructor de la clase `Ventana` va a instanciar un objeto `MiListenerRaton` y pasarlo como argumento a `addMouseListener`.

Ahora, hay que enviar las notificaciones de ratón en la clase `Ventana`.

Esto es muy sencillo. Vamos a pasar en el constructor de MiListenerRaton una referencia a la ventana destino para que MiListenerRaton pueda acceder a los métodos de Ventana. En el código de corrección, los métodos de Ventana que tratan sobre el ratón tienen el mismo nombre que en MiListenerRaton, pero esto no es obligatorio.

```
package lab_mousea_dapter;

import java.awt.event.MouseAdapter;
import java.awt.event.MouseEvent;
import javax.swing.JFrame;

// La clase Ventana extiende JFrame
// pero solo implementa MouseListener
public class VentanaConMouseAdapter extends JFrame {

   // Una clase MiListenerRaton se
   // define (nested) en la clase Ventana
   // porque no tiene sentido sin ella.
   // MiListenerRaton implemente MouseAdapter
   // y retoma los dos métodos que nos interesan.
   class MiListenerRaton extends MouseAdapter {

       // El constructor recibe como argumento
       // una referencia a la ventanaDestino
       // que la va a utilizar.
       public MiListenerRaton(Ventana ventana) {
           this.ventanaDestino = ventana;
       }
       // número de la ventanaDestino escuchada
       private Ventana ventanaDestino;

       // La llamada al método mousePressed de MouseAdapter
       // se envía a la ventana.
       // Por lo tanto, la referencia se guarda
       @Override
       public void mousePressed(MouseEvent ev) {
           this.ventanaDestino.mousePressed(ev);
       }

       // Ídem para mouseReleased
       @Override
       public void mouseReleased(MouseEvent ev) {
           this.ventanaDestino.mouseReleased(ev);
       }
```

```
}

// Dato accesible a todas las instancias
// y permite contar las ventanas activas
private static int numeroTotalDeVentanasActivas = 0;
// Número de la ventana asignada al contador
private int numeroVentanaDeEstaInstancia;

// Constructor
public Ventana() {
    // Gestión de la numeración de las ventanas
    numeroTotalDeVentanasActivas++;
    numeroVentanaDeEstaInstancia
            = numeroTotalDeVentanasActivas;
    // Contenido de la barra de título
    setTitle("Ventana número "
            + numeroVentanaDeEstaInstancia);
    // Definición de las dimensiones de la ventana
    setBounds(10, 20, 300, 200);

    // El método addMouseListener siempre se puede utilizar
    // porque forma parte de la clase Jframe
    // por tanto, hereda de Ventana.
    // En contraposición, espera un objeto que implemente
    // la interfaz MouseListener.
    // Como MiListenerRaton extiende MouseAdapter
    // que a su vez implementa MouseListener
    // se crea una instancia pasándole el this
    // correspondiente a la referencia de nuestra instancia
    // ventana para que nos la pueda recordar.
    addMouseListener(
            new MiListenerRaton(this));

    // Gestión del cierre de la aplicación
    setDefaultCloseOperation(JFrame.EXIT_ON_CLOSE);
    // Activación de la ventana
    setVisible(true);
}
// Método utilizado cuando el clic se presiona
public void mousePressed(MouseEvent me) {
    System.out.println("mousePressed en Ventana número "
            + numeroVentanaDeEstaInstancia
            + " en X:" + me.getX() + " Y:" + me.getY());
}
```

```
    // Método utilizado cuando el clic se suelta

    public void mouseReleased(MouseEvent me) {
        System.out.println("mouseReleased en Ventana número "
                + numeroVentanaDeEstaInstancia
                + " en X:" + me.getX() + " Y:" + me.getY());
    }
}
```

Este ejercicio se encuentra en el directorio Cap7\lab_mouse_adapter del .zip que acompaña a este libro.

4. Llamadas síncronas y asíncronas

Una noción importante afecta al modo de ejecución de un método respecto al programa que utiliza. En efecto, determinados métodos pueden tomar un tiempo no despreciable durante sus ejecuciones. Esta noción de tiempo es subjetiva y depende del contexto de utilización. Por ejemplo, en aplicaciones de escritorio, una ejecución de medio segundo no es perjudicial; en el dominio industrial, no es para nada lo mismo.

El funcionamiento síncrono es el modo de ejecución por defecto. El programa que llama permanece «bloqueado» mientras dura el trabajo del método llamado.

A continuación se muestra la representación UML tipo diagrama de secuencias de una llamada síncrona desde una instancia `Objeto1` hacia una instancia `Objeto2`.

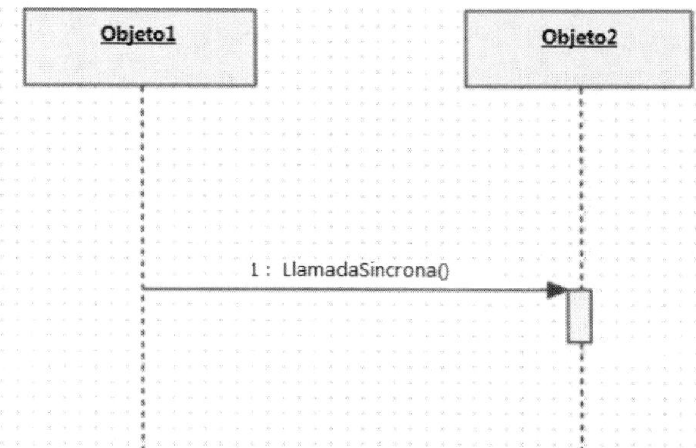

Si la duración de ejecución se vuelve crítica, hay que ejecutar el método de manera asíncrona. En este caso, la ejecución se divide en dos, permitiendo que las dos ramas de instrucciones evolucionen en un modo pseudoparalelo.

A continuación se muestra la representación UML-diagrama de secuencias de una llamada asíncrona desde una instancia `Objeto1` hacia una instancia `Objeto2`.

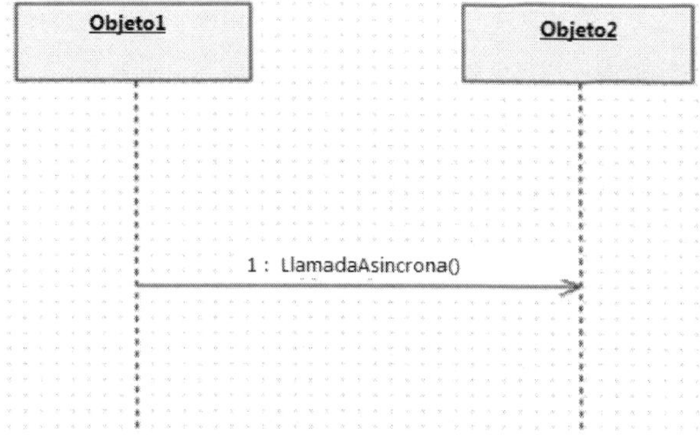

La programación de ejecuciones paralelas pasa por una programación de varios flujos, que vamos a presentar en el capítulo Multithreading.

Capítulo 8
El multithreading

1. Introducción

La programación *multithread* es un dominio apasionante, pero que puede convertirse rápidamente en algo muy complejo de poner a punto. Varias ejecuciones paralelas en el centro de su aplicación deberán compartir información, esperarse, intercambiar, etc. El éxito de una arquitectura de este tipo se basa, en primer lugar, en un análisis sólido. Este capítulo no pretende exponer todas las posibilidades de programación multithread y sus implementaciones en Java, sino presentar lo fundamental con la filosofía POO.

2. Entender el multithreading

Un proceso puede realizar operaciones largas, que van a bloquear la aplicación durante sus ejecuciones. Para evitar esto, el desarrollador puede crear una especie de ruta de ejecución paralela que se va a encargar de esta operación y, de esta manera, separarse del ejecutor principal. En este caso, el sistema operativo Windows de Microsoft comparte muy rápidamente el tiempo de máquina entre los diferentes flujos de ejecución (normalmente algunos ms por franja de tiempo), dando la sensación de una ejecución simultánea. Se habla de sistema operativo con derecho preferente. El contenido de una cola de ejecución puede encadenar todas las operaciones que desee sin preocuparse del tiempo que esto implica a nivel global.

El sistema operativo lo interrumpirá periódicamente para dar tiempo a la cola de ejecución siguiente y así sucesivamente, hasta volver a ella para que retome su operación allá donde fue interrumpida.

Como ejemplo, retomamos el sensor de entrada/salida equipado con una interfaz de programación muy resumida. El constructor nos brinda un juego de funciones que permite, entre otras cosas, leer el estado binario de las entradas digitales. Desea desarrollar una aplicación domótica que gestione varias operaciones en paralelo, como la iluminación, la calefacción e incluso la alarma. Con lo que se ha presentado en la interfaz Observable/Observado, desea transformar la interfaz básica de programación en un módulo observable adecuado, capaz de llamar a las instancias de objetos suscriptores cuando un sensor detecte un cambio de estado. Para esto, en su `observable`, debe crear una operación en bucle dedicada a la lectura de cada entrada de la tarjeta. Gracias a algunas pruebas, sabrá detectar un cambio de estado real y avisar a sus suscriptores. Este bucle de inspección se ejecutará en un thread dedicado. Las operaciones realizadas por sus suscriptores –llamadas operaciones de negocio porque son ellas las que reaccionan a los cambios de los estados– no se «bloquean» por este bucle. Se van a llamar durante los cambios. Mientras se espera, podrán continuar visualizando información, imprimir históricos o hacer cálculos.

Estos flujos de ejecuciones normalmente se llaman threads. Un thread puede tener –o no– interacciones con otras partes de la aplicación. Si es el caso, siempre hay que tener el objetivo de que la ejecución se pueda interrumpir por el sistema operativo en cualquier momento, incluso durante la actualización de objetos que se dejarán en un estado transitorio hasta el ciclo siguiente. Si estos objetos se comparten sin precaución con otras partes de la aplicación, habrá funcionamientos incorrectos provocados por estos cambios de contexto.

Los threads tienen características de funcionamiento entre las que figura una noción de prioridad. En el caso de una adquisición de un flujo de datos, es importante no perder información. Si el sistema está muy ocupado, se corre el riesgo de volver a lanzar el thread de adquisición más tarde, después de la saturación de la memoria de datos del hardware y, por lo tanto, con riesgo de producirse pérdidas de datos. Hay un medio de interactuar sobre el funcionamiento del administrador de ejecuciones, eliminando la prioridad del thread.

Este cambio se debe realizar con moderación, solo para casos muy particulares que lo justifiquen.

En definitiva, es importante distinguir thread y proceso. Cuando el usuario ejecuta un archivo con extensión .exe, se crea un proceso. Por lo tanto, los procesos son bloques de ejecución que contienen las asignaciones de memoria y los recursos necesarios. Los procesos están aislados y, por lo tanto, no pueden «chocar» unos con otros. La única manera de hacer que dos procesos se comuniquen entre ellos es pasar por una IPC (*InterProcess Communication*), basada en los *pipes*, los *mailslots* o los *sockets*.

Cada proceso se identifica por su PID (*Process IDentifier*) y contiene al menos un thread, llamado thread primario, que se crea automáticamente. A continuación, se pueden añadir threads secundarios utilizando programación. El administrador de las tareas de Windows permite visualizar la lista de los procesos activos y también conocer el número de threads de cada uno.

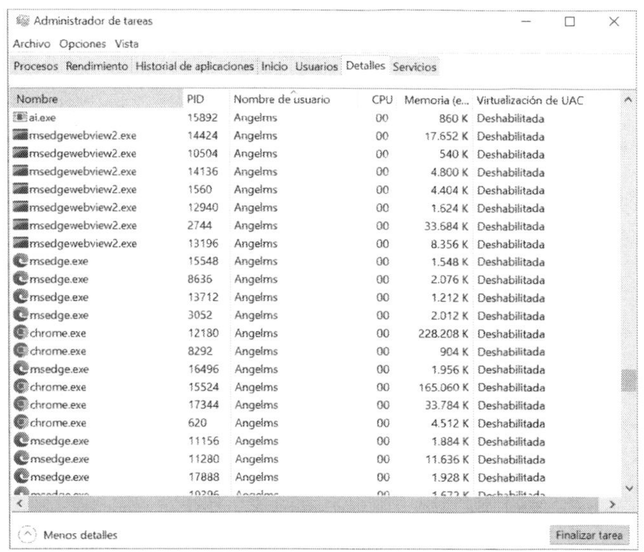

Observación

*Si las columnas **PID** y **Threads** no se muestran, hay que activarlas mediante un clic con el botón derecho del ratón en una de las columnas y escogiendo **Seleccionar columnas**.*

Los threads de un mismo proceso son internos a este proceso y, de esta manera, comparten un mismo espacio de memoria, un mismo código, así como los mismos recursos. Cada thread tiene su propio *stack* y también una zona de memoria (TLS para *Thread Local Storage*) utilizada para guardar automáticamente los datos durante su periodo de inactividad.

Los procesos cargan módulos en forma de archivos DLL. La vida de estos módulos está totalmente relacionada con la del proceso.

3. Multithreading y Java

La parte de encapsulación de un proceso se realiza a través de la clase `java.lang.Process`. Como la creación de un proceso está estrechamente relacionada con el sistema operativo en el que funciona la máquina virtual, hay que pasar por una clase muy especializada que se llama `Runtime`. Cada aplicación Java tiene de manera nativa una instancia única sobre un objeto de tipo `Runtime`. Gracias a ella, usted podrá iniciar un nuevo proceso.

El siguiente extracto de código (que se encuentra en el directorio Cap8\demo_process del .zip que acompaña a este libro) permite ejecutar el programa Windows `calc.exe` desde un programa Java.

```
import java.io.IOException;


public class Main {

   public static void main(String[] args) {

       // Recuperación de una referencia sobre el "runtime"
       Runtime runtime = Runtime.getRuntime();

       try {
           // Utilización de su método exec
           runtime.exec("calc.exe");
       } catch (IOException ex) {
           // Si la ejecución se realiza incorrectamente,
           // se muestra el porqué
           System.out.println(ex.getMessage());
       }
   }
}
```

Un thread de una aplicación Java se configura, administra y controla por medio de una instancia del objeto `java.lang.Thread`.

Naturalmente, es posible tener varios threads en funcionamiento en una aplicación.

Como se ha explicado anteriormente, también es posible asignar un nivel de prioridad a cada thread; los threads con prioridades más altas estarán normalmente más activos que los threads con prioridades más bajas.

4. Implementación de los threads en Java

Hay dos maneras principales de programar los threads en Java: extender la clase `Thread` o implementar la interfaz `Runnable`.

4.1 Extender la clase Thread

Extendiendo la clase `Thread` y situando el código que se debe ejecutar en el método `run`, tomado de su cuenta, su clase se convierte directamente en threadable. Después de su instanciación, una sencilla llamada al método `start` permite arrancar el thread y ejecutar en paralelo el código contenido en su método `run`. El thread se detiene cuando el código del método `run` se ha ejecutado completamente o se produce una excepción no administrada. Práctico, ¿verdad?

A continuación, se muestra un ejemplo de código (que figura en el directorio Cap8\demo_thread del .zip que acompaña a este libro) que utiliza este principio:

```
// MiClaseThread extiende la clase java.lang.Thread
public class MiClaseThread extends java.lang.Thread {

    // ...
    // Aquí nos imaginamos diferentes métodos y descriptores
    // de acceso
    // Ubicamos en el método run la operación "long"
    // que se va a ejecutar en un thread instanciado
    // y arrancado desde el código que llama
    // (el main en este ejemplo)
    @Override
    public void run(){
```

```
        // Traza de inicio de operación.
        // Se utiliza el método de tipo static
        // Thread.currentThread()
        // para visualizar el nombre asignado a este thread
        System.out.println("Inicio de una operación de 10 segundos "
                + "en el thread "
                + Thread.currentThread().getName());

        // Aquí se simula un trabajo de 10 segundas (10 x 1000 ms)
        for(int i=0; i<10; i++)
        {
            try {
                // Utilización del método de tipo static sleep
                // que espera el número de milisegundos que
                // se debe esperar
                Thread.sleep(1000);
            }
            catch (InterruptedException ex) {
                // Aquí es posible insertar
                // una operación que se llamará cuando
                // el comando Thread.sleep se esté ejecutando
                // y el Thread se interrumpe
            }
            // Traza testigo del trabajo en curso
            System.out.println(i);
        }
        // Traza de fin de operación
        System.out.println("Fin de una operación de 10 segundos "
                + "en el thread "
                + Thread.currentThread().getName());
        // Una vez que se llega a esta línea, el thread está "muerto"
        // y no se puede volver a lanzar.
    }
}
```

Código que instancia la clase y arranca la operación:

```
public class DemoThread {


    public static void main(String[] args) {

        System.out.println("Creación de un nuevo thread "
                + "desde el thread "
                + Thread.currentThread().getName());
        MiClaseThread miThread = new MiClaseThread();
```

```
        System.out.println("Inicio del nuevo thread");
        miThread.start();

        System.out.println("Fin de main");
    }

}
```

Salida por la consola asociada:

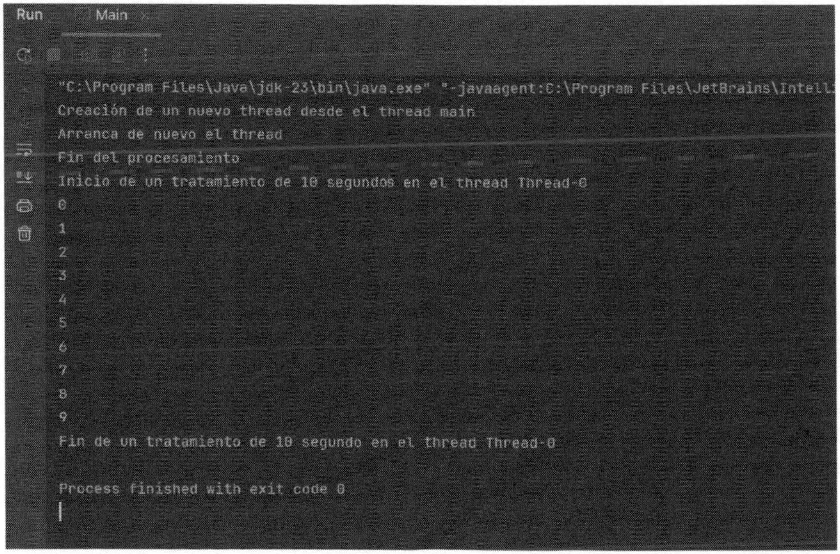

```
Run    Main

"C:\Program Files\Java\jdk-23\bin\java.exe" "-javaagent:C:\Program Files\JetBrains\Intell
Creación de un nuevo thread desde el thread main
Arranca de nuevo el thread
Fin del procesamiento
Inicio de un tratamiento de 10 segundos en el thread Thread-0
0
1
2
3
4
5
6
7
8
9
Fin de un tratamiento de 10 segundo en el thread Thread-0

Process finished with exit code 0
```

Si su clase ya es una heredada directa, no puede extender la clase `Thread` porque, como ya se ha explicado, Java no soporta la herencia de varias clases por nivel. En este caso, tiene la solución de implementar la interfaz `Runnable` que se presenta justo después.

Observación

Desde un punto de vista puramente orientado a objetos, el hecho de extender la clase Thread presupone la adición de nuevas funcionalidades a su clase. En nuestro caso, estas nuevas funcionalidades afectan más a un modo de ejecución que a una funcionalidad de negocio y esta adición se vuelve discutible. El enfoque interfaz Runnable le permite conservar sus objetos de negocio intactos y hacer que sus métodos costosos en tiempo se ejecuten a través de un segundo objeto especializado.

4.2 Implementar la interfaz Runnable

Implementar la interfaz Runnable le obliga a declarar un método run en el que situar el código que se va a ejecutar. El programa que desea ejecutar su código pasa la instancia de su clase como argumento de construcción de un objeto Thread. A continuación, una llamada al método start arranca la ejecución. Este modo de funcionamiento es un nuevo ejemplo de utilización del polimorfismo. La clase Thread, diseñada por los desarrolladores de Java, no tiene conocimiento alguno sobre la clase que ejecutará; en su lugar, espera recibir una instancia de un objeto que implemente obligatoriamente la interfaz Runnable.

De este modo, el contenido de dicha clase sigue siendo específico del dominio de negocio correspondiente, lo cual representa el enfoque más adecuado desde el punto de vista de la programación orientada a objetos. La única restricción es que las operaciones costosas en tiempo deben situarse dentro del método run.

Ejemplo de código de implementación de la interfaz Runnable (que figura en el directorio Cap8\demo_runnable del .zip que acompaña a este libro):

```
public class MiClaseRunnable implements Runnable {
    @Override
    public void run() {

        // Traza de inicio de la operación.
        // Se utiliza el método de tipo static
        // Thread.currentThread()
        // para visualizar el nombre asignado a este thread
        System.out.println("Inicio de una operación de 10 segundos "
                + "en el thread "
                + Thread.currentThread().getName());

        // Aquí se simula un trabajo de 10 segundos (10 x 1000 ms)
        for(int i=0; i<10; i++)
        {
            try {
                // Utilización del método de tipo static sleep
                // que espera el número de milisegundos que se debe
                // esperar
                Thread.sleep(1000);
            }
                catch (InterruptedException ex) {
```

```
                // Aquí es posible insertar
                // una operación que se llamará cuando
                // el comando Thread.sleep se esté ejecutando
                // y el Thread se interrumpa
            }
            // Traza testigo del trabajo en curso
            System.out.println(i);
        }
        // Traza de final de operación
        System.out.println("Fin de una operación de 10 segundos "
                + "en el thread "
                + Thread.currentThread().getName());
        // Una vez que se llega a esta línea, el thread está "muerto"
        // y no se puede volver a lanzar.
    }

}
```

Instanciación y ejecución del thread:

```
public class Main {

    public static void main(String[] args) {
        System.out.println("Creación de un nuevo thread "
                + "desde el thread "
                + Thread.currentThread().getName());

        // Utilización del constructor de Thread
        // que recibe como argumento una referencia a un objeto
        // que implementa la interfaz Runnable
        Thread thread = new Thread(new MiClaseRunnable());

        System.out.println("Inicio del nuevo thread");
        thread.start();

        System.out.println("Fin de main");

    }
}
```

Observación

En los dos casos de uso, no hay nada que impida llamar a los métodos run «directamente». Como es lógico, esto no tiene gran interés porque su ejecución utilizaría el thread que llama y no un nuevo thread. La ejecución paralela solo se hará por medio de la utilización del método `start`.

También exploraremos en el capítulo Anonimato y lambda una forma alternativa de codificar nuestros threads utilizando expresiones lambda.

4.3 Dormirse y esperar

Durante su ejecución, un thread puede quedar a la espera de información externa. Por ejemplo, puede estar esperando la recepción de un conjunto de bytes provenientes de un periférico. Cuando el administrador de thread de Java cede el control a la operación encargada de recibir dichos bytes, y esta detecta que no hay datos disponibles, puede devolver el control de forma inmediata. De este modo, se evita un consumo innecesario de tiempo de máquina, lo que hace que la aplicación sea más reactiva.

Para esto, se utiliza el método de tipo `static Thread.sleep` del API Java.

```
Thread.sleep(<duración de hibernación en ms>)
```

Observación

Una llamada al método `Thread.sleep(0)` o `Thread.yield()` indica al administrador de Thread Java que la operación no tiene nada que hacer por el momento y devuelve su tiempo de máquina (también llamado tiempo cuántico) para el thread siguiente.

Una llamada al método `Thread.sleep(1000)` indica al administrador de Thread Java que la operación actual debe esperar 1000 ms.

Durante su espera, el thread no consume ningún tiempo de máquina.

En la subsección Abandono desde el thread primario de este capítulo, veremos que es posible solicitar la parada de un thread en curso de ejecución. Si este thread está dormido por un `Thread.sleep` y se pide que pare, entonces se va a despertar por medio de una excepción de tipo `InterruptedException`.

Es la razón por la que IntelliJ IDEA se queja cuando el método se llama sin un `try/catch` o una cláusula `throws` asociada.

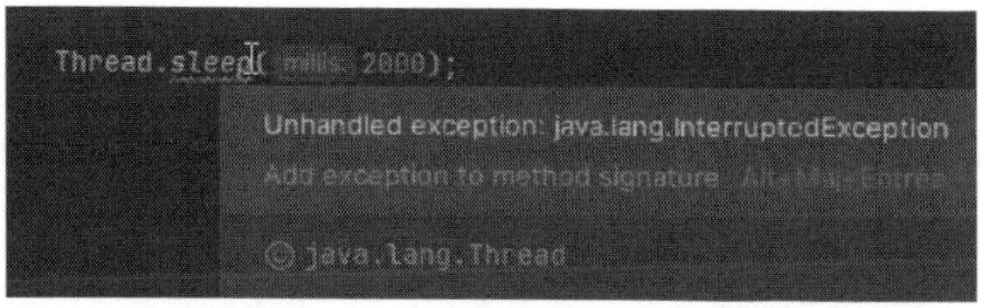

```
    // ...
    try {
        Thread.sleep(2000);
    }
    catch (InterruptedException ex) {
        // Esta excepción se ha producido
        // durante la pausa de 2 segundos.
        // Alguien ha solicitado la parada del thread
        // Por lo tanto, se van a "cerrar" los objetos
        // y eliminar mi run lo más rápidamente posible.
        // ...
        return;
    }
    // ... continuación normal de las operaciones
```

Observación

Llamado a través de la referencia de un Thread, el método `isAlive()` devuelve `false` mientras que el thread no esté arrancado y a continuación, `true` cuando se ejecuta el comando `start`.

A veces sucede que un hilo primario inicia un hilo secundario, continúa con una operación principal y, luego, debe esperar a que finalice la ejecución del hilo secundario antes de pasar al siguiente paso. Una posible solución consiste en utilizar el método `join`, llamado a través de la referencia del hilo que se espera.

A continuación, se muestra un ejemplo de utilización del método `join` que se encuentra en el directorio Cap8\demo_thread_join del .zip que acompaña a este libro.

El método `join`, como el método `sleep`, puede recibir una excepción de tipo `InterruptedException` durante su fase de espera.

Código del lado del thread principal:

```
public class Main {

    public static void main(String[] args) throws InterruptedException {

        // Instanciación y a continuación lanzamiento
        // de miThreadSecundario
        System.out.println("Creación de un thread secundario "
                + "desde el thread principal llamado "
                + Thread.currentThread().getName());

        // Utilización del constructor de Thread
        // que recibe como argumento una referencia a un objeto
        // que implementa la interfaz Runnable
        Thread miThreadSecundario = new Thread(new MiClaseRunnable());

        System.out.println("Arranque del thread secundario");
        miThreadSecundario.start();


        System.out.println("Continuación de las operaciones del
thread principal en paralelo con el del thread secundario");
        // Trabajos sobre el thread principal
        Thread.sleep(500);
        // Necesidad de esperar al final de miThreadSecundario
        // antes de continuar
        System.out.println("Final de la operaciones del thread
principal; inicio de la espera al final del thread secundario");

        try {
            miThreadSecundario.join();
        }
        catch (InterruptedException ex) {
            // Alguien ha solicitado la interrupción
            // del thread principal. Se solicita
            // la parada de miThreadSecundario y salir
            // lo más rápido posible
        }
        // Continuación de la operación principal
        // después del final de la operación secundaria.
        System.out.println("Final de las operaciones del thread
secundario detectado, continuación de las operaciones del thread
principal");
        Thread.sleep(500);
        System.out.println("Final de las operaciones del thread
principal");
    }
}
```

Código del lado del thread secundario:

```
public class MiClaseRunnable implements Runnable {
    @Override
    public void run() {
        System.out.println("Inicio operaciones del nuevo thread llamado "
                + Thread.currentThread().getName());
        try {
            Thread.sleep(1000);
        } catch (InterruptedException e) {
            e.printStackTrace();
        }
        System.out.println("Fin operaciones de "
                + Thread.currentThread().getName());
    }
}
```

```
Run   Main
"C:\Program Files\Java\jdk-23\bin\java.exe" "-javaagent:C:\Program Files\JetBrains\IntelliJ IDEA Community Edition 2024.3.3\lib\idea_rt.jar=498
Creación de un thread secundario desde el thread principal llamado main
Inicio del thread secundario
Posterior tratamiento del thread principal en paralelo con los del thread secundario
Inicio del tratamiento del nuevo thread llamado Thread-0
Fin del tratamiento del thread principal ; inicio de la espera del fin del thread secundario
Fin del tratamientos de Thread-0
Fin del tratamiento del thread secundario detectado, resto del tratamiento del thread principal
Fin del tratamiento del thread principal

Process finished with exit code 0
```

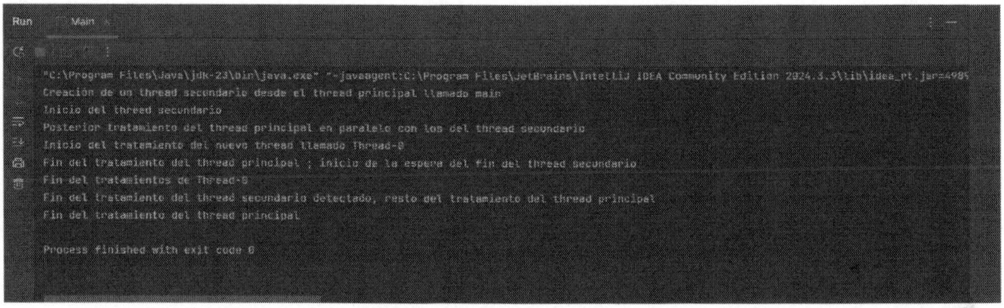

4.4 Abandono desde el thread primario

Una vez lanzado, es muy arriesgado matar un thread. No obstante, existe un método `stop()` en la clase `Thread`, pero está obsoleto, es decir, que va a desaparecer del API Java en cualquier momento. En efecto, matar un thread implica eliminar todas las protecciones de acceso a los objetos que manipula, lo que puede dejarlos en estados transitorios. Si estos objetos, ahora inestables, están siendo compartidos por otros threads, la aplicación puede volverse ciertamente inestable.

La mejor manera de detener un thread en Java es colaborativa. Consiste en compartir entre thread principal y thread secundario una variable (bandera) que el primero va a modificar cuando se desee la parada y que el segundo comprobará lo más a menudo posible durante su ejecución. Tan pronto como la bandera indique la parada inmediata, el thread finalizará la ejecución de su flujo de instrucciones que ejecutaba después de haber liberado los objetos utilizados. Este principio ya está previsto en el API Java gracias a dos métodos *Thread.interrupt()* (llamado por el thread principal) y *Thread.isInterrupted()* (llamado periódicamente por el thread que se va a detener).

Observación

La buena práctica cuando se implementa un thread es insertar lo más habitualmente posible en su código llamadas a `Thread.isInterrupted()` *para saber si se debe continuar su ejecución o no.*

Veamos esto con un ejemplo muy sencillo (que figuran en el directorio Cap8\demo_thread_cancel del .zip que acompaña a este libro), en el que el thread principal –por lo tanto, el main– crea un thread secundario que muestra constantemente las series de cifras del 0 al 9. Después de tres segundos, el thread principal decide terminar la actividad del thread secundario y, a continuación, espera a que el thread secundario haya terminado realmente.

Código del lado del thread principal:

```
public class Main {

    public static void main(String[] args)
            throws InterruptedException {

        System.out.println("Instanciación "
                + "del thread secundario");
        Thread miThreadSecundario
                = new Thread(new MiClaseRunnable());

        System.out.println("Arranque "
                + "del thread secundario");
        miThreadSecundario.start();

        // Simula un trabajo de 3 segundos en el thread principal
        Thread.sleep(3000);

        System.out.println("Solicita "
                + "la parada del thread secundario");
```

```
        miThreadSecundario.interrupt();

        System.out.println("Espera "
                + "el fin del thread secundario");
        miThreadSecundario.join();

        System.out.println("Fin de main");
    }
}
```

Código del lado del thread secundario:

```
public class MiClaseRunnable implements Runnable {
    @Override
    public void run() {
        // Traza de inicio de la operación.
        // Se utiliza el método de tipo static
        // Thread.currentThread()
        // para visualizar el nombre asignado a este thread
        System.out.println("Inicio del thread secundario");

        // Aquí se ejecuta el bucle mientras nadie
        // solicite parar
        int i=0;
        while( true ){
            // Visualización continua de 0 a 9
            System.out.println(i);
            i = i+1;
            if( i== 10 )
                i=0;

            if( Thread.currentThread().isInterrupted()
                    == true ){
                System.out.println(
                        "El thread secundario ha detectado "
                                + "una petición de interrupción");
                // Fuerza la salida del bucle
                break;
            }
        }
        // Traza el final de la operación
        System.out.println("Fin del thread secundario");
        // Una vez pasada esta línea el thread no existe más
    }

}
```

Salida por la consola:

```
(.)
6
7
8
9
0
1
2
3
Solicita la parada del thread secundario
Espera el fin del thread secundario
El thread secundario ha detectado una petición de interrupción
Fin del thread secundario
Fin de main
```

Puede ser que entre el momento en el que el thread principal solicita la interrupción y que esta petición sea realmente por el thread secundario se puedan mostrar varias cifras.

4.5 Threads y clases anónimas

Si la clase que aloja la operación a ejecutar en un hilo solo contiene el método `run`, puede simplificar considerablemente su sintaxis de llamada, aunque esto puede comprometer la claridad del código.

4.5.1 Con la interfaz Runnable

Para esto se va a instanciar un objeto de tipo `Runnable` sobre la marcha y su referencia se va a pasar inmediatamente al constructor del objeto `Thread`. La clase de tipo `Runnable` correspondiente se llama anónima porque no tiene nombre.

Sintaxis

```
Thread <nombre> = new Thread(
new Runnable()
{
@Override
public void Run(){
<el código que se ha de threader>}
});
```

Ejemplo que se encuentra en el directorio
Cap8\demo_thread_anonimo del .zip que acompaña a este libro

```
        Thread miThread =
           new Thread(new Runnable(){
               @Override
               public void run() {
                   System.out.println("Thread secundario");
               }
           });
        miThread.start();
```

Si no necesita referencia del thread creado (`miThread` en el ejemplo anterior), entonces puede reducir su código todavía más.

Ejemplo

```
        new Thread(new Runnable(){
           @Override
           public void run() {
               System.out.println("Thread secundario");
           }
        }).start();
```

Naturalmente, no teniendo referencia del thread que está funcionando, ya no puede direccionarlo directamente para, por ejemplo, abandonarlo usando el sistema presentado anteriormente.

4.5.2 Con la clase Thread

En el ejemplo anterior, hemos instanciado un objeto de tipo `Runnable` en una lógica de implementación de interfaz. También es posible extender la clase `Thread`, redefiniendo su método `run` sobre la marcha.

Sintaxis

```
Thread <nombre> = new Thread(
@Override
public void Run(){
<el código que se ha de threader>}
);
```

Ejemplo

```
Thread miThread =
   new Thread(){
       @Override
       public void run() {
           System.out.println("Thread secundario");
       }
   };
miThread.start();
```

Misma posibilidad que antes: si no necesita una referencia del thread instanciado, puede encadenar la llamada al método `start`.

```
new Thread(){
   @Override
   public void run() {
       System.out.println("Thread secundario");
   }
}.start();
```

4.5.3 Acceso simplificado a las variables y datos miembro

La sintaxis que acabamos de presentar le puede parecer desconcertante y determinados desarrolladores ni siquiera quieren oír hablar de ella. Sin embargo, se ha extendido y presenta algunas ventajas que pueden hacer que el código se simplifique y, con él, la vida del desarrollador.

Observación

El método `run` de una clase anónima tiene acceso a las variables locales de tipo final del método que lo instancia y que arranca el thread, y todo esto durante toda su ejecución.

El método `run` de una clase anónima tiene acceso a todos los datos miembros de la clase que aloja el thread.

Veamos esto de forma más detallada con este ejemplo:

```
public class MiClase {

   // Como el thread debe poder detenerse "desde el exterior"
   // MiClase memoriza su referencia
   private Thread miTratamiento = null;

   // Un dato miembro privado para permitir el acceso
   // independientemente del nivel de acceso
   private String miCampo
           = "Contenido de un campo de mi clase";

   // Un contador que se incrementará en el thread
   protected int numeroDeDias = 0;

   // Un getter de este contador
   public int getNumeroDeDias() {
       return numeroDeDias;
   }

   // Método de inicio de las operaciones
   // que recibe una tabla de String como argumento
   // Como esta tabla:
   //   - forma parte de las variables locales
   //     del método ExecuteTratamiento
   //   - se utiliza durante la ejecución del thread
   // entonces debe ser de tipo final
   public void ExecuteTratamiento(final String[] argumentos){

       // Este entero local al método pero utilizado
       // por el thread también debe ser de tipo final
       final int coef = 1;

       // Instanciación del thread
       // y de la clase anónima de tipo Runnable
       miTratamiento = new Thread(
         new Runnable(){

           // Codificación del método run de la interfaz
           @Override
           public void run() {

               System.out.println("Inicio de la operación");

               // Bucle principal ejecutado mientras
```

```
                // nadie haya pedido la parada
                while(Thread.currentThread().isInterrupted()
                        == false ){
                    System.out.println("Tengo acceso "
                            + "a miCampo que contiene: "
                            + miCampo);
                    System.out.println("Sigo teniendo "
                            + "acceso a los argumentos "
                            + "pasados a mi ejecución");
                    for(String argumento: argumentos){
                        System.out.println(argumento);
                    }
                    // Puedo modificar los datos
                    // miembro de la clase
                    numeroDeDias+=coef;
                }
                System.out.println("Fin de la operación");
            }
        }
    );
    // Lanzamiento del thread
    miTratamiento.start();
    // y retorno del método.
    // En teoría los datos locales
    // realmente desaparecen
    // pero Java los mantiene porque sabe
    // que el thread se está ejecutando
    // y quién los utiliza
}


// Parada de la operación con petición de interrupción del thread
public void ParadaTratamiento(){
    System.out.println("Solicitud de parada de la operación");
    miTratamiento.interrupt();
    try {
        miTratamiento.join();
    }
    catch (InterruptedException ex) {
    }
}
}
```

Del lado de `main`:

```
public class Main{

   public static void main(String[] args) throws
InterruptedException {
       System.out.println("Instanciación de MiClase");
       MiClase miClase = new MiClase();
       System.out.println("Ejecución de la operación");
       miClase.ExecuteTratamiento(
               new String[]{"Argumento1", " Argumento2", " Argumento3"});

       Thread.sleep(1000);

       System.out.println("Fin de la operación");
       miClase.ParadaTratamiento();
       System.out.println("Número de vueltas: "
               + miClase.getNumeroDeVueltas());
   }

}
```

A continuación, se muestra el resultado:

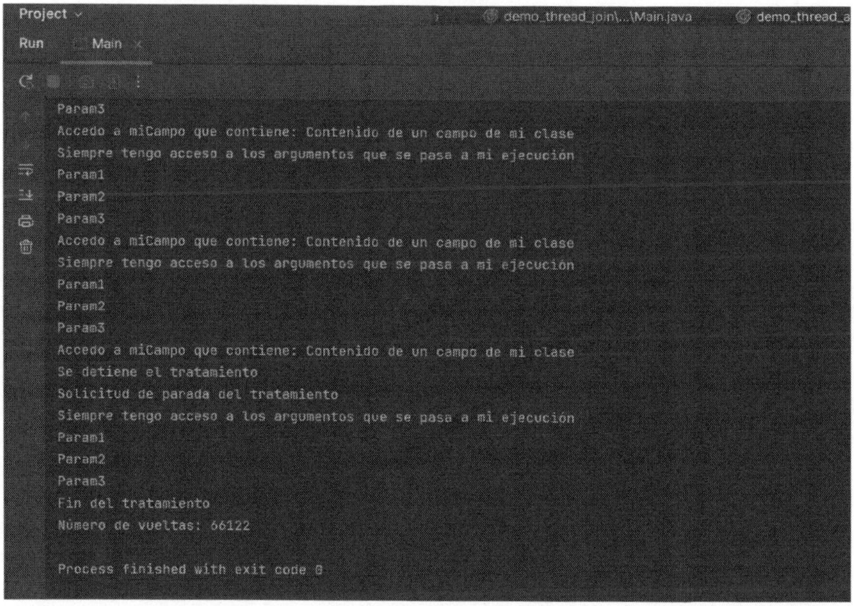

```
Project          demo_thread_join\...\Main.java    demo_thread_a
Run   Main
Param3
Accedo a miCampo que contiene: Contenido de un campo de mi clase
Siempre tengo acceso a los argumentos que se pasa a mi ejecución
Param1
Param2
Param3
Accedo a miCampo que contiene: Contenido de un campo de mi clase
Siempre tengo acceso a los argumentos que se pasa a mi ejecución
Param1
Param2
Param3
Accedo a miCampo que contiene: Contenido de un campo de mi clase
Se detiene el tratamiento
Solicitud de parada del tratamiento
Siempre tengo acceso a los argumentos que se pasa a mi ejecución
Param1
Param2
Param3
Fin del tratamiento
Número de vueltas: 66122

Process finished with exit code 0
```

5. Sincronización entre threads

5.1 Necesidad de la sincronización

La programación de varias rutas de ejecución no plantea ningún problema particular hasta que comparten la misma información o los mismos recursos. En efecto, dando por hecho que el sistema operativo puede interrumpir las operaciones en cualquier momento, se corre el riesgo de tener objetos que estén modificando un thread preferente, que se encuentre en estados inestables para el thread siguiente. Para protegerse de estos funcionamientos incorrectos, hay que sincronizar los threads, es decir, proteger las zonas delicadas de las operaciones.

Esto no se va a reproducir en el sistema de gestión, que continuará activando los threads unos después de otros; sencillamente cuando un thread A necesite acceder a un dato común protegido que un thread B no haya terminado de actualizar, entonces el thread A deberá esperar a la siguiente vuelta. Y si el trabajo del thread B no ha terminado en una vuelta, entonces tendrá que esperar a la siguiente y así sucesivamente.

El mismo principio se aplica si se trata de una operación común que el thread B deberá haber terminado antes de que el thread A pueda realizarlo a su vez. Este es el escenario que ofrece el siguiente extracto de código. En efecto, la operación permite visualizar una cuenta desde uno hasta veinte, realizada por diez threads. El objetivo es obtener la siguiente visualización:

```
1234567891011121314151617181920
1234567891011121314151617181920
1234567891011121314151617181920
1234567891011121314151617181920
1234567891011121314151617181920
1234567891011121314151617181920
1234567891011121314151617181920
1234567891011121314151617181920
1234567891011121314151617181920
1234567891011121314151617181920
```

A continuación, se muestra una primera versión de código sin protección (que figura en el directorio Cap8\demo_thread_sin_sincro del .zip que acompaña a este libro):

```
public class TratamientoSinProteccion{

   public void EjecutarTratamiento() {

       for(int i=0; i<10; i++){
           new Thread(new Runnable()
           {
               @Override
               public void run() {
                   for (int j = 1; j < 20; j++) {
                       System.out.print(j);
                   }
                   System.out.println();
               }
           }).start();
       }
   }
}
```

```
public class Main {

   public static void main(String[] args) {

       TratamientoSinProteccion tsp
               = new TratamientoSinProteccion();
       tsp.EjecutarTratamiento();
   }

}
```

Nada más que lo que ya se ha presentado: un bucle de lanzamiento de diez threads, donde cada uno muestra una cuenta que va desde uno hasta veinte.

A continuación, se muestra la salida correspondiente en pantalla:

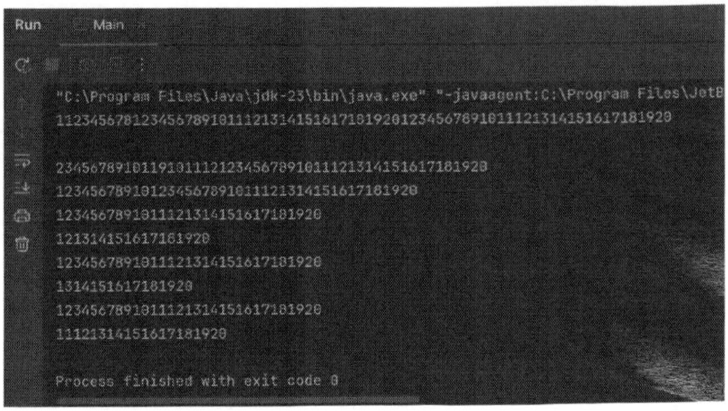

```
Run    Main

"C:\Program Files\Java\jdk-23\bin\java.exe" "-javaagent:C:\Program Files\JetB
11234567812345678910111213141516171819201234567891011121314151617181920

23456789101191011121234567891011121314151617181920
123456789101234567891011121314151617181920
1234567891011121314151617181920
121314151617181920
1234567891011121314151617181920
1314151617181920
1234567891011121314151617181920
11121314151617181920

Process finished with exit code 0
```

¡Menudo desorden!

5.2 Los métodos syncronized

La primera solución es de una simplicidad casi infantil. Consiste en agregar una palabra clave en la declaración de los métodos que se deben proteger. Esta palabra clave será traducida por la máquina virtual en un contexto de ejecución particular, que se va a encargar de proteger todos los métodos de la clase de ejecuciones concurrentes, identificados como `syncronized`.

A continuación, se muestra el código correspondiente que se encuentra en el directorio Cap8\demo_thread_con_siynchronized del .zip que acompaña a este libro:

```
public class TratamientoConProteccionPorSyncronized{

   public void EjecutarTratamiento() {

       for(int i=0; i<10; i++){
           new Thread(new Runnable()
           {
               @Override
               public void run() {
                   Mostrar();
               }
           }).start();
       }
```

```
    }

    private syncronized void  Mostrar(){
        for (int j = 1; j < 20; j++) {
            System.out.print(j);
            try {
                Thread.sleep(0);
            }
            catch (InterruptedException ex) {
                return;
            }
        }
        System.out.println();
    }
}
```

```
package demothreadconsyncronized;

public class Main {

    public static void main(String[] args) {
        TratamientoConProteccionPorSyncronized tsp
                = new TratamientoConProteccionPorSyncronized();
        tsp.EjecutarTratamiento();
    }
}
```

Y a continuación se muestra la salida por la consola correspondiente:

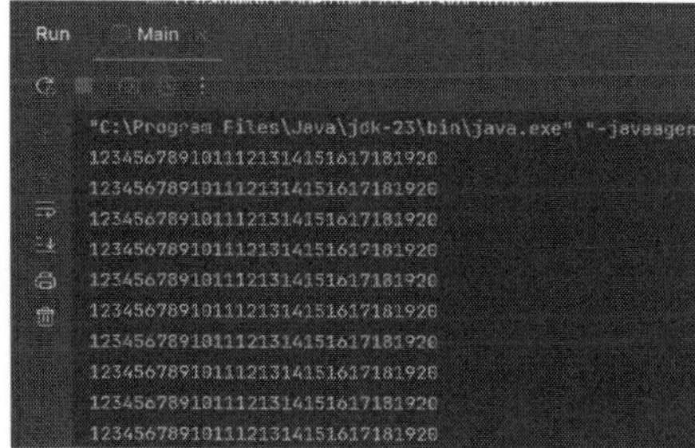

Mejor así, sin duda.

Puede observar que con el tipo `syncronized`, que no tiene ningún efecto sobre el método `run`, las operaciones se han transportado a un método `Mostrar` –llamado desde el `run`– y que puede adoptar la indicación `syncronized`.

Este primer método es muy eficaz, pero un poco radical. En efecto, ninguno de los métodos de una clase definidos con la palabra clave `syncronized` se podrá ejecutar nunca más en paralelo, lo que no es óptimo.

Observación

Los constructores no pueden ser syncronized. Esto no tendría ningún sentido porque varios threads no pueden compartir la instanciación de un mismo objeto.

5.3 Las operaciones syncronized

La idea de esta segunda solución es tomar un objeto y utilizarlo como bloqueo para limitar el acceso a la porción sensible del código. Esta porción sensible también se llama *sección crítica*. El objeto bloqueo generalmente es el propio objeto cuando queremos proteger una de sus propiedades. En otro caso, un objeto de tipo `Object` erías perfectamente adecuado.

A continuación, la palabra clave `syncronized` y sus paréntesis entran en escena para delimitar la zona que hay que proteger.

He aquí de nuevo nuestro código (que se encuentra en el directorio Cap8\demo_thread_con_objecto_synchronized del .zip que acompaña a este libro), esta vez bloqueado:

```
public class TratamientoConProteccion2 {
   private Object bloqueo = new Object();
   public void EjecutarTratamiento() {

       for(int i=0; i<10; i++){
           new Thread(new Runnable()
           {
               @Override
               public void run() {
                   syncronized(bloqueo) {
                       for (int j = 1; j < 20; j++) {
                           System.out.print(j);
                           try {
                               Thread.sleep(0);
                           }
                           catch (InterruptedException ex) {
                               return;
                           }
```

```
                        }
                        System.out.println();
                    }
                }
            }).start();
        }
    }


}
```

```
public class Main {

    public static void main(String[] args) {
        TratamientoConProteccionPorObjetoSyncronized tsp
                = new TratamientoConProteccionPorObjetoSyncronized();
        tsp.EjecutarTratamiento();

    }
}
```

Su salida por la consola correspondiente es la esperada.

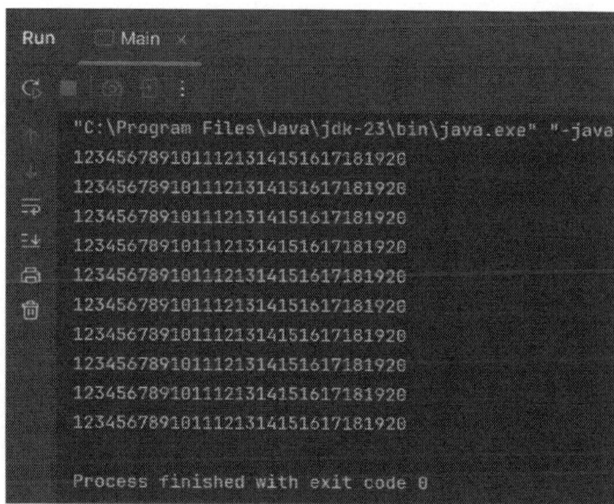

Observación

Una vez que un thread tiene el control de un bloqueo, este se convierte en inaccesible para el resto.

Una vez que un thread adquiere un bloqueo, lo es hasta el final de la operación. Si esta operación llama a métodos que están protegidos a su vez por el mismo bloqueo, entonces la fase de adquisición no se vuelve a lanzar.

5.4 La clase Semaphore

Imagine la sala de un gimnasio, reformada con cuatro aparatos de musculación muy eficaces. Hay pocos y se forma un cola. Cuando un usuario se cansa, deja su puesto de entrenamiento y otro le sustituye. De esta manera, la cola de espera se vacía progresivamente.

Si este caso de uso se debiera programar, sería oportuno utilizar un objeto de tipo `Semaphore`. Un `Semaphore` es una especie de bloqueo que se cierra después de un determinado número de pasadas y se vuelve a abrir cuando se libera un poco de espacio. Este bloqueo protege una región crítica, como la utilización de los cuatro aparatos de musculación de nuestro ejemplo.

Observación

Un Semaphore que solo soporta una única instancia de utilización se llama Mutex.

El API Java ofrece una implementación de `Semaphore` con su clase `java.util.concurrent.Semaphore`.

Cuando se crea un objeto de tipo `Semaphore`, el desarrollador le pasa el número máximo de instancias que se pueden aceptar (ejemplo que se encuentra en el directorio Cap8\demo_semaforo del .zip que acompaña a este libro).

```
public class Main {

   public static void main(String[] args) {

       // En primer lugar, definición de la sala
       // de entrenamiento que contiene cuatro puestos
       final SalaMusculacion salaMusculacion
               = new SalaMusculacion();

       // Seis deportistas se presentan para entrenarse
       for(int i=0; i<6; i++){

           // Para trazar lo que va a pasar,
           // les damos un nombre
           final String NumeroDeportistas
                   = "Deportista n."+(i+1);

           // El thread va a esperar un lugar libre
           // y a continuación desarrollar el entrenamiento
```

```
            // de nuestra deportista
            new Thread(new Runnable(){
                @Override
                public void run() {
                    try {
                       salaMusculacion.Training(NumeroDeportistas);
                    }
                    catch (InterruptedException ex) {
                    }
                }
            }).start();
        }
    }

 }
```

```
package demosemaforo;

import java.util.concurrent.Semaphore;

public class SalaMusculacion {

  private final Semaphore permiso = new Semaphore(4);

  // Un deportista llama a este método
  // para acceder a un puesto de entrenamiento
  public void Training(String deportista) throws
InterruptedException {
    try {
        System.out.println(deportista +" quiere entrenarse");
        NumeroPuestosLibres();
        // Puede quedar bloqueado en este punto
        // mientras no haya ningún puesto libre.
        permiso.adquirir();

        // Ahora puede entrenarse
        System.out.println("Inicio del entrenamiento del Deportista
número: "+deportista);
        Thread.sleep(1000);
        System.out.println("Fin del entrenamiento para Deportista
número "+Deportista);
    }

    finally {
        // Después de una buena sesión
        // nuestro deportista libera su puesto
        permiso.libera ();
        NumeroPuestosLibres();
    }
```

```
    }

    public void NumeroPuestosLibres(){
        System.out.println("Quedan "
                          +permiso.disponible()
                          + " puesto(s) libre(s)");
    }
}
```

A continuación se muestra el resultado:

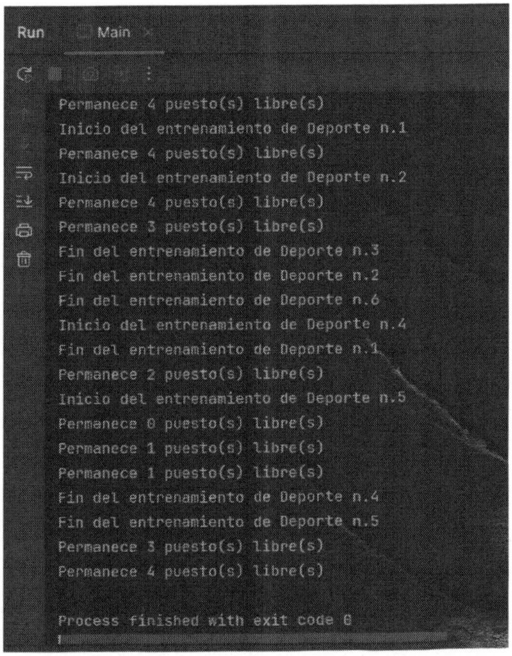

```
Run    Main

Permanece 4 puesto(s) libre(s)
Inicio del entrenamiento de Deporte n.1
Permanece 4 puesto(s) libre(s)
Inicio del entrenamiento de Deporte n.2
Permanece 4 puesto(s) libre(s)
Permanece 3 puesto(s) libre(s)
Fin del entrenamiento de Deporte n.3
Fin del entrenamiento de Deporte n.2
Fin del entrenamiento de Deporte n.6
Inicio del entrenamiento de Deporte n.4
Fin del entrenamiento de Deporte n.1
Permanece 2 puesto(s) libre(s)
Inicio del entrenamiento de Deporte n.5
Permanece 0 puesto(s) libre(s)
Permanece 1 puesto(s) libre(s)
Permanece 1 puesto(s) libre(s)
Fin del entrenamiento de Deporte n.4
Fin del entrenamiento de Deporte n.5
Permanece 3 puesto(s) libre(s)
Permanece 4 puesto(s) libre(s)

Process finished with exit code 0
```

6. Comunicación inter-threads

6.1 El método join

Como se ha visto anteriormente, el método *join* permite a un thread principal «hibernar» mientras espera el final de la ejecución de un thread secundario.

Ejemplo de código que se encuentra en el directorio Cap8\demo_synchro_inter_threads_con_join del .zip que acompaña a este libro

```
public class Main {

    public static void main(String[] args)
            throws InterruptedException {

        System.out.println("Instanciación "
                + "del thread secundario");
        Thread miThreadSecundario
                = new Thread(new MiClaseRunnable());

        System.out.println("Arranca "
                + "el thread secundario");
        miThreadSecundario.start();

        // Simula un trabajo de 3 segundos en el thread principal
        Thread.sleep(3000);

        System.out.println("Solicita "
                + "la parada del thread secundario");
        miThreadSecundario.interrupt();

        System.out.println("Espera "
                + "el final del thread secundario");
        miThreadSecundario.join();

        System.out.println("Fin de main");
    }

}
```

```
public class MiClaseRunnable implements Runnable {
    @Override
    public void run() {
        // Traza de incio del tratamiento.
        // Utilizamos el método de tipo static
        // Thread.currentThread()
        // para mostrar rel nombre asignado a este thread
        System.out.println("Inicio del thread secundario");

        // Aquí un bucle como una persona que no nos pide parar
        int i=0;
        while( true ){
            // Visualización continua de 0 a 9
            System.out.println(i);
            i = i+1;
            if( i== 10 )
                i=0;

            if( Thread.currentThread().isInterrupted()
                    == true ){
                System.out.println(
                        "El thread secundario ha detectado "
                                + "una petición de interrupción");
                // Fuerza la salida del bucle
                break;
            }
        }
        // Traza de fin de tratamiento
        System.out.println("Fin del thread secundario");
        // Pasada esta línea el thread ya no existe
    }

}
```

Salida por la consola asociada:

```
Instanciación del thread secundario
Aranca el thread secundario
Inicio del thread secundario
0
1
2
3
4
5
6
7
8
9(...)
0
1
2
3
4
5
6
Solicita la parada del thread secundario
Espera el fin del thread secundario
El thread secundario ha detectado una petición de interrupción
Fin del thread secundario
Fin de main

Process finished with exit code 0
```

Salida por la ocnsola asociada SIN la línea `monThreadSecondaire.join()`:

```
(...)
0
1
2
3
4
Solicita la parada del thread secundario
Fin de main
5
El thread secundario ha detectado una petición de interrupción
Fin del thread secundario
Process finished with exit code 0
```

Observación

Un thread hibernado o bloqueado no consume tiempo de máquina.

La utilización del método `join` es muy eficaz cuando queremos sincronizarnos con el final de una operación completa.

6.2 Los objetos de sincronización

Si queremos sincronizarnos con determinadas fases de una operación secundaria, el método `join` no se puede utilizar. Por ejemplo, imaginemos un thread A encargado de recuperar las franjas de bytes y un thread B encargado tratarlos. El thread A no se va a detener después de la primera franja recibida; va a continuar recibiendo otros bytes y a prepararlos para formar la siguiente franja. Por lo tanto, el thread B no puede utilizar un `join` porque el thread A no tiene final de procesamiento calculado. Ya no estamos en una lógica orientada a eventos que un esquema `Observador/Observado` clásico podría resolver directamente. Aquí el thread B está dormido y se debe despertar cuando el thread A tenga una franja lista para ser consumida.

El objeto de sincronización que se ha de utilizar entre el thread A y el thread B es cualquiera a partir del momento en el que hereda de la clase `java.lang.Object` (ver anteriormente). En nuestro ejemplo, utilizaremos el objeto `GeneradorDeFranjas`.

java.lang.Object.notify

Un thread productor envía una señal hacia uno o varios threads consumidores cuando es necesario, a través de los métodos `java.lang.Object.notify` –para un consumidor a la vez– y `java.lang.Object.notifyAll` –para todos los consumidores guardados–.

Si nadie está a la escucha, entonces esta señal se pierde.

java.lang.Object.wait

Por el contrario, un thread espera esta señal habiendo llamado al método `java.lang.Object.wait`. Entonces, el administrador de threads de la máquina virtual sabrá encontrarlo y despertarlo.

Observación

Las llamadas a los métodos `notify` y `wait` se deben hacer en métodos syncronized.

Volvamos a nuestro ejemplo:

- `threadProductor` y `threadConsumidor` comparten un mismo objeto de sincronización, a saber, `threadProductor`, que cumplirá una doble función.
- `threadConsumidor`, que no tiene nada que consumir inicialmente, llamará al método `wait` del objeto `threadProductor`. Esta llamada provoca la hibernación de `threadConsumidor`.
- Después de recibir una franja completa, `threadProductor` la pone en la cola de espera y, a continuación, llama a su método `notify()`.
- Entonces, el administrador del thread de la máquina virtual despierta a `threadConsumidor`, que accede a la cola de espera de las franjas formateadas para recuperar la nueva franja recibida. Durante este tiempo, `threadProductor` recibe y construye la siguiente franja.
- Tan pronto como la franja se consume, `threadConsumidor` vuelve a hibernar, llamando al método `wait` del objeto `threadProductor`.

A continuación, se muestra un ejemplo de codificación de nuestra sincronización productor/consumidor. La franja es un sencillo número aleatorio. Este ejemplo se encuentra en el directorio Cap8\demo_synchro_inter_-threads_con_notify_wait del .zip que acompaña a este libro).

```
import java.io.IOException;
import java.util.LinkedList;
import java.util.Queue;
import java.util.Random;

// La clase que permite instanciar la demostración
public class Main {
```

```
    public static void main(String[] args) {
        ProductorConsumidor productorConsumidor
                = new ProductorConsumidor();
        productorConsumidor.Acción();
    }
}

// La clase ProductorConsumidor que instancia
// e inicia los threads.
// A continuación espera una acción de teclado
// para detener el conjunto.
class ProductorConsumidor {

    public void Accion() {

        System.out.println("Inicio Tratamiento global");

        // Instanciación del thread productor
        GeneradorDeFranjas miReceptorDeFranjas
                = new GeneradorDeFranjas();
        Thread threadProductor
                = new Thread(miReceptorDeFranjas);
        // Inicio del thread productor
        threadProductor.start();

        // Instanciación del thread consumidor
        Thread threadConsumidor
                = new Thread(
            new ConsumidorDeFranjas(miReceptorDeFranjas));
        // Inicio del thread consumidor
        threadConsumidor.start();

        // Los dos threads actúan...
        System.out.println(
                "Pulse en Intro para parar. ");
        try {
            // hasta que se pulsa una tecla
            System.in.read();
        }
        catch (IOException ex) {}

        // En este momento, se solicita la interrupción
        // de los dos threads
        System.out.println("Abandono solicitado ");
```

```
        threadProductor.interrupt();
        threadConsumidor.interrupt();
        try {
            // A continuación, esperamos que terminen
            threadProductor.join();
            threadConsumidor.join();
        } catch (InterruptedException ex) {}

        System.out.println("Final Tratamiento global");

    }
}

// La clase generadora de franjas
class GeneradorDeFranjas implements java.lang.Runnable {

    // El objeto de almacenamiento de las "tramas"
    // Aquí se utiliza una Queue
    // para un funcionamiento de tipo FIFO
    private Queue<Integer> fileTrames
            = new LinkedList<Integer>();

    private ConsumidorDeFranjas miConsumidorDeFranjas;

    public void setMiConsumidorDeFranjas(
            ConsumidorDeFranjas miConsumidorDeFranjas) {
        this.miConsumidorDeFranjas = miConsumidorDeFranjas;
    }

    // El método principal
    @Override
    public void run() {

        System.out.println("Inicio GeneradorDeFranjas");

        // Mientras que "nadie se pare ".
        while (Thread.currentThread().isInterrupted()
                    == false ) {
            // Simulación de una recepción de franja
            try {
                Thread.sleep(100);
            }
            catch (InterruptedException ex) {
                System.out.println(
                        "InterruptedException "
```

```
                        + "en GeneradorDeFranjas");
                break;
            }
            int numeroFranja = DameUnEnteroAleatorio();
            System.out.println("Franja recibida: " + numeroFranja);

            // Encola la franja recibida
            fileTrames.add(numeroFranja);

            // Señala al threadConsumidor
            // que puede leer la franja
            avisarFranjaRecibida();
            try {
                esperaArchivoVacio();
            } catch (InterruptedException ex) {
               System.out.println(
                        "InterruptedException "
                        + "en esperaArchivoVacio");
               break;
            }

        }
        System.out.println("Final de GeneradorDeFranjas");
    }

    // Generador aleatorio de números enteros
    Random rand = new Random();
    private int DameUnEnteroAleatorio() {

        int randomNum = rand.nextInt(101);
        return randomNum;
    }

    // Este método interviene en notify
    // y por lo tanto debe ser de tipo syncronized
    private syncronized void avisarFranjaRecibida(){
        notify();
    }


    private void esperaArchivoVacio()
            throws InterruptedException{

        if( fileTrames.size() >= 10 ){
            System.out.println("Cola saturada ");
```

```
            while(fileTrames.size() > 0){
                this.miConsumidorDeFranjas
                        .esperaConsumo();
            }
            System.out.println("Cola despejada ");
        }
    }

    // Este método de tipo public permite desapilar
    // las franjas recibidas. Como utiliza wait,
    // debe ser de tipo syncronized
    public syncronized int leeFranjaRecibida()
            throws InterruptedException{

        // Mientras haya franjas por leer,
        // las leemos
        if( fileTrames.size() > 0)
            return fileTrames.poll();

        // En caso contrario, esperamos a la siguiente
        wait(); // La llamada del wait libera el bloqueo
                // del syncronized para permitir
                // la llamada a avisarFranjaRecibida()
                // En la salida del wait
                // el thread retoma el bloqueo.
        return fileTrames.poll();
    }
}

// La clase consumidora de franjas
class ConsumidorDeFranjas implements java.lang.Runnable {

    // Una referencia al productor permite
    // un acceso a su método de lectura
    private GeneradorDeFranjas miReceptorDeFranjas;

    // El constructor sobrecargado permite
    // informar al productor
    public ConsumidorDeFranjas(
            GeneradorDeFranjas miReceptorDeFranjas){
        this.miReceptorDeFranjas
                = miReceptorDeFranjas;
        this.miReceptorDeFranjas
                .setMiConsumidorDeFranjas(this);
    }
```

```
    @Override
    public void run() {
        System.out.println("Inicio ConsumidorDeFranjas");

        // Mientras que "nadie se pare ".
        while (Thread.currentThread().isInterrupted()
                    == false )
        {
            try {
                // Llamada a un método bloqueante
                // del productor
                System.out.println("Consumidor espera");
                int numeroFranja
                        = miReceptorDeFranjas.leeFranjaRecibida();

                // Tratamiento de la franja recibida
                System.out.println("Franja consumida: "
                        + numeroFranja);

                Thread.sleep(500);

                franjaConsumida();

            } catch (InterruptedException ex) {
                System.out.println(
                        "InterruptedException "
                        + "en ConsumidorDeFranjas");
                break;
            }
        }
        System.out.println("Fin ConsumidorDeFranjas");
    }

    private syncronized void franjaConsumida() {
        notify();
    }

    public syncronized void esperaConsumo()
            throws InterruptedException{
        wait();
    }

}
```

Salida por la consola correspondiente:

```
"C:\Program Files\Java\jdk-23\bin\java.exe" "-javaage
Inicio Tratamiento global
Inicio GeneradorDeFrames
Pulse la tecla Intro para parar...
Inicio ConsumidorDeFrames
Consumidor espera
Franja recibida: 41
Franja consumida: 41
Franja recibida: 4
Franja recibida: 3
Franja recibida: 89
Franja recibida: 38
Consumidor espera
Franja consumida: 4
Franja recibida: 26
Franja recibida: 27
Franja recibida: 66
Franja recibida: 42
Consumidor espera
Franja recibida: 20
Franja consumida: 3
```

(...)

```
Franja consumida: 67
Consumidor espera
Franja consumida: 56
Consumidor espera
Franja consumida: 85
Consumidor espera
Franja consumida: 8
Consumidor espera
Franja consumida: 51
Consumidor espera
Franja consumida: 43
Consumidor espera
Franja consumida: 23
Consumidor espera
Franja consumida: 37
Salida solicitada
InterruptedException en esperaColaVacia
Fin GeneradorDeFrames

Process finished with exit code 130
```

Durante la ejecución de este programa, controle que el foco esté sobre la ventana **Ouput** de IntelliJ IDEA antes de pulsar en una tecla y, a continuación, [Intro] para abandonar.

La salida por la consola muestra una perfecta correspondencia entre los números de franjas producidas y los números de franjas consumidas. Es normal, la producción es más lenta que el consumo.

Si por el contrario la operación de consumo lleva un poco más de tiempo que la de producción, las franjas se van a apilar más rápido que el tiempo que se tarda en desapilarlas.

Se soluciona este desequilibrio introduciendo una pausa en el bucle de consumo:

```
while (Thread.currentThread().isInterrupted()
                    == false )
        {
            try {
                // Llamada a un método bloqueante
                // del productor
                int numeroFranja
                        = miReceptorDeFranjas.leeFranjaRecibida();

                // Tratamiento de la franja recibida
                System.out.println("Franja consumida: "
                        + numeroFranja);

                Thread.sleep(500);

            } catch (InterruptedException ex) {
                System.out.println(
                        "InterruptedException "
                        + "en ConsumidorDeFranjas");
               break;
            }
        }
```

A continuación, se muestra la salida por la consola:

```
debug:
Inicio Tratamiento global
Inicio GeneradorDeFranjas
Pulse Intro para parar.
Inicio ConsumidorDeFranjas
Franja recibida: 0
Franja consumida: 0
Franja recibida: 11
Franja recibida: 73
Franja recibida: 23
Franja recibida: 66
```

```
Franja recibida: 4
Franja recibida: 100
Franja consumida: 11
Franja recibida: 7
Franja recibida: 48
Franja recibida: 98
Franja recibida: 84
Franja recibida: 30
Franja recibida: 84

Abandono solicitado
InterruptedException en ConsumidorDeFranjas

Fin ConsumidorDeFranjas

InterruptedException en GeneradorDeFranjas
Final de GeneradorDeFranjas
Final Tratamiento global
Process finished with exit code 0
```

Al cabo de un momento la cola estará llena y se producirá una excepción.

El ejercicio que vamos a proponer en la sección Ejercicio consiste en completar el ejemplo para que la producción se detenga cuando se alcance un determinado número de franjas (diez, por ejemplo) en la cola de espera, y se retome cuando se vacíe.

7. Ejercicio

7.1 Enunciado

Partiendo del ejemplo anterior (con `Thread.sleep(500);` en el bucle de consumo), debe introducir la noción de gestión de flujo entre productor y consumidor. El thread de producción debe dormir cuando se alcance un número máximo de franjas en espera (diez, por ejemplo). El thread de consumo leerá estas franjas y después, cuando la cola esté vacía, el thread de producción deberá retomar su trabajo.

Tipo de comportamiento deseado:

```
debug:
Inicio Tratamiento global
Inicio GeneradorDeFranjas
Pulse Intro para parar.
Inicio ConsumidorDeFranjas
Consumidor espera
Franja recibida: 46
Franja consumida: 46
Franja recibida: 67
Franja recibida: 23
Franja recibida: 92
Franja recibida: 20
Franja recibida: 23
Franja consumida: 67
Franja recibida: 54
Franja recibida: 21
Franja recibida: 60
Franja recibida: 66
Franja consumida: 23
Franja recibida: 2
Franja recibida: 58

Franja recibida: 69

Fila saturada
Franja consumida: 92
Franja consumida: 20
Franja consumida: 23
Franja consumida: 54
Franja consumida: 21
Franja consumida: 60
Franja consumida: 66
Franja consumida: 2
Franja consumida: 58
Franja consumida: 69
Saturación de la cola eliminada
Franja recibida: 97
Franja recibida: 76
Franja recibida: 41
Franja recibida: 89
Franja consumida: 97
Franja recibida: 12
```

```
Abandono solicitado
InterruptedException en GeneradorDeFranjas
Final de GeneradorDeFranjas
InterruptedException en ConsumidorDeFranjas
Fin ConsumidorDeFranjas
Final Tratamiento global
BUILD SUCCESSFUL (total time: 9 seconds)
```

A continuación, se muestra alguna información para ayudarle:

En el código inicial, el desarrollador ha generado una doble función para el productor: producir y sincronizar el consumidor para que duerma cuando no haya nada que leer. Una solución posible para la nueva problemática sería hacer lo mismo con el consumidor y permitir que el productor se duerma hasta que el consumidor no haya leído todo.

7.2 Corrección

- Cree un mecanismo que permita al consumidor referenciar el productor para que este último pueda llamar a sus métodos de sincronización.
- Añada al consumidor dos métodos de tipo `syncronized`; uno que el consumidor deberá llamar cuando haya consumido una franja, y el segundo, que el productor deberá llamar cuando la cola esté saturada y espere a que se vacíe.
- Adapte el thread del consumidor para que llame al método `franjaConsumida`.
- Adapte el thread del productor para que, después de encolar una franja, compruebe si la cola está saturada. Llegado el caso, utilizará el método de sincronización del consumidor para retomar sus operaciones.

La corrección se encuentra en el directorio Cap8\lab_synchro_inter_threads del .zip que acompaña a este libro

```
import java.io.IOException;
import java.util.LinkedList;
import java.util.Queue;
import java.util.Random;
```

```
// La clase que permite instanciar la demostración
public class LabSincroInterThreads {


   public static void main(String[] args) {
       ProductorConsumidor productorConsumidor
              = new ProductorConsumidor();
       productorConsumidor.Acción();
   }
}

// La clase ProductorConsumidor que instancia
// y arranca los threads.
// A continuación espera una acción de teclado
// para detener el conjunto.
class ProductorConsumidor {

   public void Accion() {

       System.out.println("Inicio Tratamiento global");

       // Instanciación del thread productor
       GeneradorDeFranjas miReceptorDeFranjas
              = new GeneradorDeFranjas();
       Thread threadProductor
              = new Thread(miReceptorDeFranjas);
       // Inicio del thread productor
       threadProductor.start();

       // Instanciación del thread consumidor
       Thread threadConsumidor
              = new Thread(
           new ConsumidorDeFranjas(miReceptorDeFranjas));
       // Inicio del thread consumidor
       threadConsumidor.start();

       // Los dos threads se ejecutan.
       System.out.println(
              "Pulse una tecla para parar.");
       try {
           // ... hasta que se pulse una tecla
           System.in.read();
       }
       catch (IOException ex) {}
```

```
        // En este momento, solicitamos la interrupción
        // de los dos threads
        System.out.println("Abandono solicitado");
        threadProductor.interrupt();
        threadConsumidor.interrupt();
        try {
            // A continuación, esperamos que se terminen
            threadProductor.join();
            threadConsumidor.join();
        } catch (InterruptedException ex) {}

        System.out.println("Final Tratamiento global");

    }
}

// La clase generadora de franjas
class GeneradorDeFranjas implements java.lang.Runnable {

    // El objeto de almacenamiento de las "franjas"
    // Aquí es una Queue que se utiliza
    // para un funcionamiento de tipo FIFO
    private Queue<Integer> archivoFranjas
            = new LinkedList<Integer>();
    // Todo lo necesario para que el consumidor se guarde
    private ConsumidorDeFranjas miConsumidorDeFranjas;

    public void setMiConsumidorDeFranjas(
            ConsumidorDeFranjas miConsumidorDeFranjas) {
        this.miConsumidorDeFranjas = miConsumidorDeFranjas;
    }
    // El método principal
    @Override
    public void run() {

        System.out.println("Inicio GeneradorDeFranjas");

        // Mientras que "nadie se detenga ".
        while (Thread.currentThread().isInterrupted()
                == false ) {

            // Simulación de una recepción de franja
            try {
```

```
                Thread.sleep(100);
            }
            catch (InterruptedException ex) {
                System.out.println(
                        "InterruptedException "
                        + "en GeneradorDeFranjas");
                break;
            }
            int numeroFranja = DameUnEnteroAleatorio();
            System.out.println("Franja recibida: " +
numeroFranja);

            // Encolado de la franja recibida
            fileTrames.add(numeroFranja);

            // Indica al threadConsumidor
            // que puede leer la franja
            avisarFranjaRecibida();

            // Si la cola está llena
            // entonces hay que esperar a que se vacíe
            try {
                esperaArchivoVacio();
            } catch (InterruptedException ex) {
               System.out.println(
                        "InterruptedException "
                        + "en esperaArchivoVacio");
               break;
            }

        }
        System.out.println("Final de GeneradorDeFranjas");
    }

    // Generator aleatorio de números enteros
    Random rand = new Random();
    private int DameUnEnteroAleatorio() {

        int randomNum = rand.nextInt(101);
        return randomNum;
    }

    // Este método interviene sobre notify
    // y por lo tanto debe ser de tipo syncronized
```

```
    private syncronized void avisarFranjaRecibida(){
        notify();
    }

    // Este método se llama cuando se ha encolado
    // una nueva franja.
    // Permite probar si la cola está saturada
    // y, si es el caso, esperar a que se vacíe.
    private void esperaArchivoVacio()
            throws InterruptedException{

        if( archivoFranjas.size() >= 10 ){
            System.out.println("Cola saturada");
            while(fileTrames.size() > 0){
                this.miConsumidorDeFranjas
                        .esperaConsumo();
            }
            System.out.println("Saturación de la cola eliminada");
        }
    }

    // Este método de tipo public permite desapilar
    // las franjas recibidas. Como utiliza wait
    // debe ser de tipo syncronized
    public syncronized int leeFranjaRecibida()
            throws InterruptedException{

        // Si hay franjas que leer,
        // se leen
        if( archivoFranjas.size() > 0)
            return archivoFranjas.poll();

        // En caso contrario, esperamos a la siguiente
        System.out.println("Consumidor en espera");
        wait(); // La llamada  del wait libera el bloqueo
                // del syncronized para permitir la llamada
                // a avisarFranjaRecibida()
                // En la salida del wait
                // el thread retoma el bloqueo.
        return archivoFranjas.poll();
    }
}

// La clase consumidora de franjas
```

```
class ConsumidorDeFranjas implements java.lang.Runnable {

   // Una referencia al productor permite
   // un acceso a su método de lectura
   private GeneradorDeFranjas miReceptorDeFranjas;

   // El constructor sobrecargado permite
   // indicar el productor
   public ConsumidorDeFranjas(
           GeneradorDeFranjas miReceptorDeFranjas){
       this.miReceptorDeFranjas
               = miReceptorDeFranjas;
       this.miReceptorDeFranjas
               .setMiConsumidorDeFranjas(this);
   }


   @Override
   public void run() {
       System.out.println("Inicio ConsumidorDeFranjas");

       // Mientras que "nadie se detenga".
       while (Thread.currentThread().isInterrupted()
                   == false )
       {
           try {
               // Llamada a un método bloqueante
               // del productor

               int numeroFranja

                       =
miReceptorDeFranjas.leeFranjaRecibida();

               // Tratamiento de la franja recibida
               System.out.println("Franja consumida: "
                       + numeroFranja);

               Thread.sleep(500);

               franjaConsumida();

           } catch (InterruptedException ex) {
               System.out.println(
```

```
                    "InterruptedException "
                    + "en ConsumidorDeFranjas");
                break;
            }
        }
        System.out.println("Fin ConsumidorDeFranjas");
    }

    private syncronized void franjaConsumida() {
        notify();
    }

    public syncronized void esperaConsumo()
            throws InterruptedException{
            wait();
    }
}
```

Esto concluye esta visión general de multithreading en Java visto a través del extremo más estrecho de la "lente POO". Este tipo de programación es realmente emocionante y permite crear aplicaciones muy reactivas.

Capítulo 9
Las pruebas

1. Introducción

Cuando un cliente pide un desarrollo, hay unas especificaciones que describen las funcionalidades de nivel superior en forma de «casos concretos de uso». Este documento servirá más tarde para validar los desarrollos realizados. Estos casos de uso van a poner en acción numerosos objetos desarrollados por el equipo. Estos objetos se van a comunicar entre ellos con los métodos, siguiendo una cronología cuidadosamente pensada durante el análisis. Cada intercambio se realizará la mayor parte del tiempo con argumentos de ida y vuelta. Los rangos admisibles de estos argumentos serán conocidos y estos objetos por lo general funcionarán perfectamente bien cuando reciben lo que se espera, en el momento en que se espera. Pero ¿qué pasará cuando se exceda el tiempo o los argumentos que se pasan estén fuera de los límites?

La solidez de una aplicación se muestra en los casos extremos, gracias a operaciones adaptadas para corregir los defectos y una correcta protección de los datos. Para conseguir este grado de fiabilidad, antes que cualquier otra cosa, cada eslabón de la cadena debe permanecer estable, independientemente de sus condiciones de explotación. Para esto, hay que llevarlos más allá de sus propios límites. El desarrollador deberá imaginar los peores casos de uso de sus objetos en el momento de su codificación y generar inmediatamente el código más seguro posible. Para reproducir estos escenarios catastróficos, escribirá una serie de pruebas llamadas **pruebas unitarias**, que validarán el correcto comportamiento de cada objeto y abarcarán la mayor parte de código posible.

Más adelante, los objetos se van a relacionar entre ellos y a intercambiar datos. Las pruebas que validarán estos intercambios entre objetos se llaman **pruebas de integración**. En la medida de lo posible, el desarrollador prepara sus pruebas de integración escribiendo objetos artificiales, con las mismas propiedades que los futuros componentes reales. Esta etapa permite comprobar que las comunicaciones previstas se han implementado correctamente, incluso si los objetos artificiales no hacen ninguna otra operación, más allá de mostrar alguna traza.

Una vez que todos los objetos han sido validados y se comunican correctamente entre sí, podemos pasar a las pruebas de comprobación, en las que se evalúa la aplicación completa conforme a las especificaciones funcionales del cliente.

Probar es una tarea ingrata que hay que intentar automatizar lo más posible para que se pueda ejecutar cuando se desee. Las pruebas se deben escribir con cuidado y deben tener en cuenta todos los casos de uso posibles.

Observación

El coste de un bug detectado y arreglado durante la fase de desarrollo es ínfimo respecto al del mismo bug detectado en producción.

Observación

La «testabilidad» debe formar parte de las restricciones durante el análisis orientado a objetos. Teóricamente, cada módulo se debe poder probar de manera autónoma, lo que implica conseguir un conjunto de objetos débilmente acoplados entre ellos.

Observación

En un mundo ideal, las pruebas unitarias solo deben afectar a los métodos que solo realicen una única función, sin utilizar de otros métodos.

Observación

Estas pruebas, en el pasado poco importantes, se han convertido en primordiales y hay determinados métodos de desarrollo que empiezan a definirlas antes incluso que a escribir las clases que se van a probar.

Observación

Si está en un proceso de desarrollo o mantenimiento, es muy tranquilizador saber que el conjunto de pruebas escritas para sus clases se han ejecutado con éxito.

2. Entorno de ejecución de las pruebas unitarias

Siempre es posible escribir «pequeñas aplicaciones» autónomas que van a permitir verificar los objetos de la futura «gran aplicación». Por ejemplo, un código que se ha cargado en una consola podrá instanciar la clase que se tiene que probar y, a continuación, desencadenar una serie de llamadas que muestren mensajes de error o escriban los resultados en un archivo. Es posible, pero no muy práctico.

IntelliJ IDEA, con el entorno de pruebas Java JUnit 5, simplifica la redacción, ejecución y análisis de las pruebas unitarias. No hay necesidad de pequeñas aplicaciones autónomas; IntelliJ IDEA ofrece **directamente** la preparación de un conjunto de pruebas, que el desarrollador podrá reproducir en su totalidad, en grupo (playlist) o individualmente, gracias al explorador de pruebas. Los resultados de las pruebas se resumen en una vista tipo «árbol», que utiliza los colores amarillo y verde y permite ir rápidamente a la línea de código que ha fallado en caso de error. Es posible ejecutar pruebas en modo **Debug** y, por lo tanto, «trazar» los métodos llamados en los objetos que se están probando.

Observación

Este capítulo solo trata de una pequeña parte de JUnit 5, que es un entorno de prueba muy potente.

A continuación, se muestra un ejemplo de resultado de ejecución de dos pruebas.

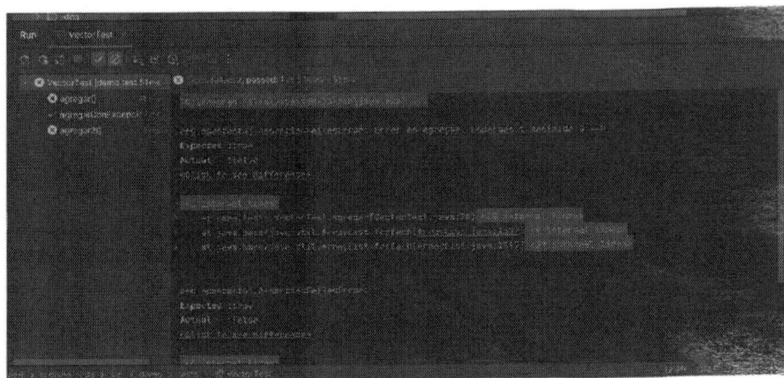

En la parte superior izquierda de la vista, se muestra el resultado de las pruebas: dos con error y otra que ha funcionado correctamente.

La prueba **agregar2()** ha fallado durante su ejecución. En la parte inferior de la pantalla se muestre la siguiente información adicional:

- una explicación de la naturaleza del problema,
- un enlace a la línea que presenta el problema en la prueba,
- la pila de llamadas (el encadenamiento de métodos que ha provocado el problema).

En cambio, la prueba **agregarConExcepcion()** se ha ejecutado con éxito y aparece precedida por una marca verde. El explorador de pruebas también muestra los tiempos de ejecución.

A continuación, se muestra un segundo ejemplo de la ejecución de cuatro pruebas exitosas.

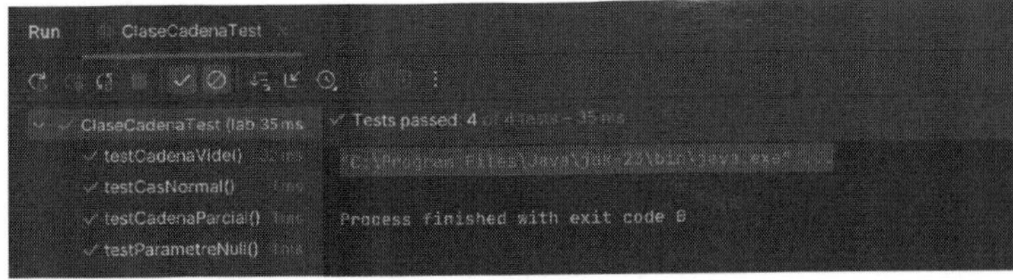

En la parte superior de la vista, se muestra el resultado prefijado por un aspa verde.

3. El proyecto con pruebas unitarias

Las pruebas son métodos de clases que se añaden, la mayor parte de las veces, al proyecto que contiene las clases que se deben probar, ayudándose para ello de los asistentes de IntelliJ IDEA.

- Haga un primer proyecto, siempre de tipo consola, llamado... `demotest`, que contiene el paquete `demo.test`.
- Este proyecto se encuentra en el directorio Cap9\demo_tests del .zip que acompaña a este libro.
- Añada el paquete `demo.tests` una clase `Vector`, cuyo contenido debe ser siguiente:

```
package demo.test;

public class Vector {

   private int x;
   private int y;

   public int getX() {
       return x;
   }

   public void setX(int x) {
       this.x = x;
   }

   public int getY() {
       return y;
   }

   public void setY(int y) {
       this.y = y;
   }

    public void Agregar(Vector v)
    {
        x += v.x;
        y += v.x;     //Error de codificación
        // debería haber sido y += v.y;
    }
}
```

La funcionalidad de esta clase es sencilla. Contiene dos propiedades, x e y, con sus respectivos métodos de acceso, y un método que permite sumar los valores de otro objeto de tipo `Vector`. Sin embargo, el método `Agregar` contiene un error de codificación. Vamos a construir una prueba para detectarlo.

4. La clase de pruebas

- Sitúe su ratón en la clase *Vector* y pulse en **More Actions**.

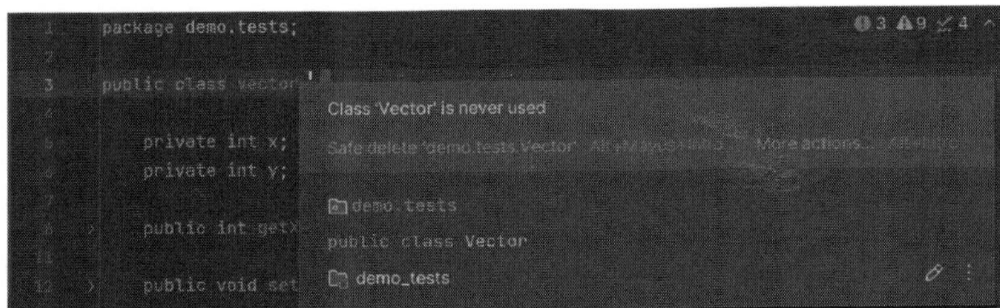

- Seleccione **Create Test**.

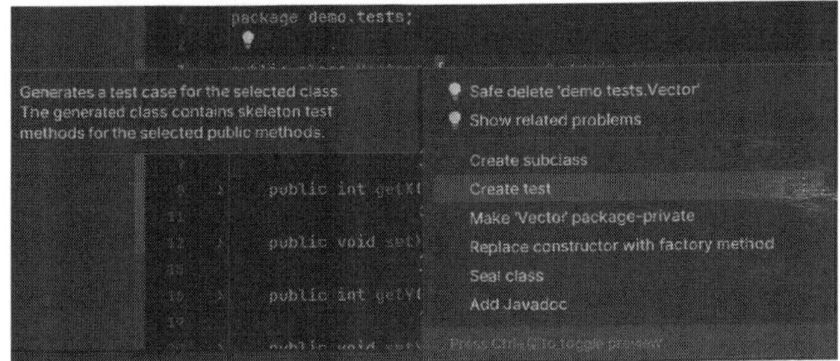

- Confirme la inserción de las pruebas en la misma raíz.

- En el asistente de creación de pruebas, seleccione la librería **JUnit5** y, a continuación, haga clic en el botón **Fix** para arrancar su instalación en el proyecto.

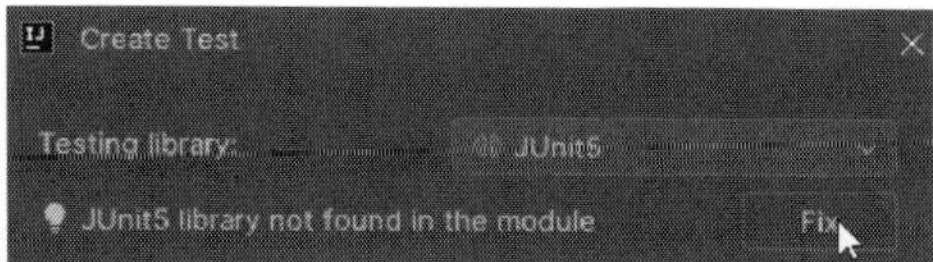

- Conserve el nombre de la clase de pruebas **VectorTest** y el nombre del paquete de destino **demo.test**.

- Seleccione el método **Agregar** como método para probar.

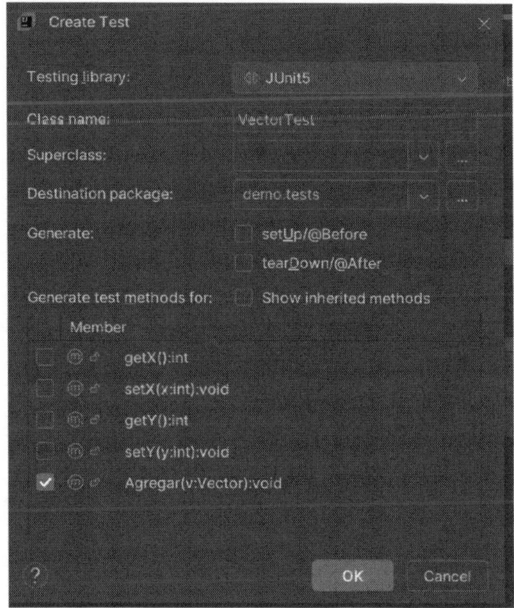

- Abra la clase `VectorTest` y utilice el asistente para realizar las adiciones necesarias.

```
1  package demo.tests;
2
3  import static org.junit.jupiter.api.Assertions.*;
4
5  class VectorTest {  no usages
6
7      @org.junit.jupiter.api.Test  no usages
```

Cannot resolve symbol 'Assertions'
Add library 'org.junit.jupiter' to classpath

El código de partida de nuestra clase de prueba es el siguiente:

```
package demo.test;
import org.junit.jupiter.api.test;

import static org.junit.jupiter.api.Assertions.*;
 class VectorTest {

   @Test
   void agregar() {
   }
}
```

En él encontramos el paquete que contiene la clase `VectorTest` que contiene a su vez el método `agregar`.

Cada método de pruebas se debe preceder por el atributo `@Test`, que lo distinguirá de otros eventuales métodos de la misma clase.

Observación

Puede ser que el asistente haya definido totalmente la ruta del paquete `Prueba`, escribiendo `@org.junit.jupiter.api.test`. Esta escritura se puede reducir como `@Test` delante de cada método de pruebas y un global `import org.junit.jupiter.api.test;` como en el código anterior.

A continuación, se muestra cómo, una vez que se fija la nomenclatura, se puede crear la prueba en sí misma.

5. Contenido de un método de prueba

La prueba se va a ejecutar directamente en el entorno de desarrollo y, por lo tanto, no necesitará ni método `main` de una clase ni un proyecto particular. El código del método de prueba debe instanciar la clase destino, llamar a uno de sus métodos y, a continuación, validar el comportamiento esperado. Normalmente, en el marco de pruebas unitarias, solo debe tener una acción sobre el objeto por cada prueba.

Por ejemplo, para un método *Sumar*, la prueba comprueba que, si se pasan 2 y 3 como argumentos, entonces el resultado devuelto será 5.

Las comprobaciones usan la clase `Assertions` del paquete `org.junit.jupiter.api`, que ofrece una colección de métodos que tienen servicios mucho más completos que los asociados a la palabra clave `assert`, utilizada hasta entonces en este libro.

Entre este juego de métodos se encuentra el método `assertTrue` y sus sobrecargas.

static void	**assertTrue**(boolean condition, **String** message)

(extracto de https://junit.org/junit5/docs/current/api/org.junit.jupiter.api/org/junit/jupiter/api/Assertions.html)

De esta forma, este método permite comprobar que una condición es verdadera y, si no es el caso, devolver un mensaje de su elección en el explorador de pruebas.

Observación

Algunos métodos de la clase `Assertions` ofrecen una versión con mensaje y una versión sin mensaje. Se aconseja utilizar la versión con mensaje para que el análisis de los problemas sea mucho más rápido.

Ejemplo de utilización de la versión assertTrue con mensaje

```
    @Test
    void agregar2() {
        Vector vector1 = new Vector();
        vector1.setX(4);
        vector1.setX(0);
        Vector vector2 = new Vector();
        vector2.setX(3);
        vector2.setY(1);
        vector1.Agregar(vector2);

        assertTrue(vector1.getX()==7,
                "Error en Agregar. Esperado 7 Recibido "+vector1.getX());
       assertTrue(vector1.getY()==1,
            "Error en Agregar. Esperando 1 Recibido "+vector1.getY());
}
    }
```

En el caso de nuestro test, algunos desarrolladores preferirán tener dos métodos de pruebas: uno prueba `getX()` y el segundo `getY()`.

La prueba se ejecuta pulsando el icono que aparece junto al nombre.

```
package demo.tests;

import static org.junit.jupiter.api.Assertions.*;

class VectorTest {

    @org.junit.jupiter.api.Test
    Run Test Ctrl+Mayús+F10
        Vector vector1 = new Vector();
        vector1.setX(4);
        vector1.setY(0);
        Vector vector2 = new Vector();
        vector2.setX(3);
        vector2.setY(1);


        vector1.Agregar(vector2);
        assertTrue( condition: vector1.getX()==7,
                message: "Error en Agregar. Esperado 7 Recibido "+vector1.getX());
        assertTrue( condition: vector1.getY()==1,
                message: "Error en Agregar. Esperado 1 Recibido "+vector1.getY());

    }
    @org.junit.jupiter.api.Test
    void agregar2() {
        Vector vector1 = new Vector();
```

Resultado en el explorador de pruebas:

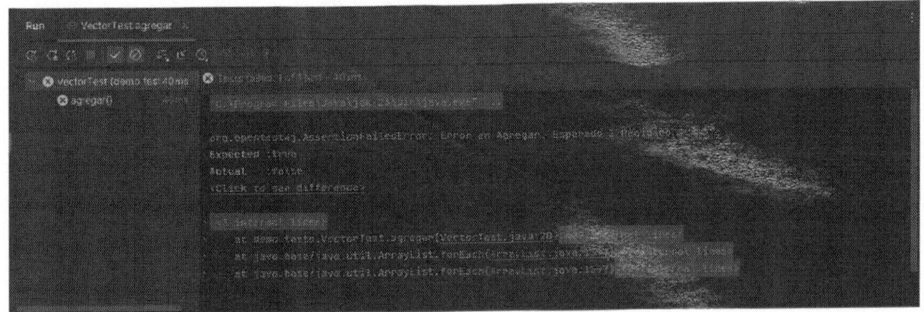

Ejemplo de utilización de la versión *assertTrue* sin mensaje

```
@Test
void agregar3() {
    Vector vector1 = new Vector();
    vector1.setX(4);
    vector1.setY(0);
    Vector vector2 = new Vector();
    vector2.setX(3);
    vector2.setY(1);
    vector1.Agregar(vector2);

    assertTrue(vector1.getX()==7);

    assertTrue(vector1.getY()==1);
}
```

Resultado:

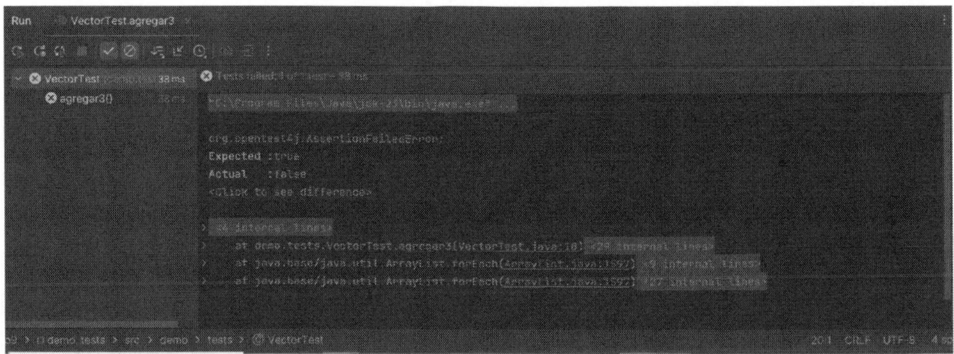

La clase `Assertions` contiene otros métodos de tipo `static`, cuya lista no exhaustiva se muestra a continuación.

`assertEquals` `assertNotEquals`	Compara dos objetos. En el caso de objetos que hayan redefinido el método *equals*, entonces este se utilizará automáticamente.
`assertSame` `assertNotSame`	Compara las referencias de dos objetos.

`assertNull` `assertNotNull`	Compara una referencia con `NULL`.
`assertTrue` `assertFalse`	Prueba una condición.

Una prueba también puede verificar que se produzca una excepción particular, como en el siguiente ejemplo:

```
@Test
void agregarConExcepcion() {

    Vector vector1 = new Vector();
    vector1.setX(4);
    Vector vector2 = null;
    try {
        vector1.Agregar(vector2);
        fail("Se ha debido provocar una excepción.");
    }
    catch (Exception ex){
        assertTrue(ex instanceof NullPointerException,
                "Tipo de excepción provocada no esperado." );
    }
}
```

Observación

El comando `fail` permite terminar la prueba con error. En este ejemplo, el flujo de ejecución debería haber pasado directamente por el catch.

6. Operaciones de preparación y limpieza

La ejecución de las pruebas puede ir precedida de operaciones de inicialización y seguida de operaciones de limpieza. Estas operaciones opcionales se implementan en métodos que utilizan anotaciones especiales, las cuales indican en qué momento deben ejecutarse durante la ejecución del script.

Atributo del método en JUnit5	Cuando se ejecutará el método
@BeforeAll	Una vez al inicio de la serie de pruebas de la clase.
@BeforeEach	Antes de cada prueba.
@AfterEach	Después de cada prueba.
@AfterAll	Una vez al final de la ejecución de la serie de pruebas de la clase.

Extracto de código que muestra la sintaxis de todos los métodos de inicialización

```
package demo.test;

import org.junit.jupiter.api.*;

public class OtrosTests {

   public OtrosTests(){
       System.out.println("Constructor de la clase de pruebas");
   }

   @BeforeAll
   public static void Inicialmente(){
       System.out.println("Antes de lanzar las pruebas (...)");
   }

   @AfterAll
   public static void Posteriormente(){
       System.out.println("Después de todas las pruebas (...)");
   }

   @BeforeEach
   public void antesCada(){
       System.out.println("Antes de cada prueba (...)");
   }
   @AfterEach
   public void despuesCada(){
       System.out.println("Después de cada prueba (...)");
   }
```

```
    @Test
    void Prueba1() {
        System.out.println("Prueba1 (...)");
    }
    @Test
    void Prueba2() {
        System.out.println("Prueba2 (...)");
    }
    @Test
    void Prueba3() {
        System.out.println("Prueba3 (...)");
    }

}
```

A continuación, se muestra el resultado de la ejecución del código anterior capturada en la ventana **Output**:

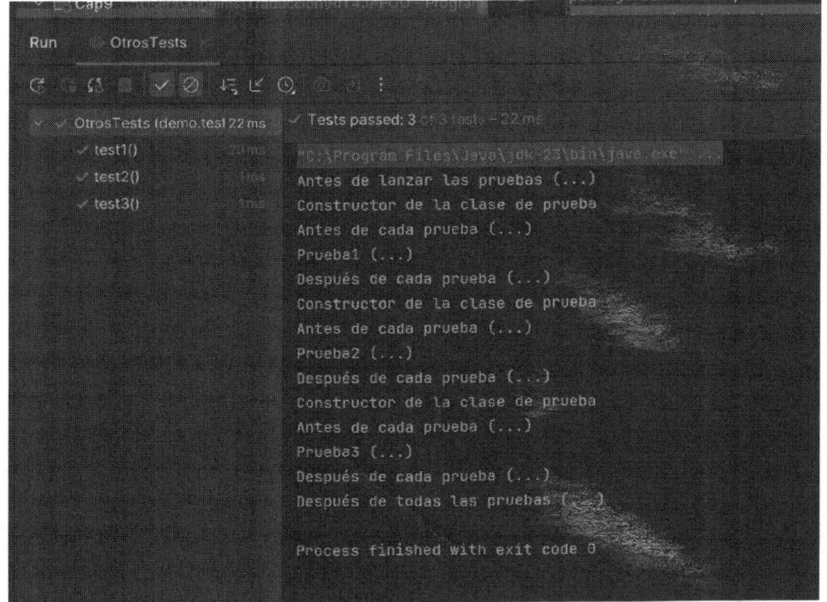

El método de inicialización de la clase resulta útil cuando es necesario preparar los recursos que se utilizarán en las pruebas. Un ejemplo clásico es la apertura de una conexión con una base de datos. El método de limpieza de la clase siempre se ejecutará, independientemente del resultado de las pruebas. Siguiendo con el ejemplo anterior, este método se encargará de cerrar la conexión con la base de datos. Atención, estos dos métodos son de tipo `static`, lo que hace que solo puedan actuar sobre los objetos de tipo `static`.

Los métodos de inicialización y limpieza de las pruebas son de tipo dinámico y se ejecutan antes y después cada prueba. Encontraremos un código que permite garantizar que todas las pruebas arranquen en las mismas condiciones.

Observación

Como muestra la captura anterior, la clase de pruebas se instancia antes de cada prueba, provocando un paso obligatorio en los constructores de todos sus datos miembro.

7. Las pruebas con argumentos externos

Imaginemos que vamos a probar el comportamiento de un método en centenares de casos de uso. Escribir y mantener la colección de información en el código será difícil y cualquier cambio necesitará la recompilación de las pruebas: esto no es muy práctico. Externalizar sus listas en archivos y, a continuación, realizar sus cargas e iteraciones en la prueba en sí misma no es factible, pero ¿cuál es la función de la prueba? Basarse en el entorno de desarrollo para alimentar nuestras pruebas con datos es, de largo, la solución más confortable y esto es lo que nos ofrece JUnit 5. Se habla por tanto de *«data-driven unit tests»*.

La demostración que sigue utiliza una colección en formato CSV (*Comma-Separated Values*). Se trata de un archivo en formato texto muy sencillo, donde cada línea representa una colección de argumentos separados por comas. Podemos fácilmente obtener un archivo .csv a partir de un archivo Excel, gracias a su función de exportación.

▶ Implementamos nuestro primer *«data-driven unit tests»* para comprobar el funcionamiento de un método que devuelve una cadena de caracteres. Por ejemplo, si pasamos «`Hello`», debe devolver «`olleH`».

▶ Añada al proyecto una clase `OperacionesCadena` que contenga:

```
package demo.test;

public class OperacionesCadena {
   public String Retorno(String s){
       String r = "";
       for(int i=s.length()-1; i>=0; i--){
           r += s.charAt(i);
       }
       return r;
   }
}
```

▶ Cree una clase de prueba utilizando el menú contextual, situando el cursor sobre el nombre de la clase, como se explicó anteriormente.

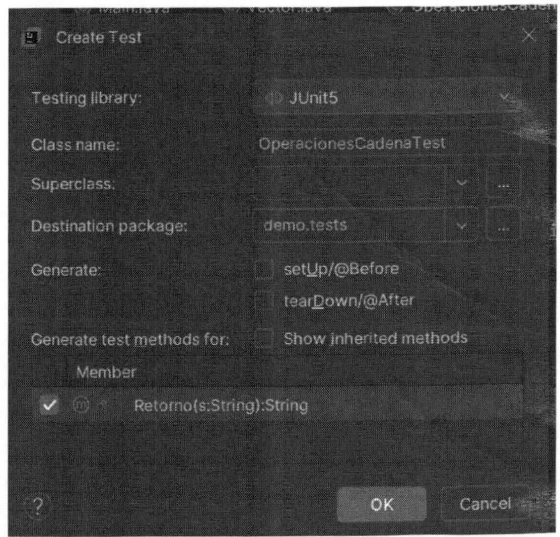

▶Añada un archivo llamado **misArgumentos.csv** en la «salida» del proyecto.

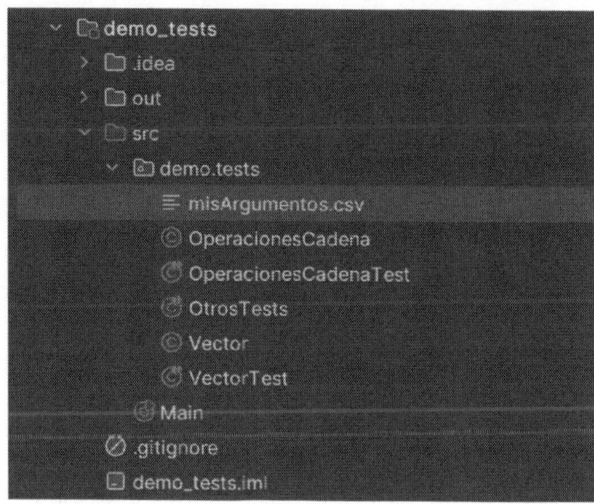

En este archivo, necesitamos:

- valores de entrada: las cadenas que se van a invertir.
- resultados esperados: las cadenas invertidas.
- mensajes para visualizar en caso de error.

A continuación, se muestra un ejemplo de contenido:

```
ABCDEF,FEDCBA,Error con ABCDEF
Hello,olleH,Error con Hello
,,Error con null
Cool,looC,Error con Cool
```

Cada línea representa un caso de prueba. El orden de los campos es importante porque se debe corresponder con el orden de los argumentos del método de prueba.

```
void Retorno(String original, String resultadoAComprobar,
String mensajeEnCasoDerror)
```

A continuación, se muestra el código completo de la parte de la prueba:

```
package demo.test;

import org.junit.jupiter.api.test;
import org.junit.jupiter.params.ParameterizedTest;
import org.junit.jupiter.params.provider.CsvFileSource;

import static org.junit.jupiter.api.Assertions.*;

class OperacionesCadenaTests {

   @ParameterizedTest
   @CsvFileSource(recursos = "misArgumentos.csv")
   void Retorno(String original, String resultadoAComprobar,
String mensajeEnCasoDerror) {
       OperacionesCadena tct = new OperacionesCadena();

       System.out.println("Ejecución del retorno.");
       String resultado = "";
       try {
           resultado = tct.Retorno(original);
           assertTrue((original == null) || resultado.equals
(resultadoAComprobar), mensajeEnCasoDerror);
       }
       catch(Exception ex){
           fail("Excepción " + mensajeEnCasoDerror);
       }

       System.out.println("Resultado del retorno de
"+original + ": "+resultado);
   }
}
```

Observe que la «nomenclatura» del método de prueba cambia. Pasa de `@Test` a `@ParameterizedTest` completado por un `@CsvFileSource(recursos = "misArgumentos.csv")`.

Puede ser que le falte una librería para que todo esto se compile y funcione.

▶Para actualizar su proyecto, debe:

- descargar el archivo junit-jupiter-params-5.0.0.jar desde el siguiente enlace: https://mvnrepository.com/artifact/org.junit.jupiter/junit-jupiter-params/5.0.0

- abrir la estructura del proyecto (menú **File** - opción **Project Structure**);
- seleccionar **Libraries**;
- agregar la librería Java junit-jupiter-params-5.0.0 que acaba de descargar;
- activar los asistentes «luz roja» para realizar las importaciones en el archivo fuente.

▶Ahora puede lanzar la prueba y observar el siguiente resultado:

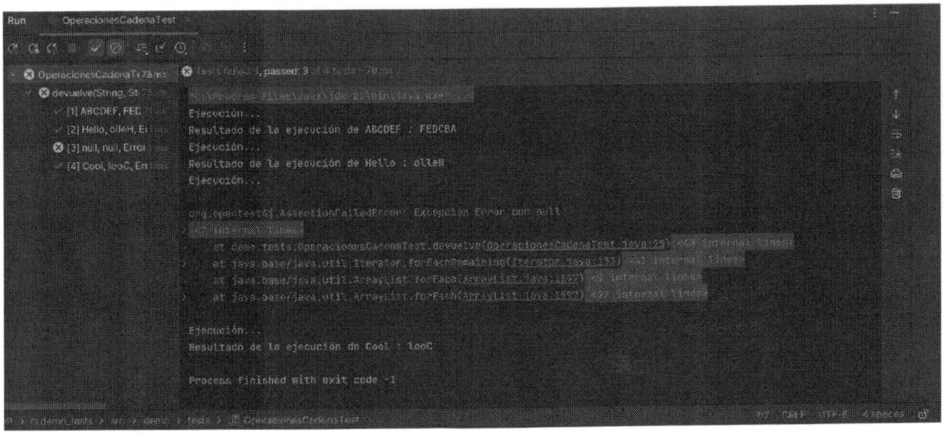

Hay una prueba que no ha funcionado. Se trata del número 3, que contiene:

```
,,Error con null
```

En efecto, nuestro método presenta un fallo real cuando se le pasa una cadena vacía. Se trata de un auténtico "bug", ya que no se debe confiar en los usuarios de nuestros objetos y, por lo tanto, siempre deben comprobarse sus argumentos antes de realizar la operación.

Vamos a reforzar el código del método como sigue:

```
package demo.test;

public class OperacionesCadena {
   public String Retorno(String s){
       String r = "";
       if( s != null ) {
           for (int i = s.length() - 1; i >= 0; i--) {
               r += s.charAt(i);
           }
       }
       return r;
   }
}
```

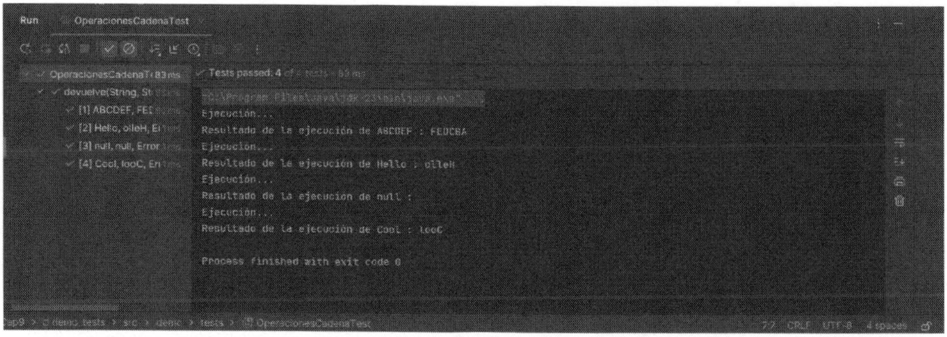

8. Las suites de pruebas

Ya hemos visto cómo construir clases que contienen métodos de prueba. Estas pruebas se pueden ejecutar manualmente desde IntelliJ IDEA. La manipulación puede convertirse rápidamente en algo enrevesado si hay un número importante de clases de prueba. Además, si decidimos crear una cadena de `build`, es decir, un procedimiento que permita compilar y formatear el producto final, entonces querremos automatizar la ejecución de las pruebas. Para esto vamos a interesarnos por saber qué es una «suite de pruebas».

Una suite de pruebas es un objeto que va a contener una lista de pruebas para realizar. El objetivo de esta funcionalidad es automatizar las pruebas para comprobar que las nuevas funcionalidades están activas y que no hay regresión sobre las antiguas. Podrá construir una «playlist» de pruebas entre todos los métodos que haya codificado.

9. Ejercicio

9.1 Enunciado

Debe escribir:

- Una clase ClaseCadena que contenga un método DevuelveIniciales que permita devolver las iniciales de los nombres y apellidos que se pasan como argumento en forma de cadena, como se indica a continuación:

```
String iniciales = ClaseCadena.DevuelveIniciales("Andreas Dulac");
// iniciales debe contener "A.D."
```

Si el método recibe un argumento incorrecto, debe devolver una cadena vacía.

- Una serie de pruebas unitarias permiten comprobar que ninguno de los casos de uso del método, provocan un funcionamiento incorrecto.

9.2 Corrección

Este proyecto se encuentra en el directorio Cap9\lab_tests del .zip que acompaña a este libro.

Los casos de error son los siguientes:

- Un argumento de tipo String, por naturaleza, es nullable. El valor null que se pasa como argumento no debe provocar un funcionamiento incorrecto.
- Se debe tener en cuenta el caso de una cadena vacía.
- El caso de una cadena que solo contenga una única palabra también se debe probar.

```
package lab.prueba;

import static org.junit.jupiter.api.Assertions.*;

public class ClaseCadenaTest {

   @org.junit.jupiter.api.test
```

```
    void PruebaCasoNormal() {
        String iniciales = ClaseCadena.DevuelveIniciales
("Andreas Dulac");
        // iniciales debe contener "A.D."
        assertTrue(iniciales.equals("A.D."), "Esperado: A.D.
Recibido: "+iniciales);
    }

    @org.junit.jupiter.api.test
    void PruebaArgumentoNull()
    {
        String iniciales = ClaseCadena.DevuelveIniciales(null);
        assertTrue(iniciales.equals(""), "PruebaArgumentoNull:
Cadena vacía esperada pero no recibida");
    }

    @org.junit.jupiter.api.test
    void PruebaCadenaVacia()
    {
        String iniciales = ClaseCadena.DevuelveIniciales("");
        assertTrue(iniciales.equals(""), "PruebaCadenaVacia:
Cadena vacía esperada pero no recibida ");
    }

    @org.junit.jupiter.api.test
    void PruebaCadenaParcial()
    {
        String iniciales = ClaseCadena.DevuelveIniciales("Andreas");
        assertTrue(iniciales.equals(""), "PruebaCadenaParcial:
Cadena vacía esperada pero no recibida");
    }
}
```

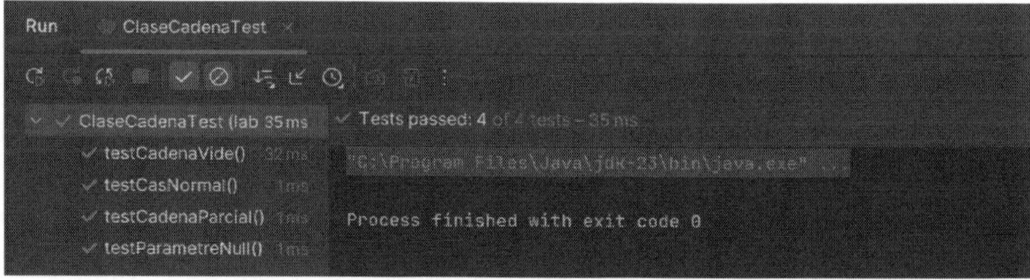

Como desarrollador de código orientado a objetos, probar totalmente su código es capital para su reputación y la de su empresa. La automatización de las pruebas permite comprobar constantemente que las mejoras y correcciones no provocan conflictos con la regresión, así que úselas.

Capítulo 10
La reflexión

1. Introducción

Ahora vamos a interesarnos por otra parte de la POO llamada –con más o menos éxito– reflexión. La «reflexión» en POO no es el hecho de reflexionar profundamente sobre algo, sino que se trata aquí de una radiografía de objetos desconocidos y compilados, cuyas propiedades y comportamientos vamos a descubrir sobre la marcha.

Por lo tanto, sería más adecuado asociar a esta «reflexión» el sentido de «reflejo», antes que el de meditación....

2. Pero ¿para qué hacerlo?

La pregunta es legítima: ¿por qué vamos a necesitar recuperar dinámicamente las características de los objetos?

Vamos a ver dos ejemplos:

El «plug-in»

Ha diseñado una aplicación lúdica para que puedan formarse grandes y pequeños. La aplicación permite que el jugador se identifique, seleccione un tema para estudiar y divertirse (lo más importante para aprender). Entonces, la aplicación mide los tiempos de aprendizaje, ejercicios, cuenta las puntuaciones, las compara y determina incluso recompensas, etc. Un éxito.

Los módulos pedagógicos todavía no están desarrollados porque necesita la participación de especialistas en geografía, historia, matemáticas, etc. Los jugadores podrán descargar estos nuevos módulos a medida que estén disponibles. Una vez recuperados, su aplicación los deberá reconocer e integrar, aunque sea para ignorarlos poco tiempo después. ¿Cómo conseguirlo?

La reflexión» será una solución elegante porque permitirá a su aplicación recorrer el directorio de descarga, «radiografiar» dinámicamente los paquetes que contiene para saber si soportan o no la interfaz Java que ha diseñado para integrarse con su juego (aquí hacemos referencia a las nociones de polimorfismo e implementación de interfaces que habíamos presentado anteriormente). Si la aplicación encuentra paquetes compatibles con sus módulos pedagógicos, los carga y los explota para satisfacción del jugador. Es el principio de los plugins. No es necesario que haya archivos de configuración; todo se hace dinámicamente a través de contratos de interfaces y localización en directorios concretos.

Los «gángsers»

Evidentemente, todo esto es muy bonito, pero la reflexión no se detiene en la lista de propiedades y comportamientos de sus objetos, sino que hay que ser consciente de que el código que ha implementado y puesto a punto durante meses puede fácilmente hacerse visible para todos y en forma «copiable». Es suficiente con que su competencia utilice una herramienta de reflexión para que sus trabajos compilados aparezcan como código fuente en sus pantallas. Incluso aunque «Java» y «código fuente libre» normalmente están asociados, algunas veces esto puede ser bastante frustrante.

De la misma manera, como es posible recuperar el código fuente de los objetos, también es posible romper los códigos de protección, utilizando código para introducirse en las bases de datos privadas. Una última decepción: sepa que los atributos de accesibilidad *public*, *protected* y *private* no son más que un concepto lejano cuando el pirata consigue el control sobre el objeto por reflexión. Si esto le puede reconfortar, el lenguaje C# presenta los mismos inconvenientes que Java; es el precio que hay que pagar por la flexibilidad de utilización multiplataforma.

Pero no dramaticemos tan rápido existen herramientas que pueden aplicarse después de la compilación y que permiten ofuscar su código. A esta técnica se la conoce como ofuscación. Su objetivo es disuadir a posibles atacantes o piratas informáticos. La calidad de la ofuscación suele depender del precio de la herramienta utilizada. Los programas gratuitos, por lo general, tienen sus equivalentes en el lado oscuro, capaces de revertir su ofuscación.

Otra solución de protección es utilizar componentes llamados nativos, escritos en lenguaje C, por ejemplo. El desensamblado también existe, pero la lectura del código generado es mucho más ardua porque son instrucciones del microprocesador. Por lo tanto, si tiene código que proteger, puede ubicarlo en DLL nativas escritas en C, que Java llamará sin revelar la lógica interna. La panacea consistiría en ofuscar también el código Java. El defecto sería que la parte nativa no es portable entre plataformas y debería proporcionar tantas versiones como sistemas operativos soporte.

3. Introspección de una clase Java

Gracias a la reflexión, vamos a poder recuperar dinámicamente desde un objeto:

- el nombre de la clase original,
- si esta clase es de acceso público, privado, etc.,
- su clase madre,
- qué interfaces soporta esta clase,
- su constructor o sus constructores,
- sus métodos,
- sus propiedades,
- información sobre su paquete de pertenencia y sus comentarios,
- etc.

Se habla aquí de metadatos, es decir, de información que describe un tipo de objeto.

Observación

Los entornos de desarrollo utilizan la reflexión para ayudarle en la escritura de sus programas.

Es la clase `java.Lang.Class` la que juega el rol de recolector de información entre un tipo de objeto y su programa. Todos los objetos Java –incluidos los más primitivos– pertenecen a una `java.Lang.Class`, y enseguida vamos a radiografiar la de `String` y pedirle la lista de todos sus métodos.

```
import java.lang.reflect.Method;

public class Main {

   public static void main(String[] args) {

        Class stringClass = String.class;

        Method[] methods = stringClass.getMethods();

        for (Method method: methods) {
            System.out.println(method.getName());
```

```
            }


        }
    }
```

Es realmente muy sencillo. Observe que cuando `class` enumera los métodos de `String`, devuelve una tabla de objetos `Method` –que forman parte de `java.lang.reflect`– especialistas en la descripción de los métodos. Este ejemplo se encuentra en el directorio Cap10\demo_reflexion del .zip que acompaña a este libro.

He aquí una parte de lo que muestra este comando utilizando el bucle de iteración sobre los métodos.

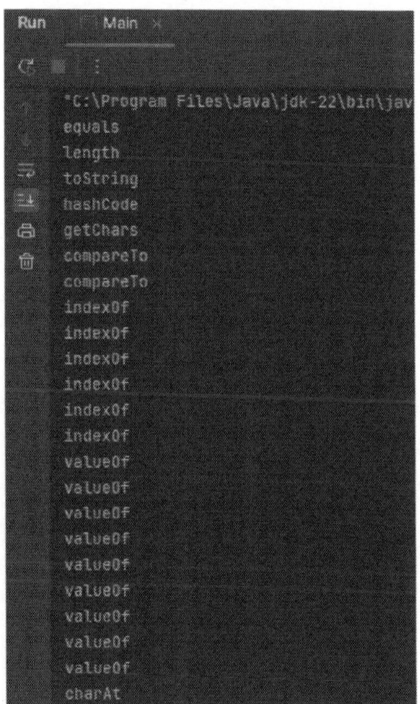

Eche un vistazo a la página https://docs.oracle.com/javase/8/docs/api/java/lang/Class.html para hacerse una idea de todos los servicios ofrecidos por `java.Lang.Class`.

Incluso si esto le puede resultar interesante para su aprendizaje de la reflexión, recuperar dinámicamente la lista de los métodos de la clase `String` no tiene gran interés porque es la clase Java más conocida y está muy documentada. Por lo tanto, vamos a ir rápidamente a desarrollar nuestro propio sistema de plug-in, que va a permitir:

- escanear un directorio buscando archivos Java (archivos .jar),
- buscar en los paquetes encontrados las clases que implementan una interfaz dada,
- instanciar estas clases,
- explotar las instancias de estas clases.

Todo esto en la siguiente sección.

4. Carga dinámica y utilización de una clase descubierta

La primera etapa de nuestro proyecto consiste en definir el ticket de entrada a nuestro supersistema de plug-in, es decir, un contrato que todo módulo deberá implementar para poder ser llamado.

▶ Para esto, vamos a crear un paquete que contenga únicamente una interfaz como la siguiente:

```
public interfaz IPlugin {

    String AquiMiNombre();
    Boolean JuegaConmigo();
}
```

Vamos a transformar el archivo .class generado como salida de este proyecto en un archivo .jar, que es el contenedor de entrega de los archivos Java compilados.

▶ Para esto, vamos a activar el menú **File**, opción **Project Structure**, seleccionar **Artifacts** y después, pulsando el botón **+**, agregar un JAR que contenga nuestro módulo y sus dependencias.

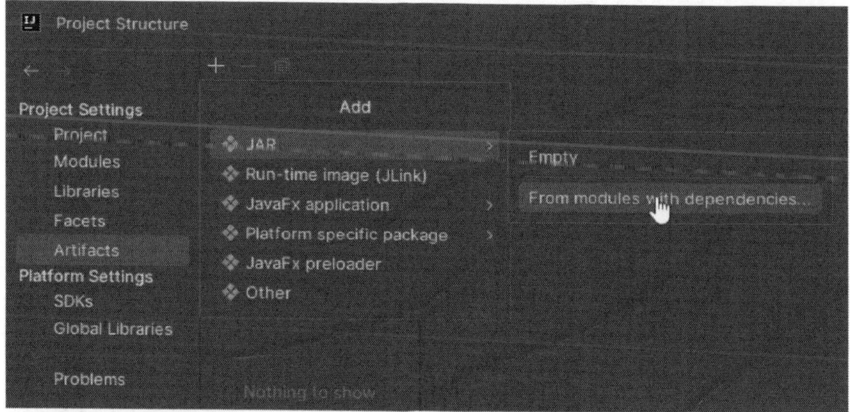

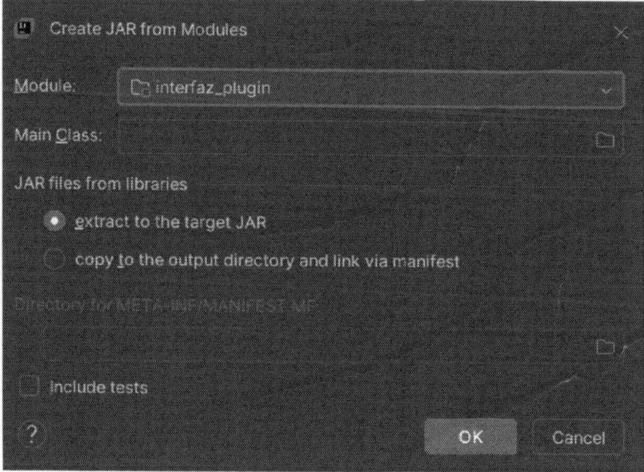

▶ Pulse en **Create Manifest**.

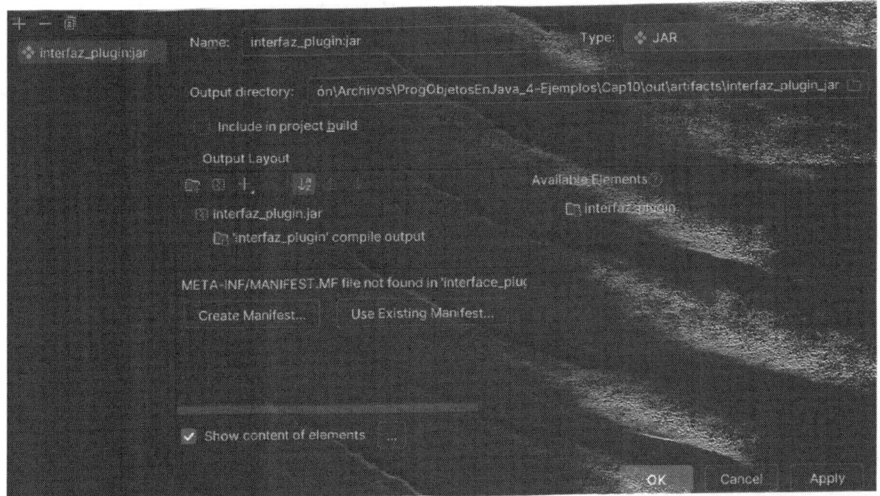

▶ Seleccione el directorio que contiene este proyecto y pulse **OK**.

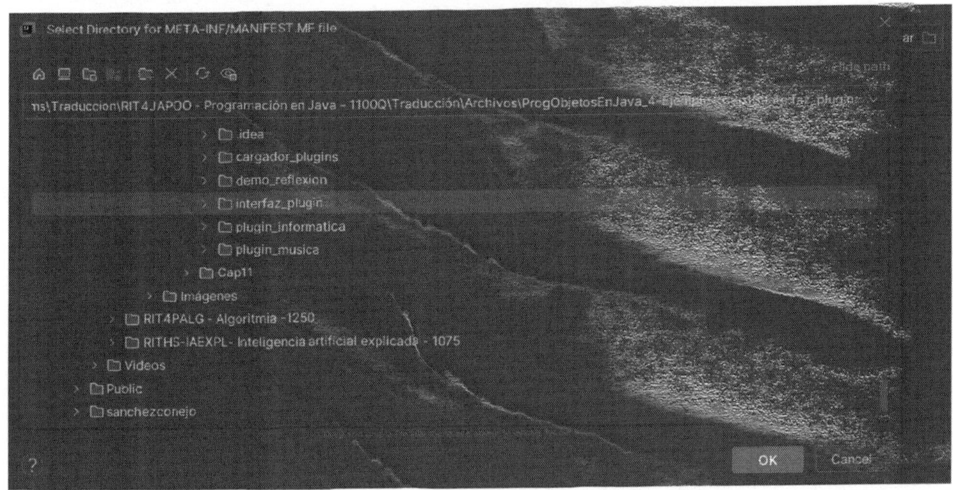

▶ Indique IPlugin como Main Class y después pulse en **OK**.

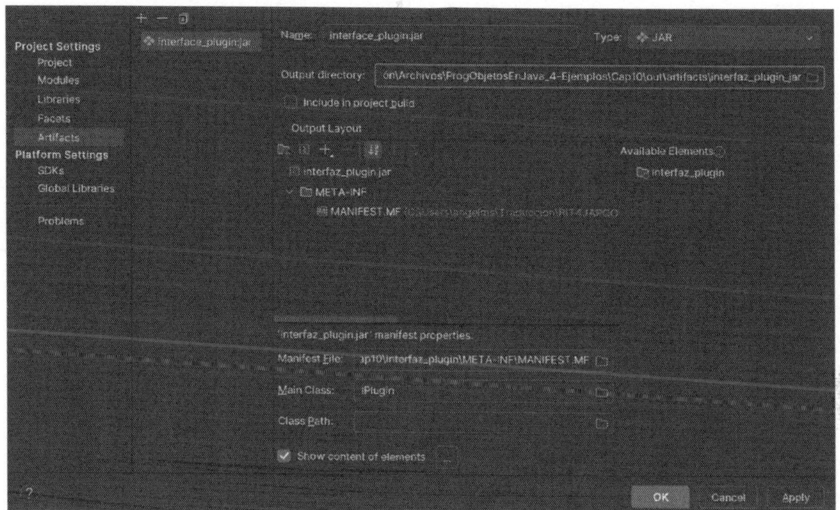

◘Construya el archivo .jar utilizando el menú **Build**, opción **Build Artifacts**.

La construcción del archivo .jar se realiza desde el menú **Build**, opción **Build Artifacts**.

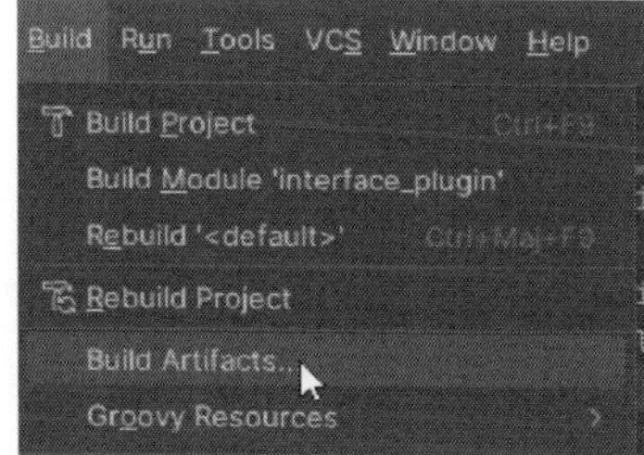

La primera etapa está terminada: tenemos un archivo Interfaz_plugin.jar que contiene el contrato. El proyecto se encuentra en el directorio Cap10\interfaz_plugin del .zip que acompaña a este libro. Ahora vamos a situarnos en el lado del creador de plug-ins y crear una clase que va a implementar esta interfaz.

En este nuevo proyecto, para poder escribir una clase que implemente nuestra interfaz. En primer lugar, hay que agregar su librería.

▶ Para esto, vamos a activar el menú **File**, opción **Project Structure**, seleccionar **Libraries** y después, pulsando el botón **+**, agregar la librería Java.

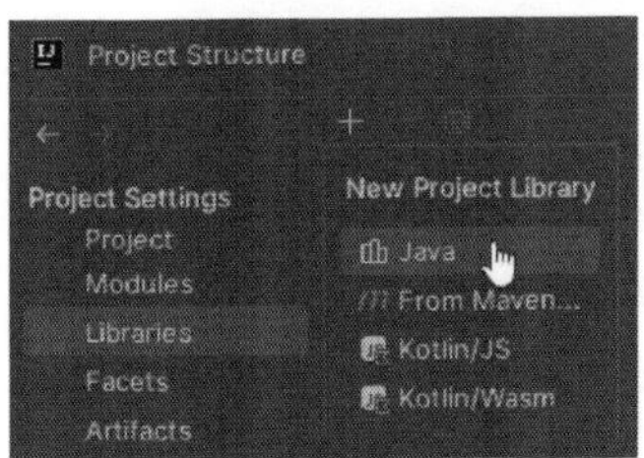

▶ Seleccione la librería **interfaz_plugin.jar** generada en la etapa anterior y después pulse en **OK**.

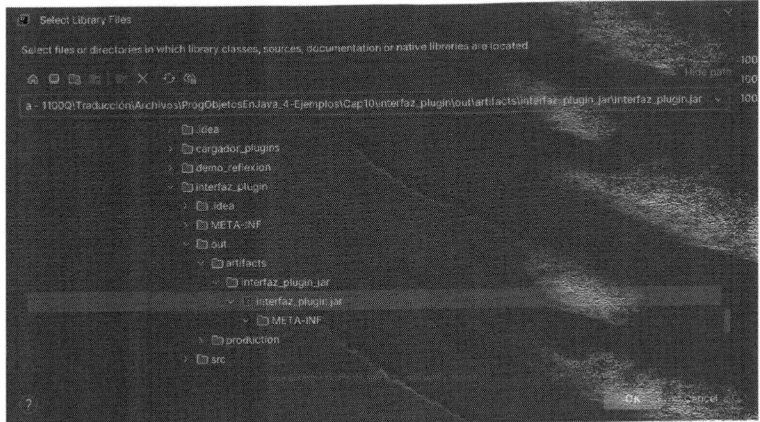

▶ Pulse en **OK** para validar la adición de la librería al módulo **plugin_informatica**.

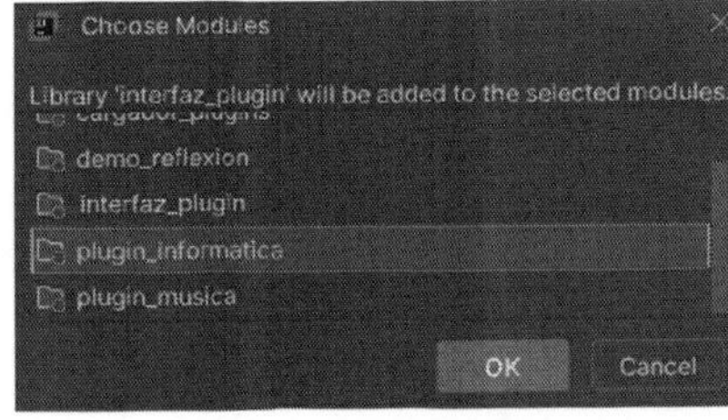

▶ Pulse en **OK** para cerrar la interfaz **Project Structure**.

▶A continuación, podemos escribir el código de nuestro plug-in:

```
import java.io.IOException;

public class plugin_informatica implements IPlugin {


    public plugin_informatica(){

    }

    @Override
    public String AquiMiNombre() {
        return "Cuestionario Informático";
    }

    @Override
    public Boolean JuegaConmigo() {
        System.out.println("¿Cuál es su lenguaje favorito?
(1: Java 2: C++ 3: C#)");
        try {
            int respuesta = System.in.read();
            if( respuesta == '1' ) {
                return true;
            }
        } catch (IOException e) {
            e.printStackTrace();
        }
        return false;
    }
}
```

▶Finalmente, transformamos el archivo .class en un archivo plugin_informatica.jar, siguiendo el procedimiento utilizado para interfaz_plugin.jar.

Este proyecto se encuentra en el directorio Cap10\plugin_informatica del .zip que acompaña a este libro.

Por lo tanto, aquí tenemos un contrato y un plug-in que lo respeta. Solo falta codificar la aplicación de juego que sea capaz de buscarlos en un directorio determinado, cargarlos y utilizarlos.

La primera parte de este último trabajo consiste en:

- buscar los archivos .jar en un directorio concreto,
- extraer los archivos .class de cada archivo .jar leído,
- utilizar la reflexión para saber si cada archivo .class contiene una clase que implemente la interfaz `Iplugin`.

Para esto, vamos a crear un nuevo proyecto con un código que contenga dos bucles anidados: uno que permita recorrer el directorio para buscar archivos .jar y otro que abra cada archivo .jar encontrado y busque dentro un archivo `.class` que implemente la interfaz `IPlugin` de nuestro juego.

▶ Primer bucle: para buscar los archivos .jar en un directorio dado, vamos a utilizar los servicios de la clase *File*, pasando la ruta que contiene nuestros archivos durante su instanciación.

El objeto `File` instanciado de esta manera nos devuelve la lista de los elementos encontrados en este directorio gracias a su método `listFiles`. Durante la iteración en esta lista, vamos a transmitir al segundo bucle los archivos de extensión .jar e ignorar el resto.

```
// Definición del directorio donde están los plug-ins
File directorioFuente
       = new File("out\production\cargador_plugin ");

// Primer bucle: se recupera el contenido de un directorio
// y se filtran los archivos no deseados
for(File archivoEncontradoEnElDirectorio: directorioFuente.listFiles()) {
   // Se filtran los nombres de subdirectorios y los archivos
   // que no son .jar
   if (archivoEncontradoEnElDirectorio.isDirectory()
           || !archivoEncontradoEnElDirectorio.toString().toLowerCase()
.endsWith(".jar")
      continue;
```

Segundo bucle (anidado en el primero y llamado para cada archivo .jar encontrado):

▶ Vamos a utilizar los servicios de la clase `JarFile`, que permite recuperar los archivos contenidos en un .jar como una enumeración de objetos `JarEntry`. En esta colección, vamos a guardar solo los archivos con extensión .class.

```
// Segundo bucle: se recupera el contenido del archivo .jar
JarFile jarFile = new JarFile(archivoEncontradoEnElDirectorio);
Enumeration<JarEntry> archivosEncontradoEnJar = jarFile.entries();

URL[] urls = {new URL("jar:file:" + archivoEncontradoEnElDirectorio + "!/")};
URLClassLoader cl = URLClassLoader.newInstance(urls);

while (archivosEncontradoEnJar.hasMoreElements()) {
   JarEntry archivoEncontradoEnJar = archivosEncontradoEnJar.nextElement();
   if (archivoEncontradoEnJar.isDirectory()
         || !archivoEncontradoEnJar.getName().toLowerCase().endsWith(".class")) {
      continue;
   }
```

- Para poder cargar nuestro archivo .class y preguntar si implementa la interfaz `IPlugin` de nuestro juego, vamos a utilizar las clases `URLClassLoader` y `Class`. Esta última pone a su disposición un método `getInterfaces`, que permite devolver una tabla que contiene todas las interfaces de una clase.

```
// Recuperación del nombre completo de la clase
// (eventualmente precedido por su paquete)
String nombreArchivoEncontradoEnElJar = archivoEncontradoEnJar.getName();
String className
      = nombreArchivoEncontradoEnElJar.substring(0,
      archivoEncontradoEnJar.getName().length() - ".class".length());
className = className.replace('/', '.');
// Instanciación de un objeto de tipo Class que describe la clase
//encontrada
Class c = cl.loadClass(className);
// Recuperación de todas las interfaces implementadas por la clase encontrada
Class[] interfaces = c.getInterfaces();
// Busca si una de estas interfaces es IPlugin
for (int i = 0; i < interfaces.length; i++) {
   if (interfaces[i].toString().contains("IPlugin")) {
      // Este archivo contiene una clase que soporta nuestra interfaz.
```

- Se instancia cada clase que responda al criterio y se invocan sus dos métodos contractuales `IPlugin`. La instanciación se realiza llamando al constructor recuperado por reflexión.

  Observe que sería posible pasar argumentos a este constructor y también que el objeto instanciado es de tipo `Object`.

- El trabajo de reflexión continúa recuperando e invocando sus dos métodos `AquiMiNombre` y `JuegaConmigo`. Se utilizan los valores de retorno de los dos métodos.

```
try {
   // Recuperación del constructor de la clase que soporta IPlugin
   java.lang.reflect.Constructor constructor = c.getConstructor ();
   // Instanciación de la clase
   Object o = constructor.newInstance (new Object [] {});
   // Invocación de su método de identificación
 System.out.println(o.getClass().getMethod("AquiMiNombre").invoke(o));
   // Eliminación de eventuales caracteres del buffer de teclado
   System.in.read(new byte[System.in.available()]);
   // Plantea la pregunta y comprueba la respuesta
   Boolean PruebaOk = (Boolean)o.getClass().getMethod("JuegaConmigo").invoke(o);;
   // Tratamiento de la función de retorno del método invocado
   System.out.println(¿PruebaOk? "Bien jugado.":"Es una pena...");
}
catch (NoSuchMethodException e){
}
catch (InstantiationException e){
}
catch (IllegalAccessException e){
}
catch (java.lang.reflect.InvocationTargetException e){
}
catch (IllegalArgumentException e){
}
```

- Vuelva a copiar los archivos `interfaz_plugin.jar` y `plugin_informatica.jar` en el mismo directorio que `Main.Class` del cargador de Plugins.

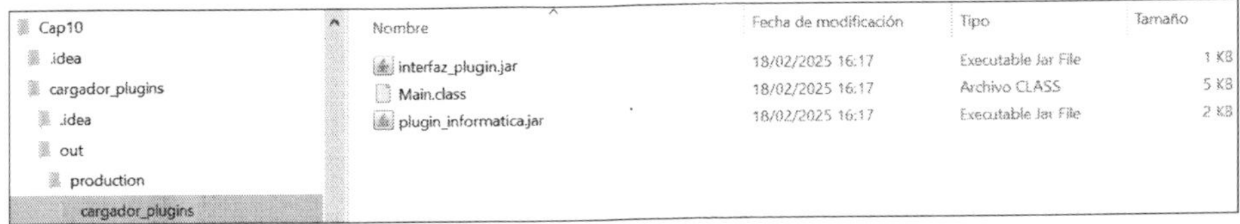

- No nos podemos resistir a ejecutar nuestro programa.

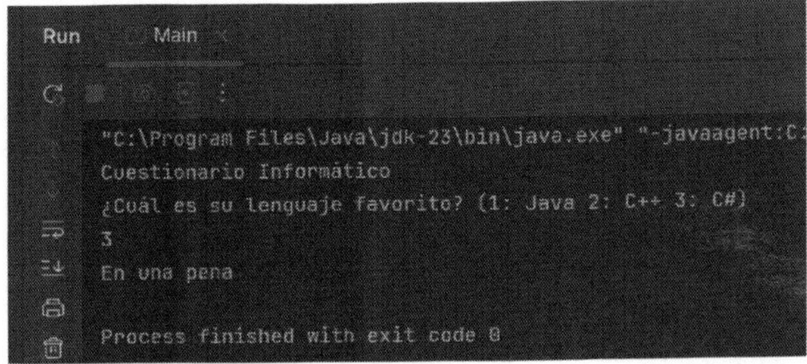

Este proyecto se encuentra en el directorio Cap10\cargador_plugins del .zip que acompaña a este libro.

5. Ejercicio

Cree un nuevo proyecto que contenga una clase que implemente la interfaz *IPlugin*. Vuelva a copiar su archivo .jar en el directorio de los plug-ins utilizado con anterioridad y compruebe que la aplicación *cargador_plugin* lo reconoce y explota correctamente.

A continuación, se muestra un ejemplo en consola de lo que esto podría dar:

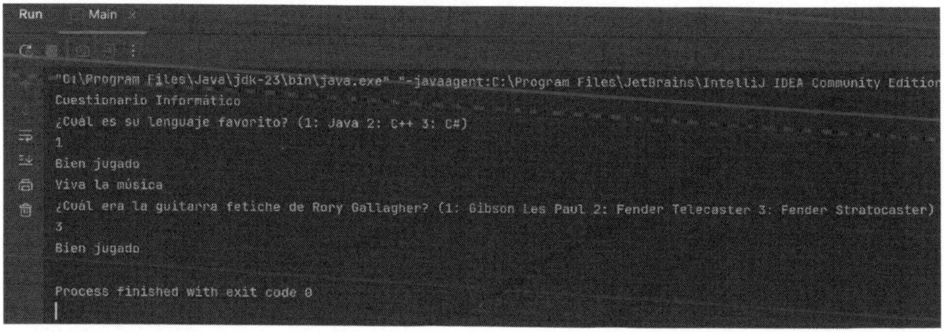

```
"C:\Program Files\Java\jdk-23\bin\java.exe" "-javaagent:C:\Program Files\JetBrains\IntelliJ IDEA Community Edition
Cuestionario Informático
¿Cuál es su lenguaje favorito? (1: Java 2: C++ 3: C#)
1
Bien jugado
Viva la música
¿Cuál era la guitarra fetiche de Rory Gallagher? (1: Gibson Les Paul 2: Fender Telecaster 3: Fender Stratocaster)
3
Bien jugado

Process finished with exit code 0
```

Este proyecto se encuentra en el directorio Cap10\plugin_musica del .zip que acompaña a este libro.

6. Privado, pero no tanto...

Gracias a los atributos `private`, hemos visto que haría falta ocultar determinados miembros de nuestras clases para protegerlos de usos malintencionados por parte de otros desarrolladores. Todo esto encaja perfectamente con la reflexión.

▶ Añada el siguiente método a uno de los plug-ins desarrollados con anterioridad:

```
private void AquiEsPrivate(){
    System.out.println("Este acceso está prohibido ");
}
```

▶ Añada la siguiente secuencia al administrador de plug-ins, justo después de las invocaciones a los métodos `AquiMiNombre` y `JuegaConmigo`:

```
Method privateMetod = o.getClass().getDeclaredMethod("AquiEsPrivate");
if(privateMetod!= null) {
   privateMetod.setAccessible(true);
   privateMetod.invoke(o);
}
```

▶ Vuelva a lanzar la aplicación y compruebe.

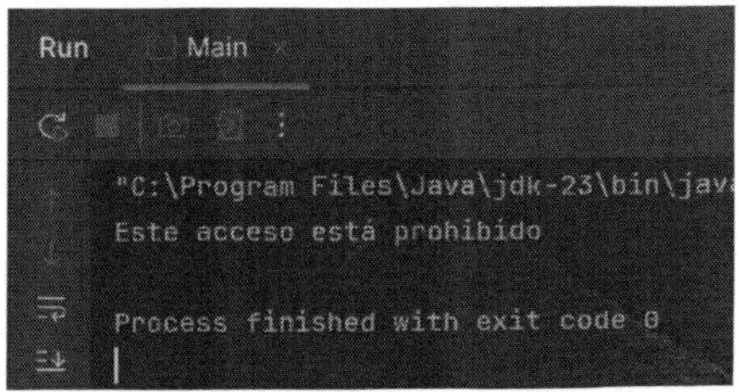

Definitivamente, la reflexión es potente y permisiva, pero esto no ha terminado. Además de descubrir los miembros de las clases, también nos permite leer el código fuente.

7. Descompilación y ofuscación

Incluso si esto se sale un poco del marco de este libro, esta última sección trata sobre la protección de nuestros desarrollos contra la copia. Como se ha mencionado anteriormente, los .jar y otras .class se pueden convertir fácilmente en código fuente Java usando herramientas adecuadas. Estas herramientas se llaman decompiladores. Se presentan como aplicaciones para instalar en su máquina e incluso como sitios Internet. Vamos a utilizar uno de ellos:
http://www.javadecompilers.com

Recuerde el pequeño ejercicio del capítulo Herencia y polimorfismo, sobre las cuentas bancarias.

En primer lugar, vamos a tomar sus archivos .class –por lo tanto, archivos binarios generados por IntelliJ IDEA– para pasarlos al descifrador en línea.

- Conéctese al sitio web http://www.javadecompilers.com.
- En la pantalla de bienvenida, haga clic en el botón **Seleccionar archivo** o arrastre uno de los archivos .class a esta zona.

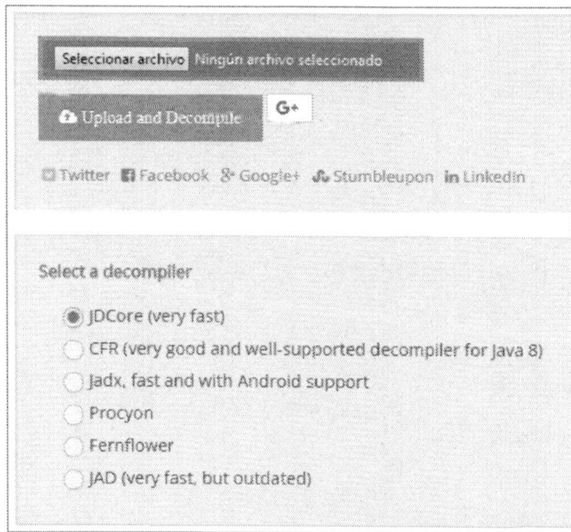

- Haga clic en **Upload and Decompile** (transferir y desensamblar).

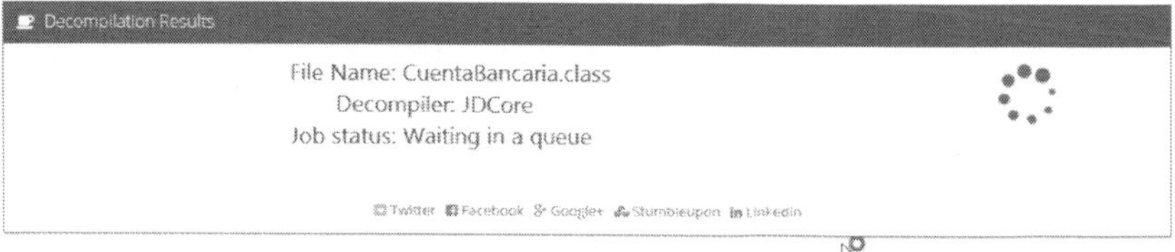

▶Al cabo de algunos instantes, el trabajo ha terminado y puede hacer clic en el botón **Save**.

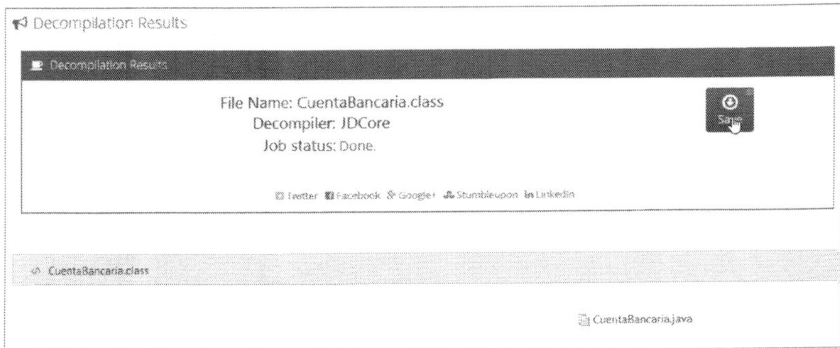

El código decompilado ya está en su PC en un archivo .zip. Dentro, el código fuente recuperado es este:

```
package labcuentabancaria;



public class CuentaBancaria
{
 private static Integer numCont = Integer.valueOf(100);
 private String Titular;
 private Integer Numero;
 private double Saldo;

 public String getTitular() { return Titular; }

 public final void setTitular(String Titular) {
   this.Titular = Titular;
 }


 public Integer getNumero()
 {
   return Numero;
 }

 public final void setNumero(Integer Numero) { this.Numero = Numero; }
```

```
 public double getSaldo()
 {
   return Saldo;
 }

 public void setSaldo(double Saldo) { this.Saldo = Saldo; }


 public void Ingresar(double credito)
 {
   Saldo += credito;
 }

 public void Retirar(double debito)
 {
   Saldo -= debito;
 }



 public String toString()
 {
   return String.format("Cuenta n°%d Titular %s Saldo %.2f euros",
new Object[] { Numero, Titular,

     Double.valueOf(Saldo) });
 }

 public CuentaBancaria(String titular)
 {
   setTitular(titular);
   Integer localInteger1 = numCont;Integer localInteger2 =
CuentaBancaria.numCont = Integer.valueOf(numCont.intValue() +
1);setNumero(localInteger1);
 }
}
```

Compárelo con el original, que es este:

```
package labcuentabancaria;

public class CuentaBancaria {

   // Escribir el tipo estático que guarda
   // el contador global del número de cuenta
   private static Integer numCont = 100;

   // Nombre del titular
   private String Titular;
   public String getTitular() {
       return Titular;
   }
   public final void setTitular(String Titular) {
       this.Titular = Titular;
   }

   // Número de cuenta de la instancia
   private Integer Numero;
   public Integer getNumero() {
       return Numero;
   }
   public final void setNumero(Integer Numero) {
       this.Numero = Numero;
   }

   // Saldo de la cuenta
   private double Saldo;
   public double getSaldo() {
       return Saldo;
   }
   public void setSaldo(double Saldo) {
       this.Saldo = Saldo;
   }

   // Método llamado durante un ingreso en la cuenta
   public void Ingresar(double credito) {
     Saldo += credito;
   }

   // Método llamado durante una retirada de la cuenta
   public void Retirar(double debito) {
```

```
        Saldo -= debito;
    }

    // Devuelve el resumen de la cuenta, retomando
    // el método toString de la clase Object
    @Override
    public String toString(){
        return String.format(
                    "Cuenta n°%d Titular %s Saldo %.2f euros",
                     Numero, Titular, Saldo);
    }

    // Constructor de la clase CuentaBancaria
    // que guarda el nombre del titular
    // y asigna un número de cuenta única
    public CuentaBancaria(String titular) {
      setTitular(titular);
      setNumero(CuentaBancaria.numCont++);
    }
}
```

Aparte de los comentarios, tenemos acceso a todo y esto puede resultar frustrante. Nos podemos reconfortar pensando que los compañeros que trabajan con C# tienen el mismo problema.

Pero hay herramientas que permiten «borrar las pistas» para que los decompiladores no sean capaces de extraer el código fuente de forma legible. Sin embargo, conviene tener en cuenta que esta protección es limitada: es como estar entre la espada y la pared, con solo un escudo para defenderse. Al inicio el escudo resiste, pero se construye otro más poderoso. Este terminará cediendo de nuevo y se construye uno más grande y fuerte que resiste hasta... En resumen, descifrar el código solo es una cuestión de tiempo.

Como ha podido observar en este capítulo de introducción a la «reflexión», es un medio potente para descubrir y explotar los objetos dinámicamente. También permite recuperar su código fuente y hay que ser consciente de ello.

Capítulo 11
Anonimato y lambda

1. Introducción

Hasta ahora, los métodos Java que hemos desarrollado sólo han recibido variables como parámetros. Este capítulo da un paso hacia la programación funcional, mostrando cómo pasar también 'procesos' como parámetros.

Sí, pero ¿para qué sirve?

El objetivo principal de esto es reducir su código, aunque tendrá que aprender un poco sobre estas nuevas sintaxis que estamos a punto de descubrir.

Este capítulo se divide en dos partes. La primera presenta las clases anónimas, que fueron la primera forma concisa de pasar procesos como parámetros. La segunda parte presenta las expresiones lambda, disponibles desde Java 8 y que simplifican aún más el código.

2. Clases anónimas

2.1 Matar dos pájaros de un tiro

La clase anónima es una clase declarada e instanciada al mismo tiempo.

Implementa una interfaz conocida o extiende una clase existente. Sólo puede implementar una interfaz o extender una clase a la vez.

La clase anónima es una clase anidada (véase el capítulo Creación de clases), que no tiene nombre. Su instancia está asociada a la de la clase que la contiene.

Sólo es útil si se necesita una única vez. Si la funcionalidad que soporta se solicita en varios lugares de su código, entonces es preferible escribir una clase con nombre como hemos hecho hasta ahora. Así se evita duplicar código innecesariamente.

2.2 Sintaxis especial

Una clase anónima es una expresión y su declaración/instanciación se realiza como una llamada a un constructor.

Sintaxis de la declaración

```
new <nombre de la clase a extender o interfaz a implementar>()
{
   // cuerpo de la clase anónima
};
```

El operador `new` inicia la expresión, seguido del nombre de la clase que se va a extender o del nombre de la interfaz que se va a implementar. Por supuesto, la clase o interfaz en cuestión debe ser conocida. Los paréntesis que siguen pueden contener cualquier parámetro en el caso de una extensión de clase. Recuerde que una interfaz no tiene constructor. A continuación, viene el cuerpo de la clase, que puede contener métodos y datos. Por último, como la clase anónima es una expresión, la secuencia termina con un punto y coma (`;`).

Ejemplo

```
Animal perro = new Animal(){
            @Override
            public String Expresion() {
                return "Ouaf Ouaf";
            }
        };
```

Aquí, la clase anónima extiende la superclase `Animal` «sobre la marcha», asumiendo todo su contenido y redefiniendo su comportamiento `Expresion`. La instancia así creada de esta clase «anónima» se almacena en la referencia `perro` de tipo `Animal`.

2.3 Ejemplo de extensión de una superclase

Veamos el ejemplo anterior en su conjunto:

```
public class

   public class Animal{
       public String Expresion() {
           return "";
       }
   }

    public void ExtendedDemoClass(){
        Animal perro = new Animal(){
           @Override
           public String Expresion() {
               return "Ouaf Ouaf";
           }
       };
       Animal cat = new Animal(){
           @Override
           public String Expresion() {
               return "Miau Miau";
            }
        };

        Animal misAnimales[] = new Animal[]{perro, gato};
        for (Animal miAnimal : misAnimales) {
            System.out.println(miAnimal.Expresion());
```

```
            }
        }
}
```

Aquí, tenemos una clase contenedora llamada Animales que contiene:

- la superclase anidada `Animal`;
- un método `DemoClaseExtendida`.

El método `DemoClaseExtendida` declara e instancia dos clases anónimas que extienden la clase `Animal` y que son referenciadas por `perro` y `gato`. Posteriormente, como estos dos objetos son extensiones de la superclase `Animal`, es posible almacenarlos en un array de este tipo. A continuación, se realiza una iteración sobre el contenido de esta tabla para llamar a los métodos especializados `Expresion` de cada subclase.

```
public class Main {

    public static void main(String[] args) {
        Animales animales = new Animales();
        animales.DemoClaseExtendida();
    }
}
```

El `Main` del ejemplo instancia la clase `Animales` y llama su método `DemoClaseExtendida`.

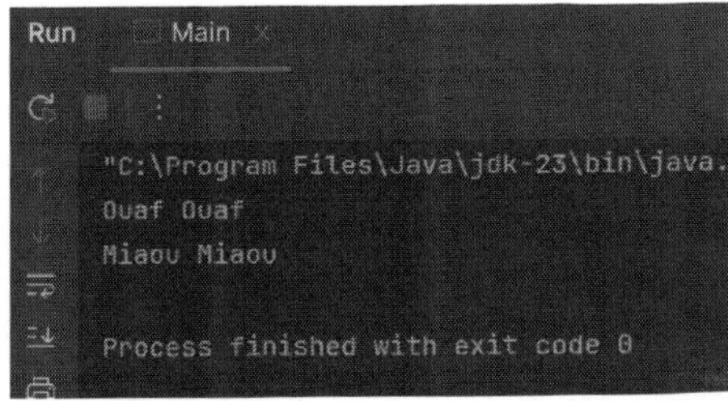

En este ejemplo, las dos clases anónimas se definieron e instanciaron cuando se necesitaron, es decir, en el método `DemoClaseExtendida`. Si estas dos instancias de clase se van a utilizar en otros lugares, entonces sería preferible definirlas e instanciarlas como datos de miembro, en lugar de cada vez que se utilicen.

```
public class Animales {
    public class Animal{
        public String Expresion() {
            return "";
        }
    }
    public Animal perro = new Animal(){
        @Override
        public String Expresion() {
            return "Ouaf Ouaf";
        }
    };
    public Animal gato = new Animal(){
        @Override
        public String Expresion() {
            return "Miau Miau";
        }
    };
    public void DemoClaseExtendida(){
        Animal misAnimales[] = new Animal[]{perro, gato};
        for (Animal miAnimal : misAnimales) {
            System.out.println(miAnimal.Grito());
        }
    }
}
```

El uso de clases anónimas resulta cuestionable en este caso. En aras de la claridad, sería preferible escribir clases llamadas `Perro` y `Gato`.

2.4 Ejemplo de aplicación de una interfaz

En este segundo ejemplo, creamos clases anónimas basadas en la implementación de una interfaz.

La clase contenadora `Animales` contiene:

- una interfaz `IComidaAnimal` que contiene el prototipo de un método `QuiereComer`;
- un método `DemoInterfazImplementacion`.

El método `DemoInterfazImplementacion` declara e instancia dos nuevas clases anónimas referenciadas por `perro` y `gato`. A continuación, como estos dos objetos implementan la interfaz `ComidaAnimal`, es posible almacenarlos en una tabla de este tipo. Se realiza una iteración sobre el contenido de esta tabla para llamar a los métodos `QuiereComer` de las dos instancias.

```
public class Animales {

    public interface IComidaAnimal {
        String QuiereComer();
    }

    public void DemoInterfazImplementacion() {
        IComidaAnimal perro = new IComidaAnimal(){
            @Override
            public String QuiereComer() {
                return "El perro come paté";
            }
        };

        IComidaAnimal gato = new IComidaAnimal(){
            @Override
            public String QuiereComer() {
                return "El gato come croquetas";
            }
        };

        IComidaAnimal misAnimales[]
            = new IComidaAnimal[]{perro, gato};
        for (IComidaAnimal : misAnimales) {
            System.out.println(animal.QuiereComer());
```

```
        }
    }
```

```
paquete demo.claseanonima;

public class Main {

    public static void main(String[] args) {
        Animales animales = new Animales();
        animales.DemoClaseExtendida();
        animales.DemoInterfazImplementacion();
    }
}
```

```
Run    Main ×

"C:\Program Files\Java\jdk-23\bin\java.exe" "-javaagent
Ouaf Ouaf
Miaou Miaou
El perro comé paté
El gato come croquetas

Process finished with exit code 0
```

Observe que las dos demostraciones contienen los mismos nombres de instancia `perro` y `gato`. Esto se debe a que se trata de referencias, no de tipos, por lo que no hay conflicto de nombres. Dado que estas instancias no salen de sus respectivos métodos de instanciación, son elegibles para el recolector de basura, tan pronto como se alcanza la llave de cierre.

2.5 Intercambio de información

Como una clase anónima es una clase anidada (también llamada clase `anidada` o incluso `inner class`), tiene acceso a los campos y métodos de su clase contenedora (también llamada `outer class`).

Para demostrarlo, vamos a modificar nuestro programa de prueba para que concatene los *«outers»* dados con los *«inners»* dados...

```
paquete demo.claseanonima;

public class Animales {

    public class Animal{
        public String Expresion() {
            return "";
        }

    public String DemoClass(){
        return "demoClass:";
    }

    void DemoClaseExtendida(){

        Animal perro = new Animal(){
            @Override
            public String Expresion() {
                return DemoClass() + "Ouaf Ouaf";
            }
        };
        Animal gato = new Animal(){
            @Override
            public String Expresion() {
                return DemoClass() + "Miau Miau";
            }
        };

        Animal misAnimales[] = new Animal[]{perro, gato};
        for (Animal miAnimal : misAnimales) {
            System.out.println(miAnimal.Grito());
        }
    }

    public interface IComidaAnimal {
        String QuiereComer()
        String DemoInterfaz = "demoInterfaz:"
    }

    void DemoInterfazImplementacion() {
        IComidaAnimal perro = new IComidaAnimal(){
```

```
                @Override
                public String QuiereComer() {
     return DemoInterfaz + "El perro come paté";
                }
            };

            IComidaAnimal gato = new IComidaAnimal(){
                @Override
                public String QuiereComer() {
                    return DemoInterfaz + "El gato come croquetas";
                }
            };

            IComidaAnimal misAnimales[] =
    new IComidaAnimal[]{perro, gato};
            for (IComidaMiMascota  : misAnimales) {
                System.out.println(aMiAnimalLeGustaComer());
            }
        }

    }
```

La siguiente salida de consola muestra claramente que las clases anónimas pudieron acceder a los datos de sus clases contenedoras.

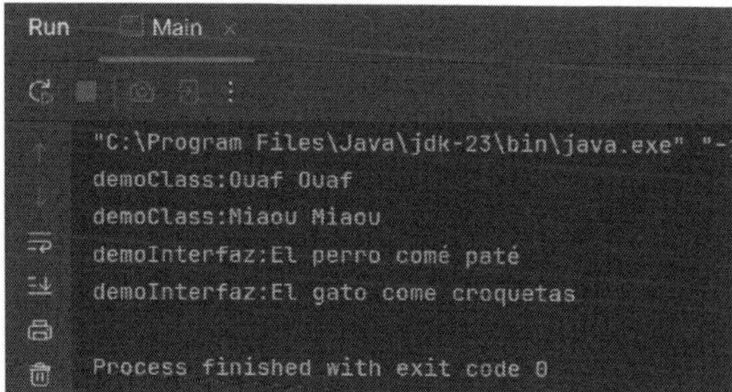

El proyecto IntelliJ IDEA que contiene estos diferentes ejemplos se encuentra en el directorio Cap11\demo_clase_anonima en el archivo .zip que acompaña a este libro.

2.6 Ejercicio

2.6.1 Declaración

En este breve ejercicio, va a aplicar clases anónimas creando un conversor de un número de kilómetros a metros, centímetros y milímetros. Las conversiones las realizarán clases anónimas que implementarán una interfaz que también habrá que crear.

2.6.2 Corregido

Una vez creado el esqueleto de una aplicación de consola, se añade al proyecto una clase contenedora llamada `ConversorDeLongitudes`. Esta clase contiene:

- la definición de una interfaz `IConversor` que contiene dos métodos: `Get_leyenda` y `Convert`,
- un método de tratamiento de la conversión.

```
public class ConversorDeLongitudes {

    public interface IConversor{
        public String Get_leyenda();
        public int Conversor(int aConversor);
    }

    public void Conversor_km_en_m_en_cm_en_mm(int longitudEnKm){
        // ...
    }
```

A continuación, dentro de este método, se instancian tres clases anónimas que implementan `IConversor`.

```
public void Conversor_km_en_m_en_cm_en_mm(int longitudEnKm){
       IConversor EnM = new IConversor(){
           @Override
           public String Get_leyenda(){
                return "Resultado en m : ";
            }
           @Override
            public int Conversor(int aConversor) {
               return longitudEnKm*1000;
```

```
            }
        };
        IConversor EnCm = new IConversor(){
            @Override
            public String Get_leyenda(){
                 return "Resultado en cm : ";
             }
            @Override
            public int Conversor(int aConversor) {
               return longitudEnKm*1000*100;
            }
        };
        IConversor EnMm = new IConversor(){
            @Override
            public String Get_leyenda(){
                 return "Resultado en mm : ";
             }
            @Override
            public int Conversor(int aConversor) {
                return longitudEnKm*1000*1000;
            }
        };
```

Por último, la parte de visualización ordena las tres instancias anónimas de `IConversor` en un array y, a continuación, realiza una iteración llamando a los dos métodos del contrato para cada instancia.

```
public void Conversor_km_en_m_en_cm_en_mm(int longitudEnKm){
        IConversor EnM = new IConversor(){...};
        IConversor EnCm = new IConversor(){...};
        IConversor EnMm = new IConversor(){...};

        IConversor[] conversores = new IConversor[]{EnM, EnCm, EnMm};
        for (IConversor conv : conversores){
           System.out.println(conv.Get_leyenda() +
             conv.Conversor(longitudEnKm));
        }
    }
```

El Main instancia un objeto ConversorDeLongitudes y llama a su método de conversión, pasándole un número de kilómetros.

```
public class Main {

    public static void main(String[] args) {
ConversorDeLongitudes ConversorDeLongitudes = new ConversorDeLongitudes();
        ConversorDeLongitudes.Convert_km_en_m_en_cm_en_mm(123);
    }
}
```

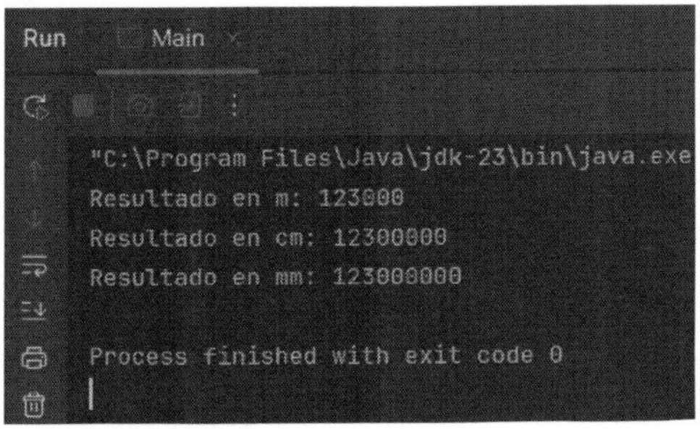

```
Run   Main
"C:\Program Files\Java\jdk-23\bin\java.exe
Resultado en m: 123000
Resultado en cm: 12300000
Resultado en mm: 123000000

Process finished with exit code 0
```

El proyecto correspondiente a este ejercicio se encuentra en el directorio Cap11\lab_clases_anonimas del archivo .zip que acompaña a este libro.

3. Expresiones lambda

3.1 El concepto

Acabamos de ver cómo se pueden utilizar las clases anónimas para codificar comportamientos rápidamente. Esta herramienta, que apareció con la versión 1.1 de Java, sigue siendo un poco engorrosa de utilizar. Diecisiete años después, en 2014, llega Java 8 con sus expresiones lambda presentadas como una gran novedad. Una gran novedad en el ámbito de Java, porque los desarrolladores de C# ya llevaban lidiando con las expresiones lambda desde 2007, aunque con algunas diferencias.

Con las expresiones lambda, pasamos de la declaración/instanciación de la clase anónima a la de la función anónima. El resultado es un código aún más conciso, fácil de escribir, leer y mantener.

3.2 Interfaces "funcionales" como modelos

Tomemos un ejemplo de implementación de una interfaz por una clase anónima y veamos cómo las expresiones lambda pueden ayudarnos a hacer su código más "digerible"...

En primer lugar, consideremos una interfaz que contiene un único método abstracto:

```
public interface IMath {
    int Calcular(int i, int j);
}
```

Ahora vamos a crear una clase anónima alrededor de esta interfaz y luego usarla como vimos en la primera parte de este capítulo.

```
public void Demo1(int a, int b){

// Modo clase anónima
IMath adicion_clase_anonima = new IMath(){
  @Override
  public int Calcular(int i, int j){
    return i+j;
  }
 };

System.out.println(adicion_clase_anonima.Calcular(a,b));
}
```

Y aquí está el código equivalente en forma de expresión lambda:

```
public void Demo1(int a, int b){
// Modo expresión lambda
IMath adicion_expression_lambda = (i,j)->i+j;
      System.out.println(adicion_expresion_lambda.Calcular(a,b));

}
```

¿Cómo se consigue este atajo sintáctico que simplifica tanto las cosas? Veámoslo elemento por elemento:

- Como la expresión lambda es de tipo interfaz, escribimos su variable en `IMath`.
- El signo = precede a la implementación. Tenga en cuenta que no es necesario instanciar la expresión en memoria.
- Tomamos los parámetros de entrada del método `Calcular` y eliminamos sus tipos (véanse las explicaciones en el párrafo siguiente).
- El operador `->` es nuevo y está reservado a las expresiones lambda.
- La ejecución de la función, es decir, la suma de las dos variables pasadas como parámetros, sigue sin utilizar la palabra clave `return`. Como sólo hay una línea, no se utilizan llaves.

Y eso es todo. ¿Qué significa «interfaz funcional»?

Nuestra interfaz `IMath` pertenece a la familia de las interfaces funcionales, porque declara uno y sólo un método abstracto, que llamamos método funcional. Como tal, se puede convertir en el soporte de una expresión lambda. Todavía tiene derecho a redefinir los métodos de la clase Object. Recuerda también que, desde Java 8, las interfaces pueden contener los llamados métodos por defecto y también métodos de tipo `static` que podrían acompañar a este método funcional permitido extender clases existentes sin romper la compatibilidad. Por ejemplo, la interfaz `List`, que hereda de la interfaz `Iterable`, ha recibido el método `forEach` que utilizaremos a continuación.

Por último, para perfeccionar la escritura de nuestra interfaz `IMath`, deberíamos preceder su declaración con la decoración `@FunctionalInterface`. No es obligatorio, pero ayuda a entender el código.

```
@FunctionalInterface
public interface IMath {
    int Calcular(int i, int j);
}
```

Observación

La mayoría de las veces, una expresión lambda se incluye como parámetro cuando se llama a un método, externalizando así el comportamiento.

3.3 Sintaxis lambda

```
Sintaxis de una expresión lambda
(parámetros opcionales) ->
{
   // cuerpo de la función anónima que contiene procesos
}
```

O si sólo hay un tratamiento:

```
(parametros opcionales) -> expresión;
```

Los parámetros se definen en primer lugar. Dependen del contexto de uso y pueden no existir si la función no requiere información de entrada. Si no es el caso, el tipo de estos parámetros también puede ser opcional cuando el compilador es capaz de deducirlos según el contexto de uso (esto también se conoce como inferencia). Si no puede, entonces devolverá un error en tiempo de compilación... Si la expresión lambda sólo toma un parámetro, es posible eliminar los paréntesis; en caso contrario, cada parámetro debe ir separado por una coma.

Tras los parámetros sigue el operador -> que antepone el tratamiento.

A continuación, el cuerpo de la función se encierra entre llaves.

Si este cuerpo sólo contiene una instrucción, los corchetes pasan a ser opcionales.

El retorno de la expresión lambda corresponde al retorno de la última función ejecutada entre llaves o al retorno de la última operación de tratamiento precedida por la sentencia `return`. El retorno de la expresión lambda no se declara y será deducido por el compilador. Tenga en cuenta que una expresión lambda también puede no devolver nada.

3.4 Intercambio de información

Como una expresión lambda es el atajo sintáctico para una clase anónima y una clase anónima es una clase anidada, tiene acceso a los campos y métodos de su clase contenedora.

Para demostrarlo, vamos a modificar nuestro programa de prueba para que utilice "*outers*" e "*inners*" dadas.

```
public void Demo2(int a, int b)
    int multiplicador = 3
    IMath cal_expresion_lambda = (i,j)->(i+j)*multiplicador
    System.out.println(cal_expresion_lambda.Calcular(a,b));
}
```

El código de la expresión lambda utiliza la variable multiplicador que es local al método `Demo2`.

El proyecto correspondiente se encuentra en el directorio Cap11\demo_expresion_lambda del .zip que acompaña a este libro.

3.5 Ejercicio

3.5.1 Declaración

Te proponemos que apliques expresiones lambda en el contexto de los threads. Utilizando el ejemplo de la subsección Implementación de la interfaz Runnable del capítulo El multithreading, reorganiza el código utilizando una expresión lambda en lugar de la clase que implementa la interfaz `runnable`.

3.5.2 Corrección

```
public class Main {

    public static void main(String[] args) {
        System.out.println("Crear un nuevo thread "
                + "a partir del thread "
                + Thread.currentThread().getName())

        Runnable runnable = ()
            // Trazamos el inicio del proceso.
            // Usamos el método de tipo static
```

```
            // Thread.currentThread()
            // para mostrar el nombre asignado a este thread
            System.out.println("Inicio del procesamiento de 10 segundos "
                    + "en el thread "
                    + Thread.currentThread().getName());

        // Aquí simulamos un trabajo de diez segundos (10 x 1000 ms)
            for(int i=0; i<10; i++)
            {
                try {
         // Utiliza el método estático
         // que espera por el número de milisegundos pasados
                    Thread.sleep(1000);
                }
                catch (InterruptedException ex) {
                    // Aquí es posible insertar
                    // un proceso que será llamado cuando
                    // el comando Thread.sleep esté en curso
                    // y el Thread es interrumpido
                }
                // Trazar el testigo del trabajo en curso
                System.out.println(i);
            }
            // Traza de fin de procesamiento
            System.out.println("Fin de 10 segundos de procesamiento "
                    + "en el thread "
                    + Thread.currentThread().getName());
            // Después de esta línea, el thread está muerto
            // y no se puede reiniciar en otro momento...
        };

        // Usando el constructor de Thread
        // tomando como parámetro una referencia a un objeto
        // implementando la interfaz Runnable
        Thread = new Thread(runnable)

        System.out.println("Iniciar nuevo thread");
        thread.start();

        System.out.println("Fin de main");

    }
}
```

El proyecto correspondiente a este ejercicio se encuentra en el directorio Cap11\lab_ lambda_runnable en el archivo .zip que acompaña a este libro.

El código también se puede condensar utilizando esta sintaxis:

```
public class Main {
    public static void main(String[] args) {
        System.out.println("Crear un nuevo thread "
                + "a partir del thread "
                + Thread.currentThread().getName())
        new Thread(()
            // Trazamos el inicio del proceso.
            // Usamos el método de tipo static
            // Thread.currentThread()
            // para mostrar el nombre asignado a este thread
            System.out.println("Inicio del procesamiento de 10 segundos "
                    + "en el thread "
                    + Thread.currentThread().getName());
        // Aquí simulamos un trabajo de diez segundos (10 x 1000 ms)
            for(int i=0; i<10; i++)
            {
                try {
               // Utiliza el método static sleep
               // que espera el número de milisegundos pasados
                    Thread.sleep(1000);
                }
                catch (InterruptedException ex) {
                    // Aquí puede insertar
                    // un proceso que será llamado cuando
                    // el comando Thread.sleep esté en curso
                    // y el Thread es interrumpido
                }
                // Trazar el trabajo en curso
                System.out.println(i);
            }
            // Traza de fin de procesamiento
            System.out.println("Fin de 10 segundos de procesamiento "
                    + "en el thread "
                    + Thread.currentThread().getName());
            // Después de esta línea, el thread está muerto
            // y no se puede reiniciar en otro momento.
        }).start()
        System.out.println("Fin de main");
    }
}
```

En esta sintaxis, la expresión lambda se pasa directamente al constructor `Thread`. Como no necesitamos mantener una referencia a la instancia del objeto `Thread` durante el resto del ejercicio, podemos llamar al método `start` después del constructor. Una vez más, es importante entender que el procesamiento de la lambda se realizará después de la llamada al método `start`, aunque su código se coloque antes.

El proyecto correspondiente a esta nueva versión del ejercicio se encuentra en el directorio Cap11\lab_lambda_runnable_optimized del archivo .zip que acompaña a este libro.

3.6 Parámetro de tipo lambda

En el capítulo Comunicación entre objetos, presentamos la comunicación entre objetos, en particular utilizando la interfaz `ActionListener`. En la subsección Ejemplo de implementación de una interfaz de ese capítulo, la clase `VentanaAmarilla` podía recibir notificaciones de «clic de ratón», porque implementaba la interfaz `ActionListener`. Cada vez que se hacía clic, se llamaba a su método `actionPerformed`.

Con lo que acabamos de ver, deberíamos ser capaces de reducir el código considerablemente. Tomemos la clase `JButton` y su método `addAction-Listener`. ¿Qué está esperando? Está esperando un objeto que implemente un método con el prototipo `actionPerformed`. En el capítulo Comunicación entre objetos, le pasamos `this` porque la instancia actual implementaba la interfaz `ActionListener` y, por tanto, el método `actionPerformed`. Ahora vamos a pasarle una expresión lambda. Se acabaron las declaraciones de interfaz y las implementaciones: todo en una sola línea.

```
b1.addActionListener(e->System.out.println("se ha hecho clic en b1"));
```

b1 es la instancia de JButton1 y recibe directamente el procesamiento a realizar cuando se hace clic sobre él. Este procesamiento recibe un parámetro que representa la instancia del botón emisor. En el capítulo Comunicación entre objetos, como el método era común a todos los botones, este parámetro se utilizaba para determinar el origen del clic. Ahora, como el tratamiento se asocia directamente a la instancia de b1, la cuestión ya no se plantea. Después del "->", puedes escribir el código que se ejecutará cuando se haga clic en el botón 1.

Aquí está la versión "expresión lambda" del código demoactionlistener:

```
import java.awt.Color;
import javax.swing.JButton;
import javax.swing.JFrame;
import javax.swing.JPanel;

public class VentanaAmarilla extends JFrame {

    private JButton b1;
    private JButton b2;

    public VentanaAmarilla() {
        // Establece el título de la ventana
        setTitle("Mi primera ventana con actionPerformed");

        // Establece su tamaño:
        // 400 píxeles de ancho y 100 píxeles de alto
        setSize(400, 100);
        // Mostrar la ventana en el centro de la pantalla
        // (sea cual sea la resolución)
        setLocationRelativeTo(null);
        // Cerrar la configuración de la aplicación
        // al hacer clic con el ratón en la cruz de la barra de título
        setDefaultCloseOperation(JFrame.EXIT_ON_CLOSE);

        // Instanciar un Jpanel
        JPanel pan = new JPanel();
        // Establecer el color de fondo
        pan.setBackground(Color.yellow);

        // Instanciar y añadir al Jpanel
        // dos botones
        b1 = nuevo JButton("Botón 1");
        pan.add(b1);
```

```
        b1.addActionListener(
                e->System.out.println("se ha hecho clic en b1"))

        b2 = new JButton("Botón 2")
        b2.addActionListener(
                e->System.out.println("se ha hecho clic en b2"))
        pan.add(b2);

        // asociar el panel con el Jframe
        setContentPane(pan);

        // Por último, haz visible la ventana
        setVisible(true);
    }
}
```

Acabamos de modificar la implementación del constructor `VentanaAmarilla` con código que se ejecutará... ¡mucho más tarde!

El proyecto correspondiente se encuentra en el directorio Cap11\demo_action_listener_lambda del archivo .zip que acompaña a este libro.

3.7 java.util.function, un paquete "pecera"

El paquete `java.util.function` contiene unas cuarenta interfaces funcionales que se pueden dividir en cuatro categorías:

- la categoría `Function`, que recibe uno o dos objetos como parámetros y devuelve otro objeto;
- la categoría `Consumer`, que consume uno o dos objetos como parámetros sin devolver nada;
- la categoría `Comparator` o `Predicat`, que recibe uno o dos objetos como parámetros y devuelve un booleano;
- la categoría de tipo `Supplier`, que no recibe parámetros y suministra un objeto.

Puede recurrir a este fondo común y evitar tener que crear sus propias interfaces funcionales.

La página oficial de Oracle sobre el tema se encuentra en la siguiente dirección https://docs.oracle.com/en/java/javase/22/docs/api/java.base/java/util/function/package-summary.html.

3.8 Aplicación a las colecciones

Los métodos adjuntos a colecciones también se benefician de las funciones lambda. Se ha añadido el método `foreach` a la interfaz `List`. Su implementación por defecto pasa los elementos de la colección uno a uno a una interfaz funcional de tipo `Consumer` para su procesamiento. Vamos a colocar una expresión lambda en lugar de este `Consumer`.

En primer lugar, definamos el tipo que contendrá nuestra colección:

```
public class Moto {
    public Moto(String marca, String modelo, Integer cilindrada)
{
        Marca = marca;
        Modelo = modelo;
        Cilindrada = cilindrada;
    }
    public String GetDescription(){
        return Marca + " " + Modelo + " " + Cilindrada + "cm3";
    }
    String Marca;
    String Modelo;
    Integer Cilindrada;
}
```

A continuación, la colección se instanciará y poblará.

```
public void Demo()
{
    Lista<Moto> motos;
    motos = new ArrayList<Moto>();
    motos.add(
            new Moto("BMW", "R1200R", 1200));
    motos.add(
            new Moto("Ducati", "Panigale", 955));
    motos.add(
            new Moto("Yamaha", "R1", 1000));
    // (...)
```

Una vez preparada la colección, podemos realizar la iteración utilizando el método de extensión foreach con una expresión lambda.

```
    motos.forEach(moto -> System.out.println(moto.Descripcion()));
}
```

Nuestra colección también se puede ordenar utilizando servicios de expresiones lambda. La clase `java.util.Collections` proporciona un método static que recibe como parámetros una lista a ordenar y una interfaz funcional de tipo `Comparator`.

Ordenemos nuestra colección por cilindrada utilizando este método.

```
// Ordenar por cilindrada
Collections.sort(motos, (m1, m2)-> m1.Cilindrada - m2.Cilindrada );
motos.forEach(moto -> System.out.println(moto.Descripcion()));
```

El resultado de la resta entre las cilindradas de las dos motos determinará el orden de clasificación.

Aquí está la pantalla de la consola para nuestro pequeño programa de prueba.

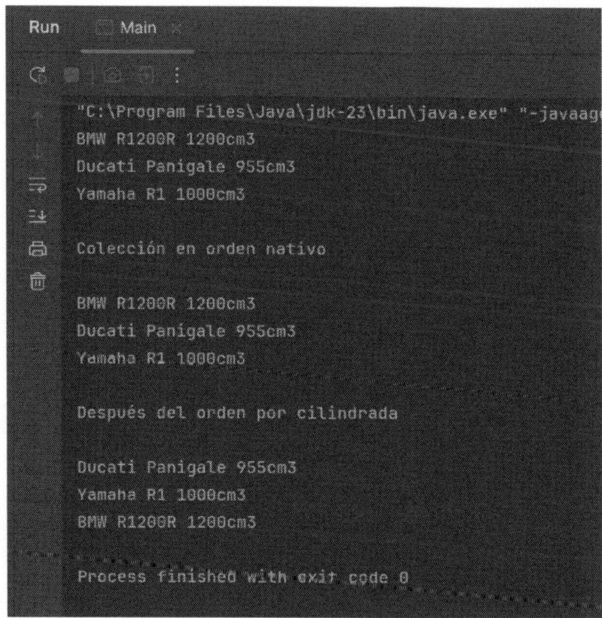

El proyecto correspondiente se encuentra en el directorio Caap11\demo_colleccion_lambda del .zip que acompaña a este libro.

3.9 Conclusión

Las expresiones lambda hacen que tu código sea mucho más conciso. Su uso se ha democratizado y tiene que acostumbrarse a ellas.

Así termina este libro. Esperamos que esta introducción a la programación de objetos en Java le inspire para crear algunos diseños hermosos.

Gracias por su atención.

!

A

B

C

D

E

F

G

H

I

J

L

P

Q

R

S

V

Y

Para poder acceder durante un año
a la versión online de este libro,
envíenos su justificante de compra a

librodigital@ediciones-eni.com

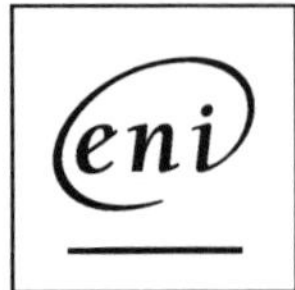

eni